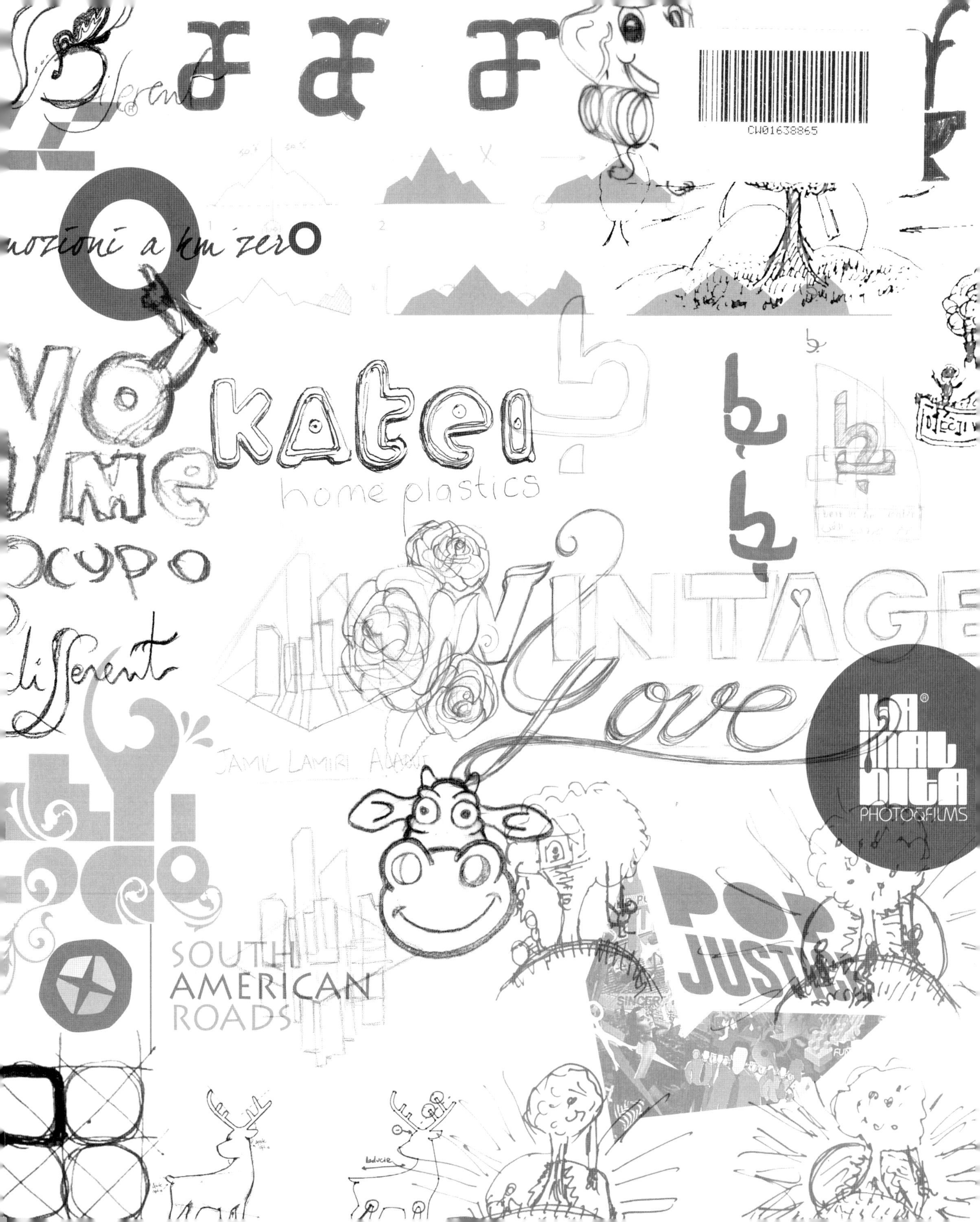
nozioni a km zerO
katei
home plastics
different
VINTAGE
Love
PHOTO&FILMS
SOUTH
AMERICAN
ROADS
POP
JUSTICE

BRANDING LOGOS
From the first sketch to final trademark

Editor, concept, and project director
Josep María Minguet

Co-author
Marc Gimenez

Art director and cover design
Louis Bou
(equipo editorial Monsa)

Translation
Babyl Traducciones

2011 © INSTITUTO MONSA DE EDICIONES
Gravina 43 (08930)
Sant Adrià de Besòs
Barcelona
Tlf. +34 93 381 00 50
Fax.+34 93 381 00 93

Visit our official online store
www.monsashop.com
www.monsa.com
monsa@monsa.com

ISBN 978-84-15223-09-2
D.L.: B-11548/2011

Printed in Spain by Gayban

BRANDING LOGOS

FROM THE FIRST SKETCH FINAL TRADEMARK

monsa

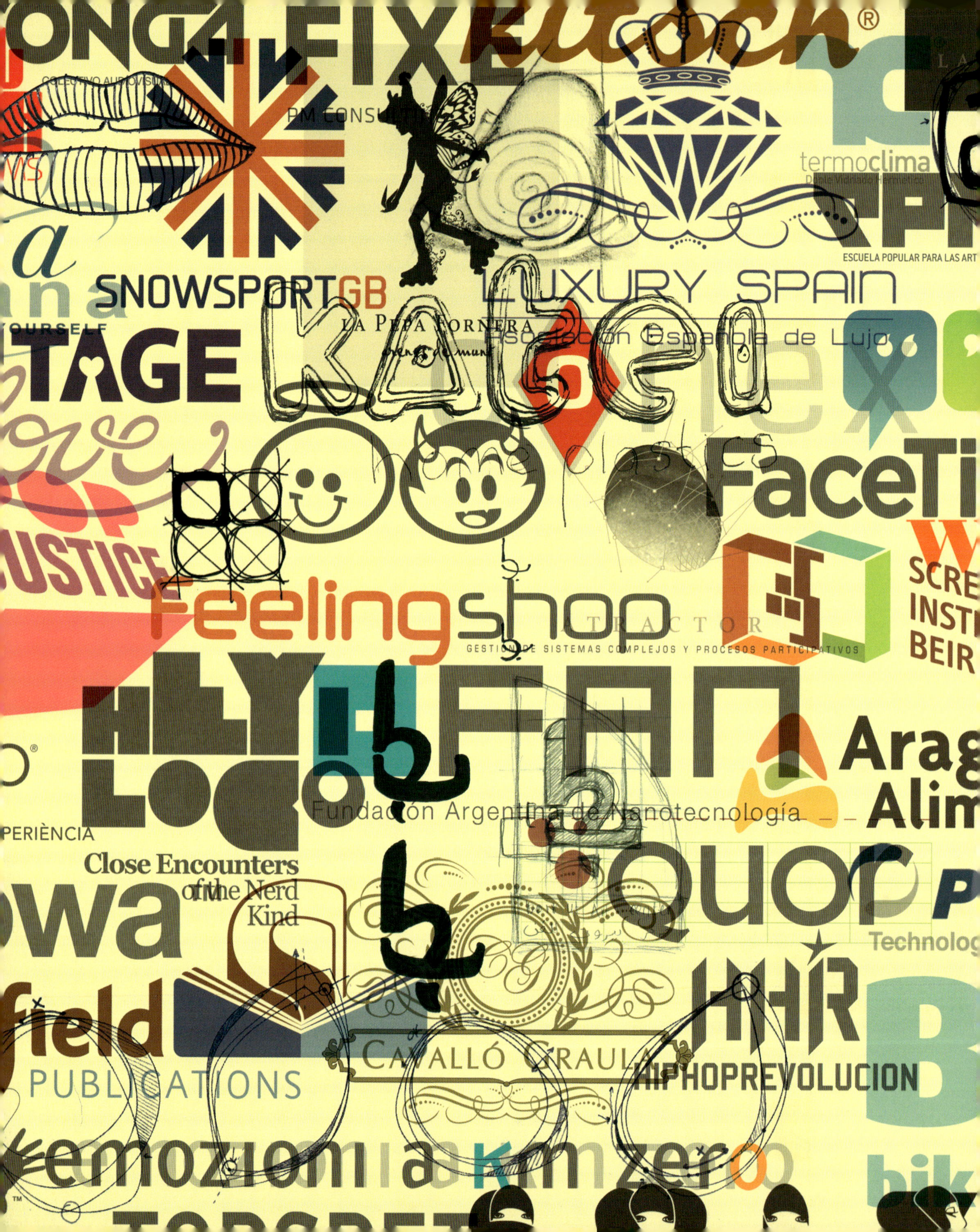

SNOWSPORTGB
LUXURY SPAIN
Asociación Española de Lujo
LA PEPA FORNERA
termoclima
ESCUELA POPULAR PARA LAS ART
PM CONSU
TAGE
FaceTi
feelingshop
ATRACTOR
GESTIÓN DE SISTEMAS COMPLEJOS Y PROCESOS PARTICIPATIVOS
Fundación Argentina de Nanotecnología
Arag
Alim
PERIÈNCIA
Close Encounters of the Nerd Kind
quor
Technolog
HIPHOPREVOLUCION
CAVALLÓ GRAULA
field
PUBLICATIONS
emozioni a km zero

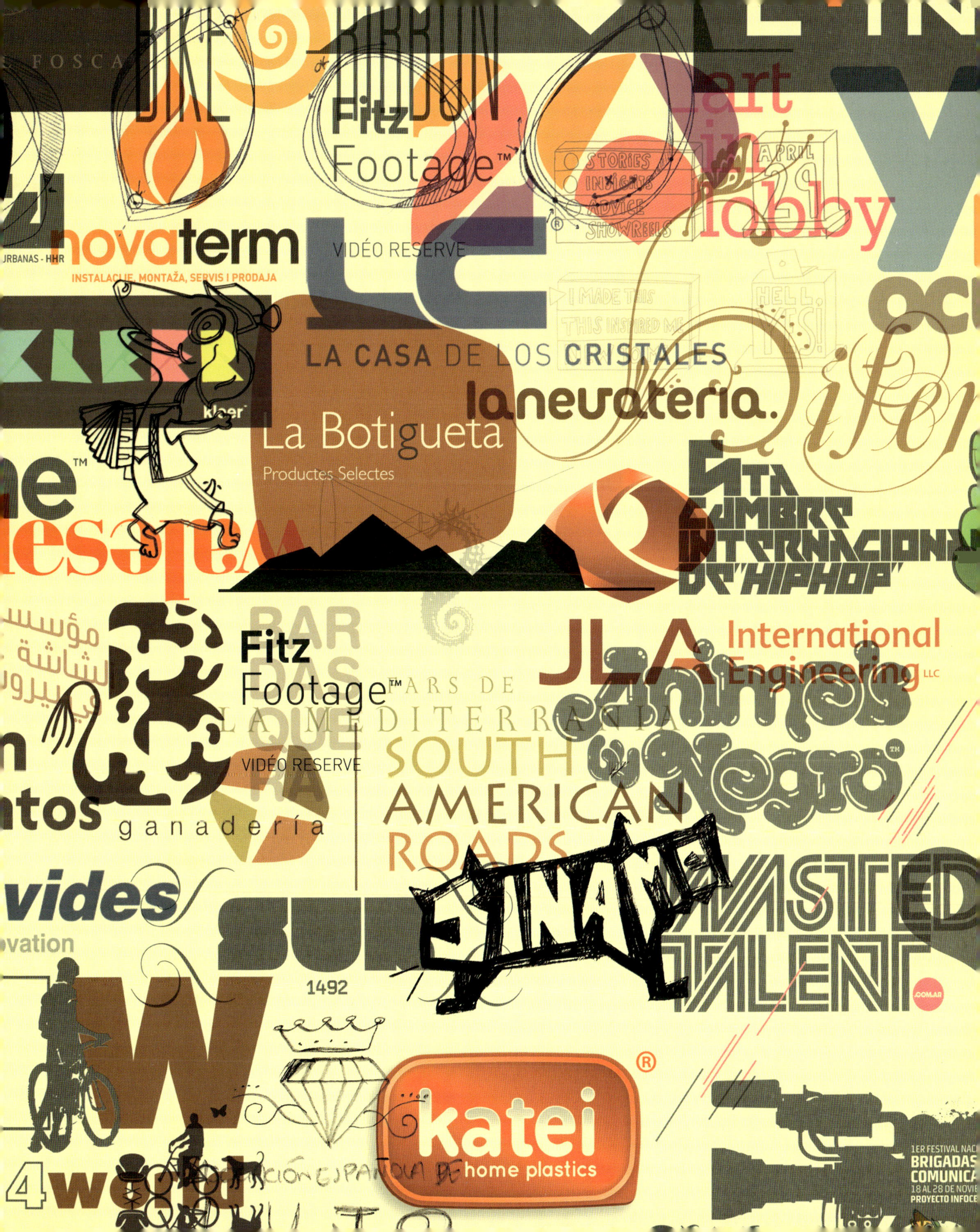

FOSCA
BIKE
RIBBON
Fitz
Footage™
art
APRIL 29
lobby
STORIES
INSIGHTS
ADVICE
SHOWREELS
novaterm
INSTALACIJE, MONTAŽA, SERVIS I PRODAJA
URBANAS - HHR
VIDÉO RESERVE
I MADE THIS
THIS INSPIRED ME
HELL YES!
LA CASA DE LOS CRISTALES
laneuvatería.
kleer
La Botigueta
Productes Selectes
CUMBRE INTERNACIONAL DE "HIPHOP"
JLA International Engineering LLC
Fitz
Footage™
FARS DE LA MEDITERRANIA
BAR DAS QUE RA
VIDÉO RESERVE
ganadería
SOUTH AMERICAN ROADS
Animals Negro™
WASTED TALENT
.COM.AR
vides
vation
1492
katei
home plastics
4world
1ER FESTIVAL NAC
BRIGADAS
COMUNICA
18 AL 28 DE NOVIE
PROYECTO INFOCE

INDEX

Acosta Capelli A. G. [*San Salchichardo*, **12-13**]

Aloof Design [*Wales*, **68-69**]

Bisgràfic [*La Nevateria*, **94-95**] [*L'India* **124-125**] [*ZonaDiesel*, **126-127**]

Cienfuegos [*Sur America*, **132-133**] [*Brigada Comunicacional*, **190-191**]

Cubo Diseño [*Aragón Alimentos*, **10-11**] [*Zaragoza 2016*, **36-37**] [*Castillo de Loarre*, **38-39**]

Dfcls [*La Casa de los Cristales*, **134-135**] [*La Maldita*, **140-141**]

Dnoise [*Duorivera*, **34-35**] [*Swap*, **42-43**] [*Dieta Gourmet*, **62-63**] [*Quor*, **70-71**] [*Novak*, **76-77**]

FK Design [*Emozionikmzero*, **46-47**] [*Zecchin*, **56-57**] [*Mister Brick*, **90-91-92-93**]

Form [*Harvest at Jimmis*, **24-25**] [*Snowsport GB RE-BRAND*, **80-81**] [*Mediabox*, **96-97**] [*FaceTime*, **100-101**]

Gestocomunicación [*LUE*, **148-149-150-151**]

Estudio Gorricho [*Nowa*, **28-29**] [*Topcret*, **44-45**] [*Quinto Zalla*, **54-55**] [*Fixe*, **84-85**] [*art in Lobby*, **86-87**] [*Club C. Matienzo*, **110-111**] [*Escena Sur*, **112-113**] [*Fitz*, **114-115**] [*Vioko*, **116-117**] [*Kleer*, **118-119**]

Inercia Gráfica [*Feeling*, **142-143-144-145**] [*Diferent*, **146-147**] [*Luxury Spain*, **182-183-184-185**] [*Cavallo Graula*, **186-187-188-189**]

Jekyll & Hyde [*Altreforme*, **152-153-154-155**] [*Bike Ribbon*, **156-157**]

Kentlyons [*Jarman*, **160-161-162-163**]

Lantalau [*Yo me ocupo*, **14-15**]

Limón Estudio [*Capital 93*, **74-75**] [*Ariadna Muñoz*, **158-159**] [*Katei*, **170-171**] [*Octavio León*, **172-173**] [*MCCD*, **174-175**]

Mandala [*Sinamo*, **26-27**]

Mirko Ilic Corp. [*Sajmister*, **32**] [*Richfield*, **33**] [*The Big Red*, **60-61**}

No visible man [*Fars de Tossa*, **176-177-178-179**] [*Conex*, **180-181**]

Oxigen_ [*Conca*, **104-105**]

Punto de Fuga [*Aroma Towel*, **102-103**]

Ralf Wandschneider [*Nova Prevenció*, **66-67**]

RGB/DG [*Fan*, **22-23**] [*Viande*, **72-73**] [*South A. Roads*, **82-83**] [*Mundos Luminicos*, **88-89**]

Sagmeister [*Seed Media Group*, **78-79**]

Sergio Rey/ María Ballesta [*Kaori*, **30-31**]

Serial Cut [*Ideal*, **48-49-50-51**] [*The Brillant Design*, **58-59**] [*Serial Fail-ure Carnaval Sportif*, **164-165-166-167**]

Signun [*Bardesquera*, **16-17-18-19**]

Studio Snooze.com [*Kinder Garden*, **20-21**]

Tnop Design [*ookla*, **52-53**] [*Alongkorn*, **64-65**] [*Ruaak*, **136-137**] [*enV*, **138-139**]

Vit-e Design [*The Screen Ins.*, **98-99**] [*JLA*, **106-107-108-109**] [*Imagin*, **120-121**] [*Slyfield*, **122-123**] [*Summerland*, **128-129**] [*Beirut Art Center*, **130-131**] [*Metropolis*, **168-169**]

Yonoh Estudio [*Mepel*, **40-41**]

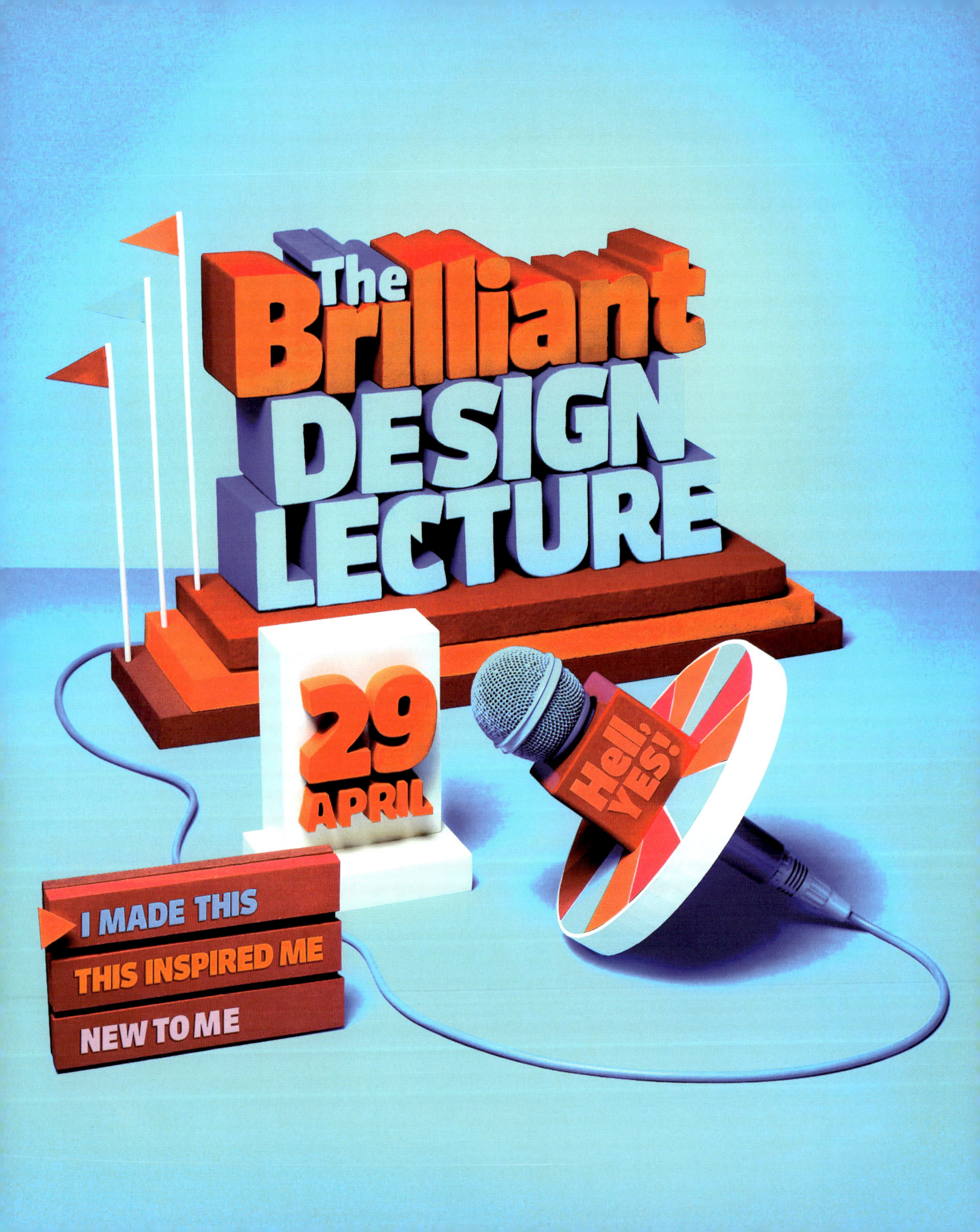
The Brilliant
DESIGN
LECTURE
29
APRIL
Hell, YES!
I MADE THIS
THIS INSPIRED ME
NEW TO ME

Branding Logos. From the first sketch final trademark *is an interesting selection of international designers showing us how to design a logo, step by step, from the initial sketch to the final logo and its applications to various brands. All trademarks, without exception, have a name and a logo by which they are identified and distinguished from others. Through the pages of this book each and every designer shows us how to start working the main idea and how to develope the concept until that idea becomes a real logo. Some creative designers begin to draw and doodle with a pencil on a sheet of paper or a napkin, other made it directly with the computer, an indispensable today's tool for any graphic designer that provides all the necessary design tools, and then the nostalgic ones, which love to experiment with basic handmade techniques. In any case the common factor is the development of an idea that ends up materializing in a logotype design that sells a product. At times... a single logo is worth more than thousand words!*

Branding Logos. From the first sketch final trademark *es una interesante selección de diseñadores a nivel internacional que muestran como diseñar un logotipo paso a paso, es decir, desde el boceto inicial hasta llegar al logotipo y sus aplicaciones a las diversas marcas. Todas las empresas tienen un nombre y un logotipo que les identifica y les distingue de los demás. En las páginas de este libro cada diseñador nos muestra cómo trabajan el concepto y cómo se va desarrollando hasta que la idea se materializa y se convierte en un logotipo que tiene que ser reconocible a simple vista. Muchos de ellos empiezan a dibujar la primera idea a lápiz sobre una hoja de papel o una servilleta, otros realizan bocetos directamente con el ordenador, herramienta indispensable hoy en día para todo diseñador gráfico ya que aporta todos los elementos de diseño necesarios, y por último los más nostálgicos que experimentan con materiales y técnicas pretegnológicas. En todo caso el factor común es el desarrollo de una idea que se termina materializando en un diseño que vende un producto. En algunas ocasiones... ¡un logotipo vale más que mil palabras!*

ARAGÓN ALIMENTOS

Client: Gobierno de Aragón
Studio Design: Cubo Diseño
Designer: Cubo Diseño
Zaragoza, Spain

Created for the name of a line of food products from Aragón, embodied in the capital A, this logotype is formed by three organic shapes whose soft contours and chromaticism reflects the wide variety the brand covers. The curved shapes suggest a logo in movement, one that is both growing and constantly evolving, much like the products it stands for. Each fits into the other to form a single unit: the food of Aragón. The colors were carefully chosen to represent the colors of Aragón: red (wine, meat...), yellow (cheese, cereals, oil...) and green (fruit, vegetables, legumes...). In addition to this chromatic identification, there is the unquestionable relationship to the red and yellow in Aragón's flag, thus strengthening the global image of Aragón Alimentos.

Logotipo creado para la denominación de un conjunto de alimentos creados en Aragón. Representa una A mayúscula formada por tres formas de aspecto orgánico de contornos suaves que junto a su cromatismo reflejan la diversidad de sectores que contempla la marca. Las curvas de los elementos sugieren un logotipo en movimiento, en crecimiento, en continua evolución como los productos que representa, que encajan los unos con los otros para formar una unidad: los alimentos de Aragón. Los colores han sido elegidos cuidadosamente para representar los colores de Aragón: el rojo (el vino, las carnes...), el amarillo (quesos, cereales, aceite...) y el verde (frutas, verduras, legumbres...). Además hay que añadir a esta identificación cromática, la indudable relación del rojo y el amarillo con los colores de la bandera de Aragón, reforzando así la imagen global de Aragón Alimentos.

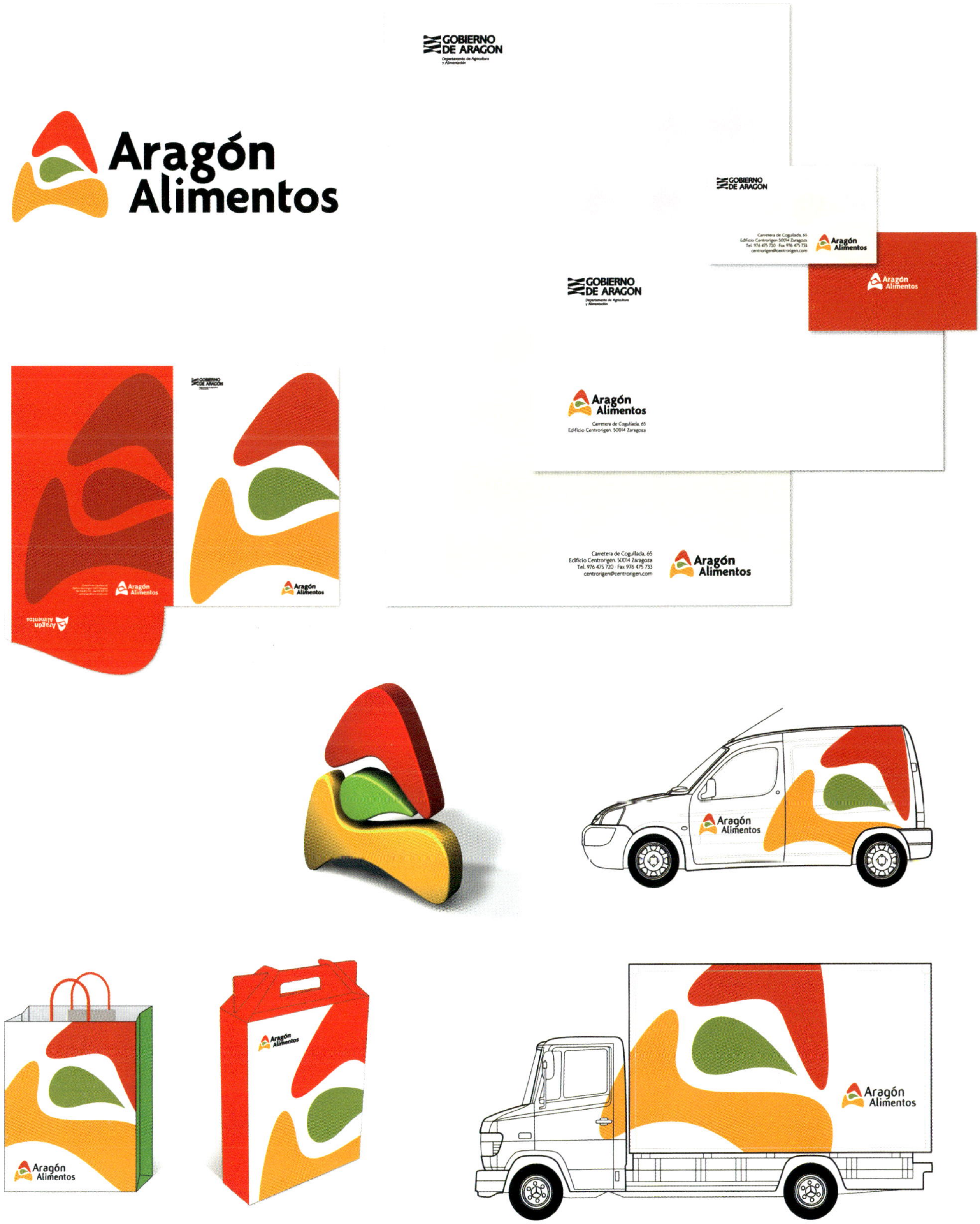
Aragón
Alimentos
GOBIERNO
DE ARAGON
Carretera de Cogullada, 65
Edificio Centrorigen. 50014 Zaragoza
Tel. 976 475 720 · Fax 976 475 733
centrorigen@centrorigen.com

SAN SALCHICHARDO

Client: Mun. de Villa General Belgrano
Studio Design: Acosta Capeli A. Publi.
Art Director: Marcelo Juis Acosta
Create Director: Santiago Javier Favot
Córdoba, Argentina.

"San Salchichardo" was born from a cross between a Saint Bernhard and a dachshund. The objective was to transmit a cheerful and youthful image, yet one that would not lead to the excessive consumption of alcohol. The character was created in two stages: first, it was drawn by hand and later digitalized and colored in. The proportion of the head was exaggerated in comparison to the body, as the head has the responsibility of transmitting personality and expression to the mascot. A lot of work went into the synthesis in order to make sure the material would be properly applied to all means of printing methods. Finally, the perspective was also exaggerated and was stood on two paws to greater personify it and separate it from a real dog. The new image was widely embraced by the town's tourists and inhabitants. Today the character has evolved into a physical character who dances around at festivals, plus there is a dachshund parade and a wide variety of merchandising.

"San Salchichardo" nació de la mezcla de un perro San Bernardo y un perro Salchicha. Su objetivo era transmitir una imagen alegre y joven, pero que no incitara al consumo de alcohol. Para la creación del personaje se trabajó en dos etapas, primero se realizó el dibujo a mano y luego se lo digitalizó para ser pintado. La proporción de la cabeza con el cuerpo fue exagerada, ya que la cabeza tiene la responsabilidad de transmitir la personalidad y la expresividad de la mascota. Se trabajó mucho en la síntesis para lograr que el material se aplicara correctamente en todo tipo de impresión. Por último se exageró la perspectiva y se lo paró en dos patas para humanizarlo y separarlo de un perro real. Esta nueva imagen logró una gran aceptación entre los turistas y los habitantes del pueblo. Hoy cuenta con un personaje corpóreo que baila en la fiesta, un desfile de perros Salchicha y una gran variedad de merchandising.

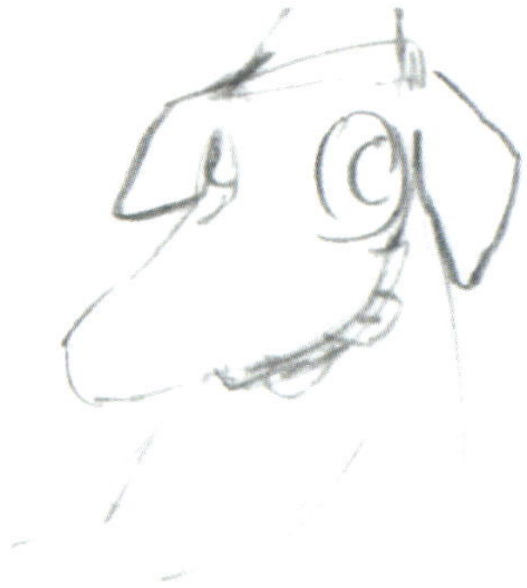

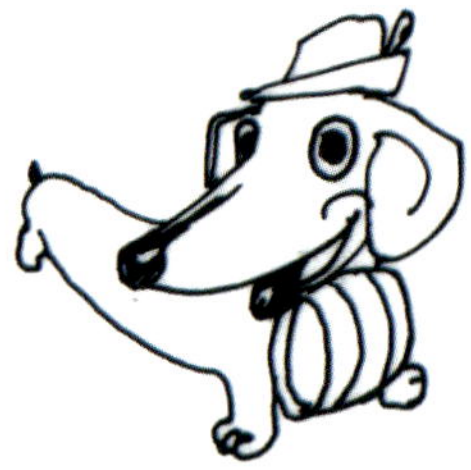

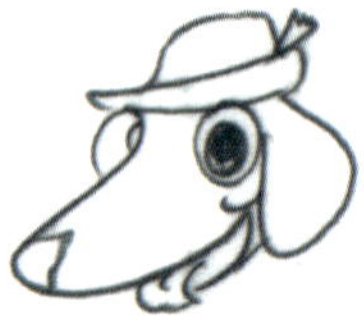

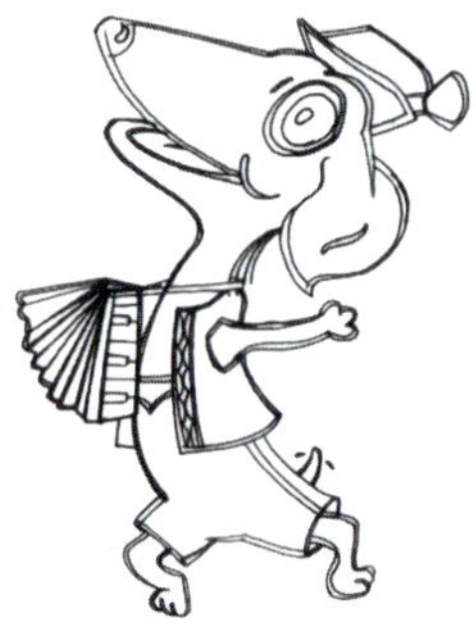

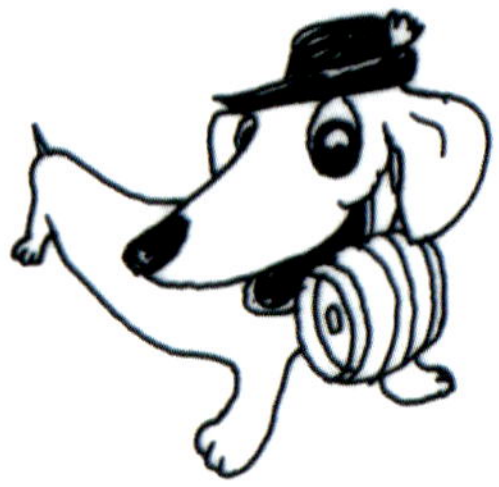

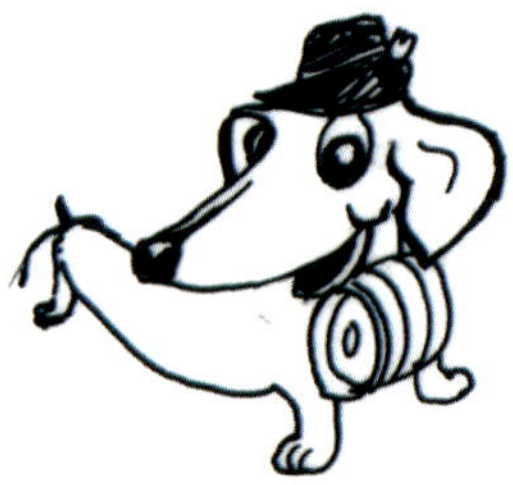

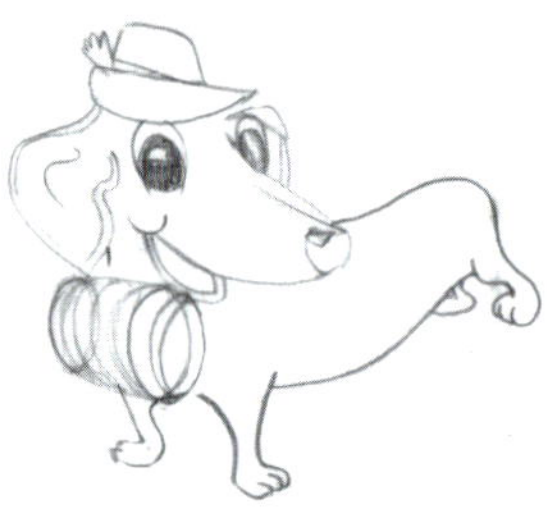

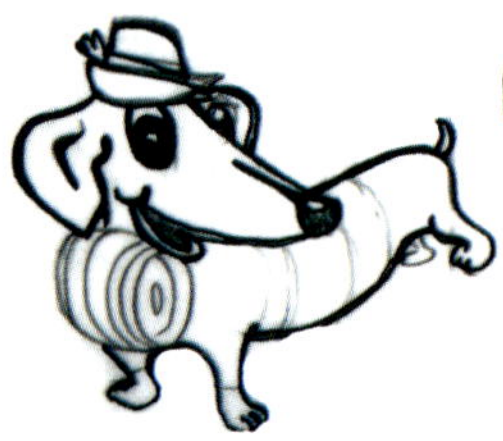

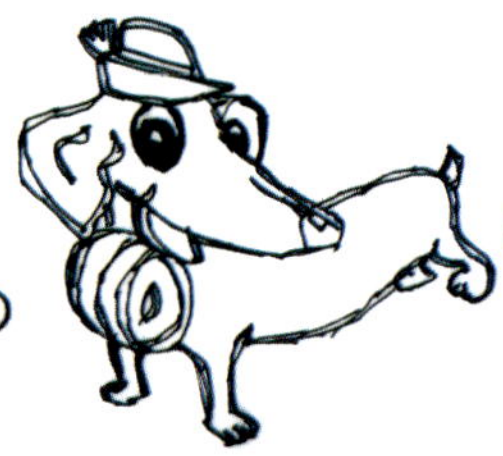

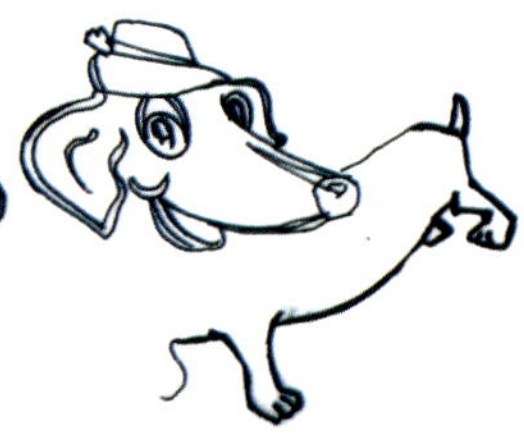

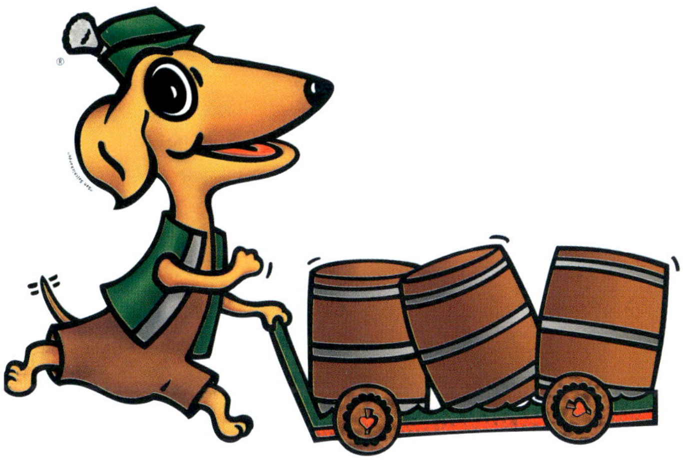

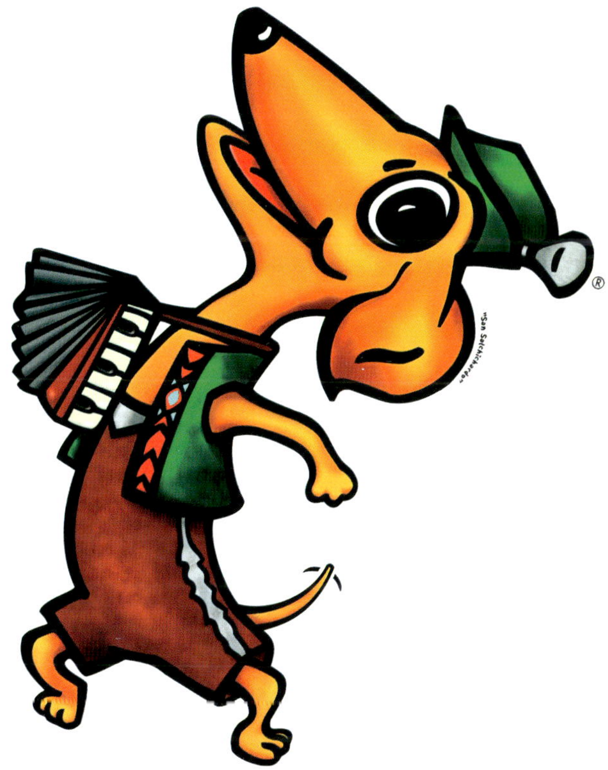

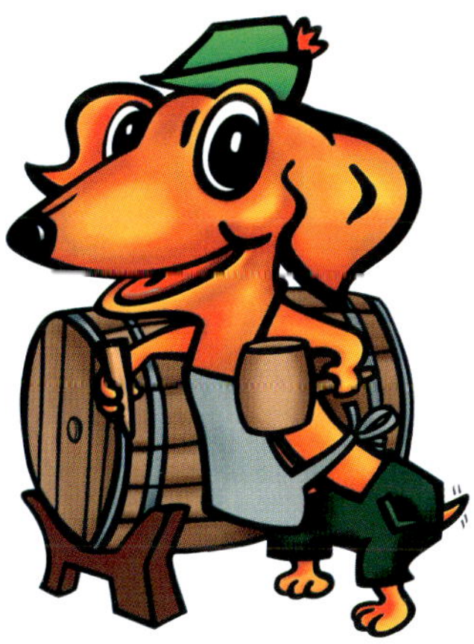

Oktoberfest®

VILLA GENERAL BELGRANO ARGENTINA

YO ME OCUPO

Client: GUNNEBO ESPAÑA
Studio Design: Lantalau
Designer: Lander Carrera
Irun, Spain

The aim was to encourage teamwork and cooperation, and thus generate a positive attitude among the professionals working in the company and strengthen company unity. To do so, they began with one of the principles they thought summed up the entire concept behind the project: "I'll see to it". Such a statement refers to an employee functioning in a team, and their implication and search for solutions to problems. And this is what the typographic logo sought to capture, where the letters in the logo themselves "offer" their help to anyone who needs it. The typeface chosen uses thick rounded lower-case characters, perfect for making lively and fun-filled letters. The initial ideas ended up being very similar to the final result; as we can plainly see, the idea of a raised hand can be found amongst in the very first ideas, where it was tried out in different compositions. Afterwards, it was decided to integrate it into the logo itself. Another attempt was to use the company's initials to create a more direct and powerful image. But in the end, they went back to the initial composition, and to make the association with the company more readily, they used Gunnebo's corporate colors, orange and grey.

Se pretendía fomentar el trabajo en equipo y la cooperación, generar una actitud positiva en los profesionales que trabajan en la empresa y reforzar así la unidad de la compañía. Para ello se partió de uno de los principios que creían resumía la totalidad del concepto del proyecto: "Yo me ocupo". Hace referencia al funcionamiento en equipo, implicación y búsqueda de soluciones a los problemas por parte de cada trabajador. Y esto es lo que se intentó recoger en este logotipo tipográfico, donde la propia letra del logotipo "se ofrece" a prestar ayuda a quién se la pida. La tipografía escogida es una tipo redonda y gruesa, utilizada en minúsculas, perfectas para dotar a las letras de carácter animado y divertido. Las ideas iniciales acabaron resultando muy parecidas al resultado final. Como podemos comprobar, la idea de la mano levantada estuvo presente desde las primeras ideas, probándola en diferentes composiciones. Después se optó por integrarla en el mismo logotipo. Otro intento fue utilizar las iniciales para crear una imagen más directa e impactante. Finalmente se volvió a la composición inicial y para facilitar la asociación con la Empresa, se utilizaron los colores corporativos de Gunnebo: Cyan, naranja y gris.

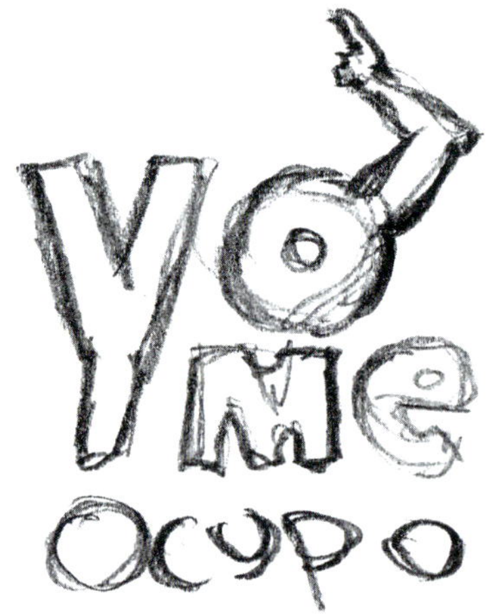

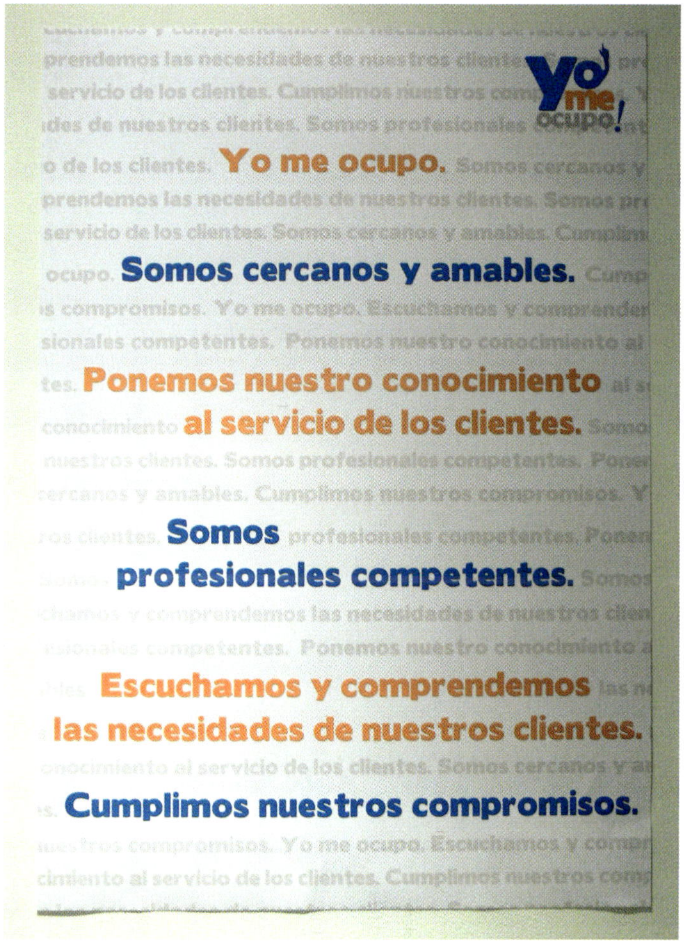
Yo me ocupo!
Yo me ocupo.
Somos cercanos y amables.
Ponemos nuestro conocimiento
al servicio de los clientes.
Somos
profesionales competentes.
Escuchamos y comprendemos
las necesidades de nuestros clientes.
Cumplimos nuestros compromisos.

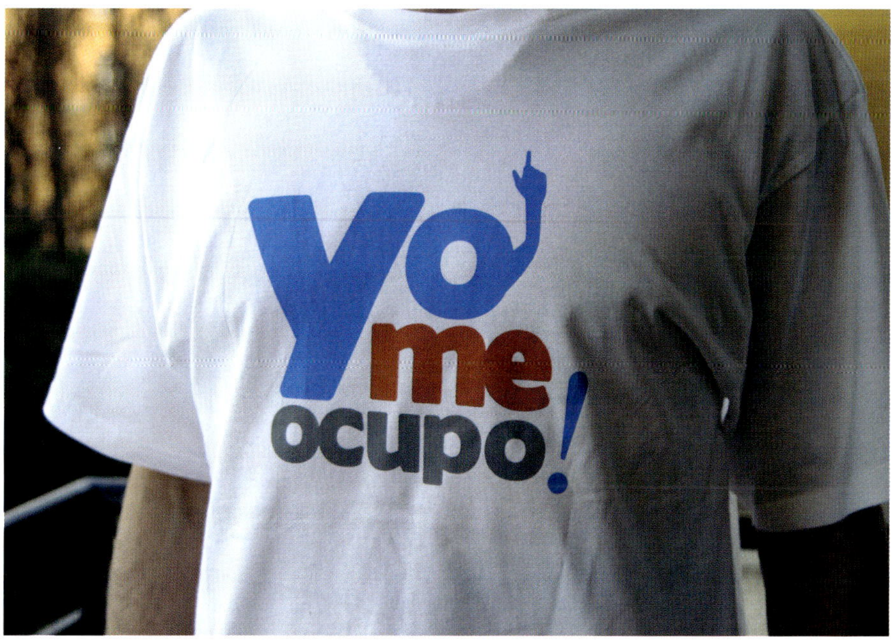
Yo me ocupo!

BARDASQUERA

Client: Bardasquera
Studio Design: Signum
Craeative Director: Monchi Pedreira
Designer: Rubén Fernández
Illustration: María de la Caba
Aviles, Spain

Once having evaluated the client's brief, the studio concluded that the mine (Bardasquera) required a solid, innovative and dynamic company image that strayed from the traditional codes related to the environment that we had been dealing with. Documentation and analysis: preliminary sketches; in this process, the common denominator in the corporate images of these mines were identified as the previously mentioned more traditional codeos, regardless whether they were small and family-run or more industrialized mines. Nevertheless, it was decided that the client were to be shown some sketches that were, in terms of concept, technique and style, more classic in their iconography. In this way they could better evaluate the contrast with the final proposal. In this studio we lean towards constructing corporate images that are rich in graphic resources, ones that provide them with positive references. These resources, in this case, were presented to us in the form of a symbol and a logo that could act independently or be fused into a single graphic unit. This provided versatility when it came time to implement and apply it in different corporate mediums. Thus came about the anagram of "B". A "B" followed what accompanied the "Bardasquera" logo, and at times, the claim: "porque vaca se escribe con B" (because cow is spelled with a B).

Una vez evaluado el briefing elaborado por el cliente, el estudio concluyó que la explotación (Bardasquera) precisaba de una imagen de empresa sólida, renovadora, dinámica, lejos de evocadores códigos tradicionales, propios del ámbito con el que tratamos. Documentación y análisis: bocetos preliminares En este proceso se identificaron que los códigos tradicionales antes mencionados son un denominador común de las imágenes corporativas de estas explotaciones; bien sean pequeñas y familiares o más industrializadas. Aún así decidieron mostrar al cliente algunos bocetos con tratamiento, en cuanto concepto, técnica y estilo de iconografía más clásica. De esta manera podría valorar el contraste con la propuesta final. En este estudio son partidarios de construir imágenes corporativas ricas en recursos gráficos, que doten a éstas de referencias positivas. Recursos que, en este caso, se nos presenta en forma de un símbolo y un logotipo, que puedan actuar de manera independiente o formando una sola unidad gráfica; la marca. Esto dota de versatilidad a la misma a la hora de implantarla y aplicarla en los diferentes soportes corporativos. Surge así el anagrama "B". Una "B" mimetizada a la que acompaña el logotipo "Bardasquera" y, en algunas ocasiones, el claim: "porque vaca se escribe con B".

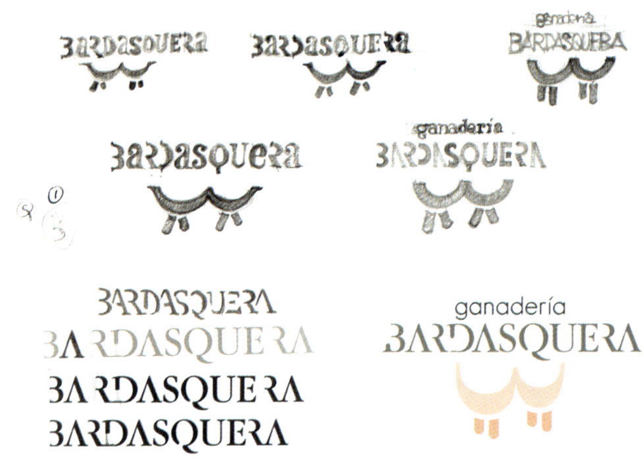

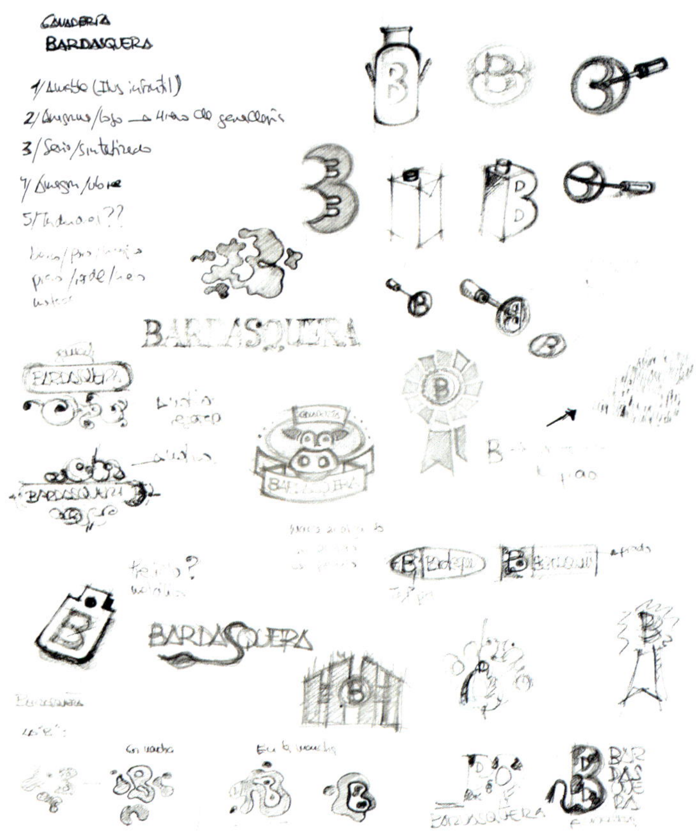

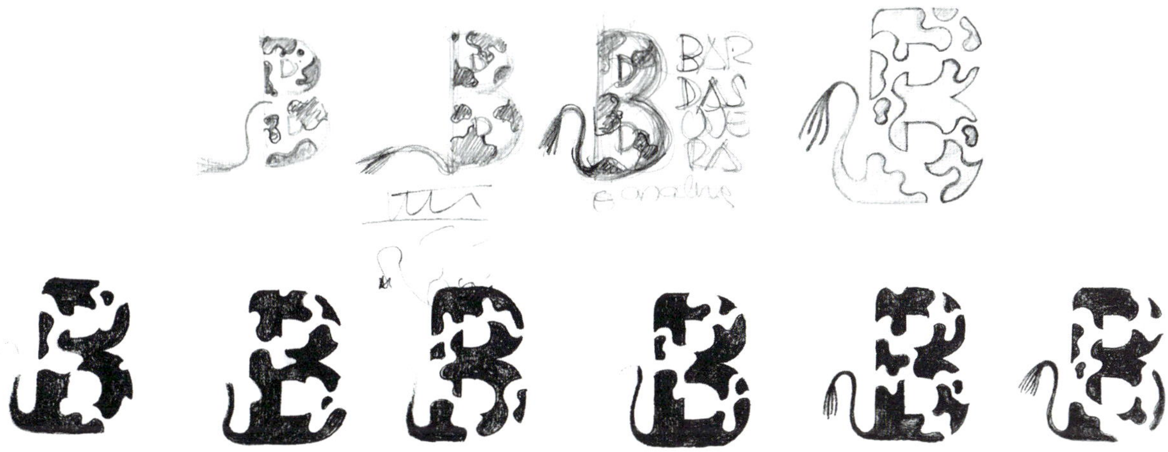

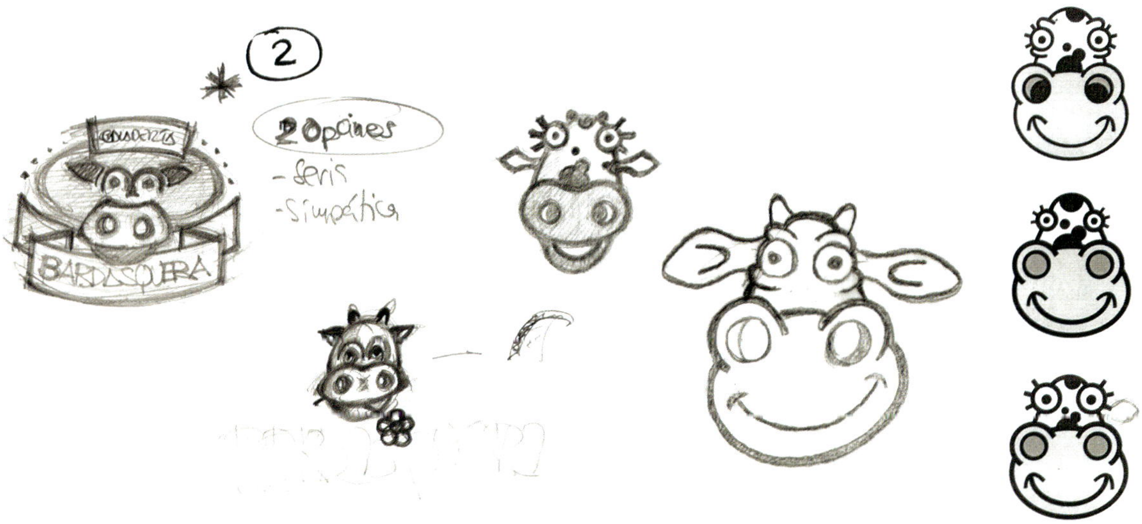

BAR
DAS
QUE
RA

ganadería

BAR
DAS
QUE
RA
ganadería

BAR
DAS
QUE
RA
ganadería

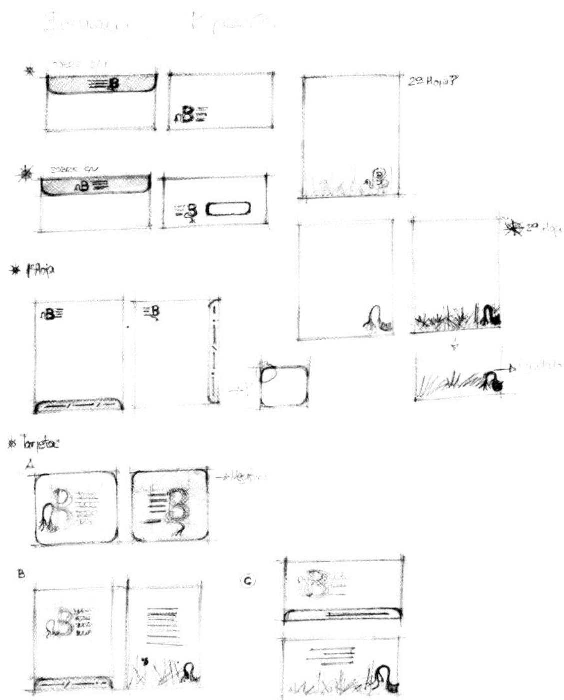

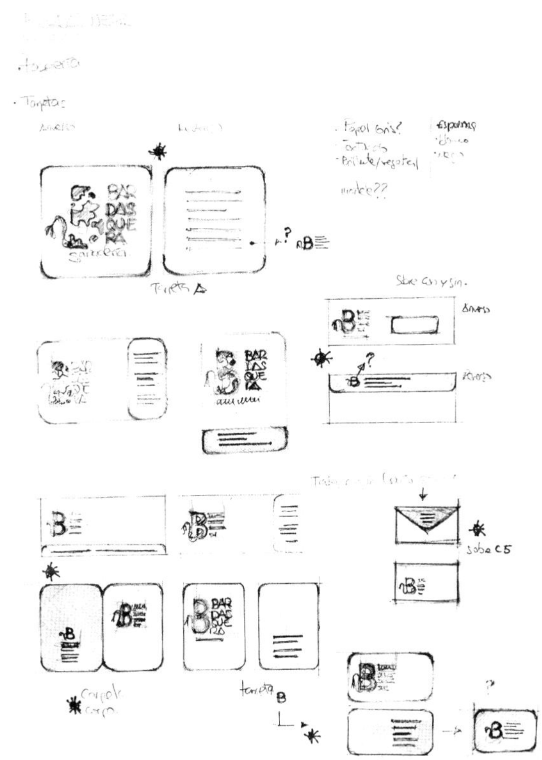

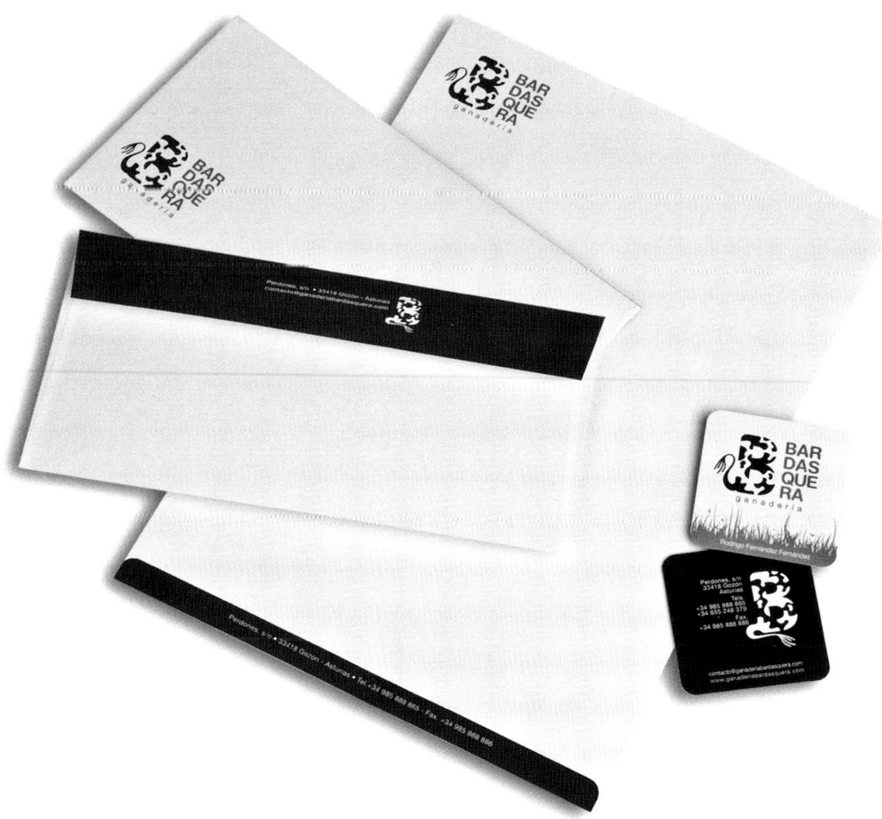
BAR
DAS
QUE
RA
ganadería

KINDERGARDEN IZVOR

Client: Kindergarden Izvor- Samobor
Studio Design: Studio Snooze
Designer: Studio Snooze
Samobor, Croatian

They were asked to design smiling, funny, "kiddy" and colorful logo for nice green kindergarten. The main goal was to implement a green tree, which has become their trademark. The red and beige colors are from "City Samobor" visual identity, and garden is in it.
Awards: Logo from dreams - Logo of the day - 09'
Se les pidió que diseñaran un logotipo sonriente, divertido, infantil y colorido para una bonita guardería verde. El objetivo principal era introducir un árbol verde, que se ha convertido en su seña de identidad. Los colores rojo y beige pertenecen a la identidad visual de "City Samobor", y el jardín está en la guardería.
Premios: Logo from dreams - Logo of the day - 09'

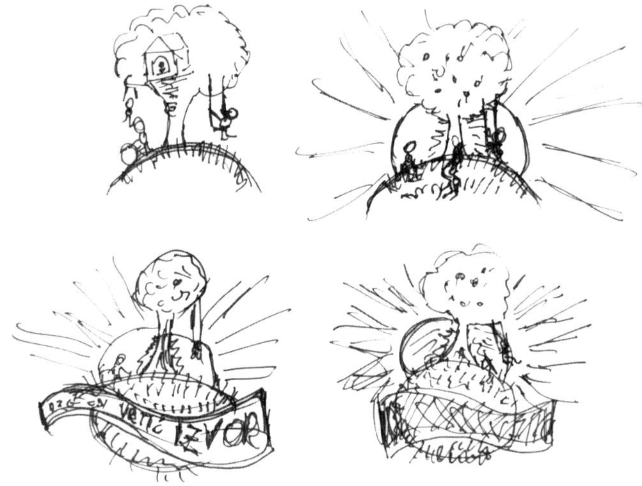

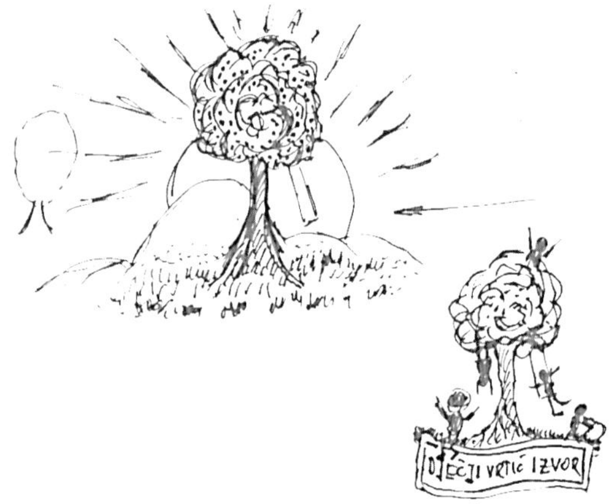

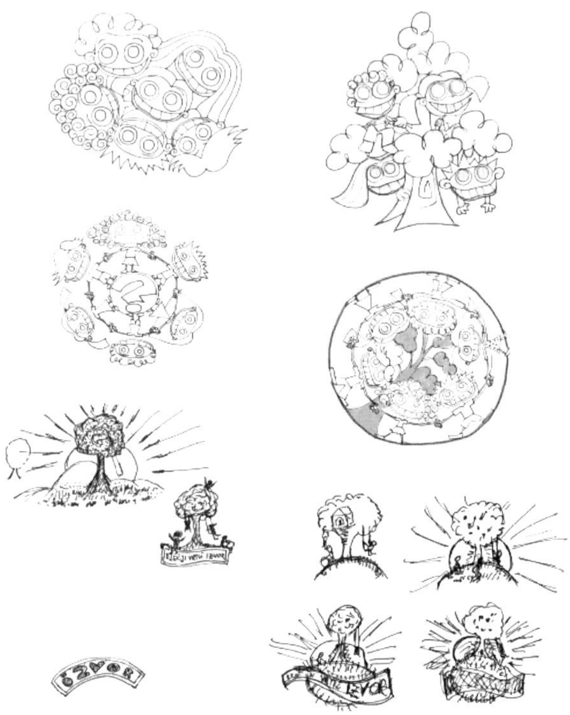

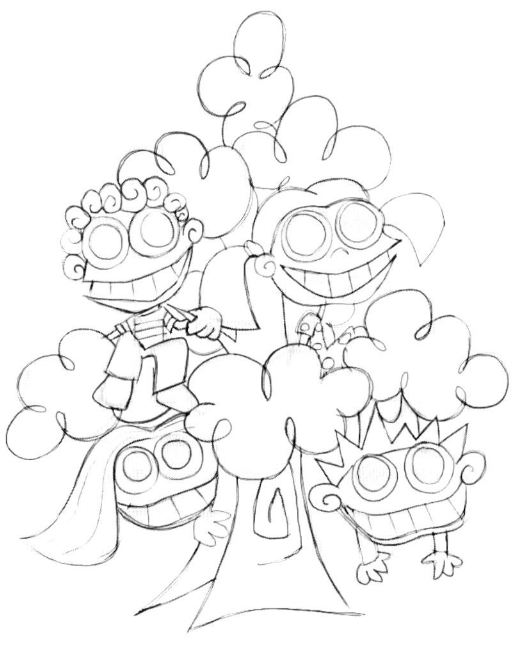

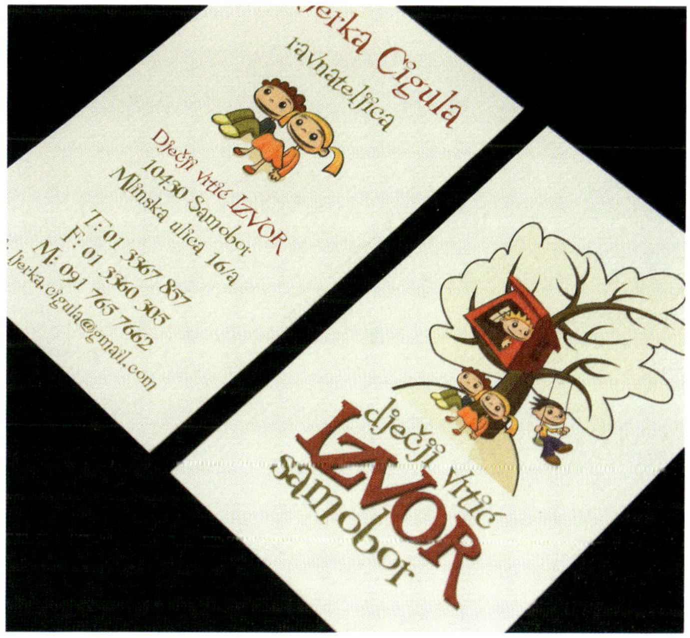
ravnateljica
Dječji vrtić IZVOR
10430 Samobor
Mlinska ulica 16/a
T: 01 3367 857
F: 01 3360 305
M: 091 765 7662
dječji vrtić
IZVOR
samobor

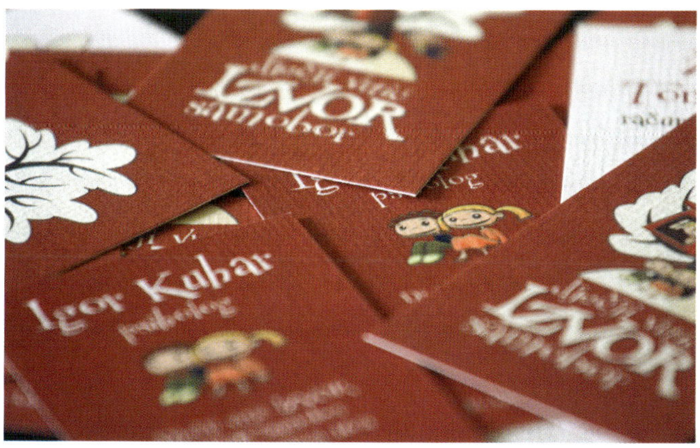
Igor Kubar
psiholog

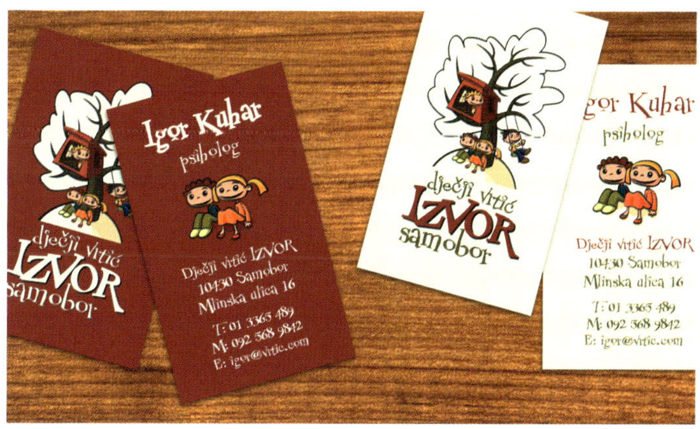
dječji vrtić
IZVOR
samobor
Igor Kubar
psiholog
Dječji vrtić IZVOR
10430 Samobor
Mlinska ulica 16
T: 01 3365 489
M: 092 368 9842
E: igor@vrtic.com

FAN

Client: Fundación Argentina de Nanotecnología
Studio Design: Rgb/Dg
Designer: Rodrigo Broner
Buenos Aires, Argentina

In reality, this emblem was one of three finalists, but not the winner, of a national design bid for the Fundación Argentina de Nanotecnología (the Nanotechnology Foundation of Argentina). The idea was to design the emblem starting from a large abstraction, engaging the graphic elements in their barest expression, "the point": the point where a line begins, the line as the beginning of a plane. Two scales were used for the same element, one containing the other. Making the idea of repetition implicit, a summation, in the relationship between elements with the same origin. Finally, the use of color points to how "pure" cyan was utilized to respect the concept of abstraction and abating the national.

En realidad esta marca fue una de las tres finalistas, pero no ganadora, del concurso nacional de diseño para la Fundación Argentina de Nanotecnología. La idea fue realizarla a partir de una gran abstracción, hablando con los elementos gráficos a partir de su menor expresión, "el punto", el punto como comienzo de una línea, la línea como comienzo de un plano. Se trabajó con dos escalas del mismo elemento, uno conteniendo al otro. Dejando implícita la idea de repetición, de sumatoria, de relación de elementos del mismo origen. Por último en cuanto al uso del color se utilizó el cyan "puro" respetando el concepto de abstracción y remitiendo a lo nacional.

FAN

Fundación Argentina de Nanotecnología

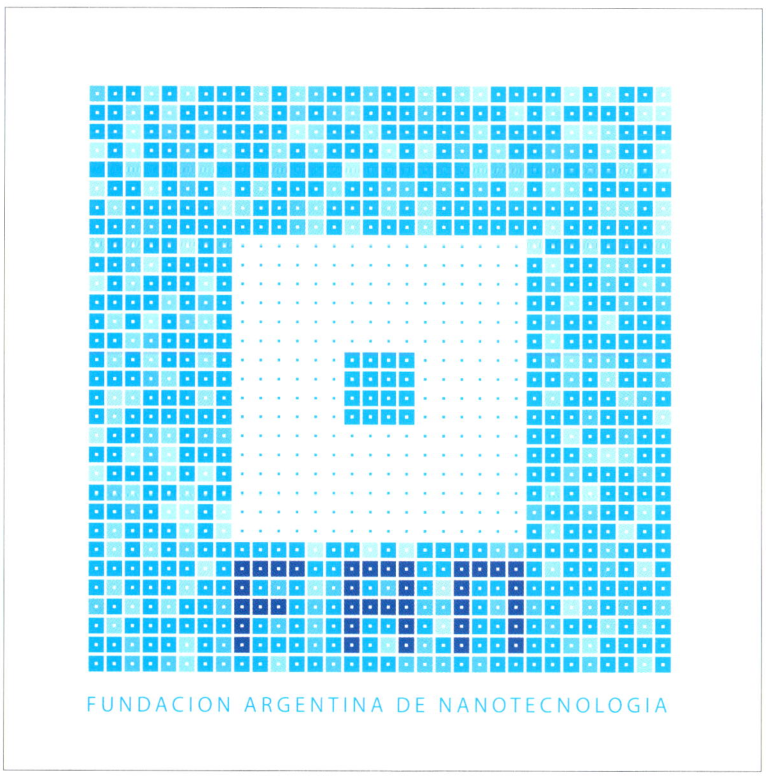

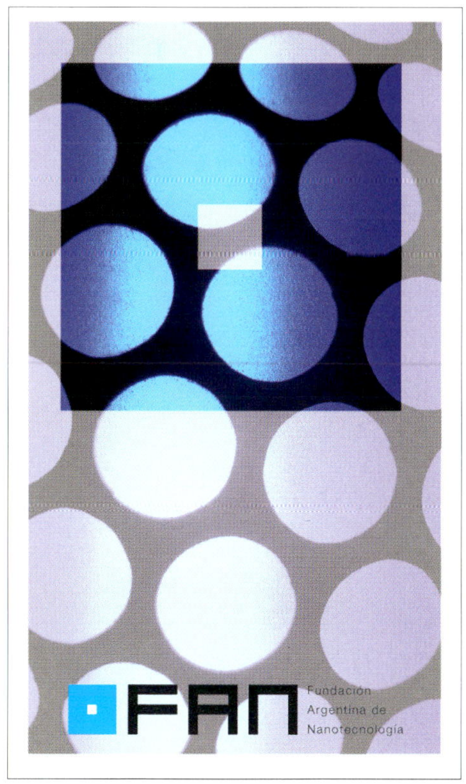

HARVEST AT JIMMY'S

Client: Big Wheel Promotions
Studio Design: Form
Designer: Paul West
London, England

Music and food have long been a match made in heaven, so they were happy to be asked to design the logo, website, posters and flyers for this new boutique festival featuring some top name chefs and bands. Hosted on Jimmy Doherty's farm in Suffolk (as in the BBC TV series) they wanted the identity to feel open and friendly to attract a family crowd. They also brought the logo to life with a moving image version which can be seen on the live site at www.harvestatjimmys.com

Hace mucho tiempo que la música y la comida son una combinación celestial, así que se alegraron de que se les pidiera el diseño del logotipo, la página Web y los flyers para este nuevo festival de lujo con algunos de los chefs y de las bandas más importantes. Se celebró en la granja de Jimmy Doherty en Suffolk (como en la serie de televisión de la BBC) y querían que la identidad fuera abierta y simpática para atraer al público familiar. También le dieron vida al logotipo por medio de una versión con una imagen en movimiento que se puede ver en la página Web.

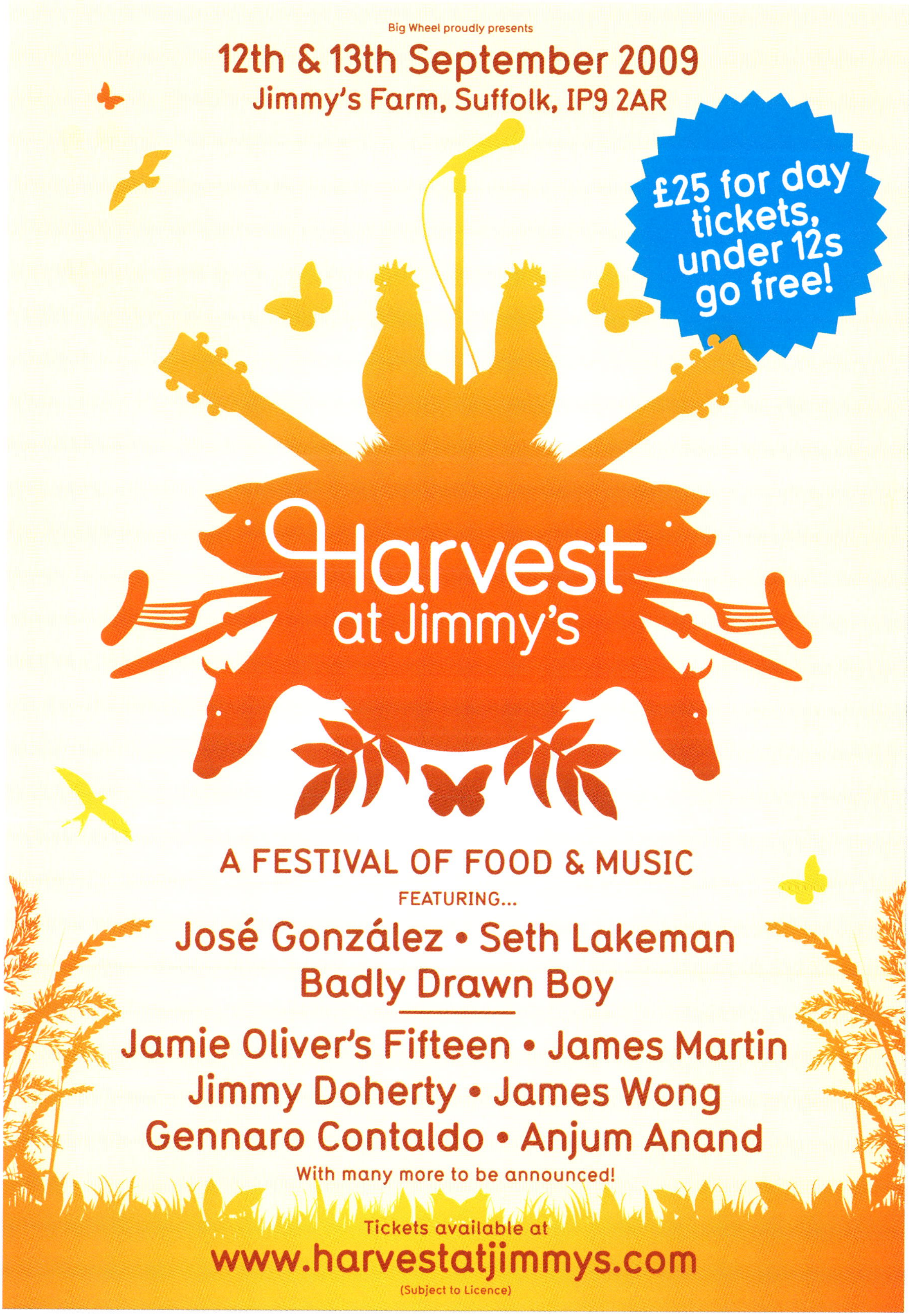
Big Wheel proudly presents
12th & 13th September 2009
Jimmy's Farm, Suffolk, IP9 2AR
£25 for day tickets, under 12s go free!
Harvest at Jimmy's
A FESTIVAL OF FOOD & MUSIC
FEATURING...
José González • Seth Lakeman
Badly Drawn Boy
Jamie Oliver's Fifteen • James Martin
Jimmy Doherty • James Wong
Gennaro Contaldo • Anjum Anand
With many more to be announced!
Tickets available at
www.harvestatjimmys.com
(Subject to Licence)

SINAMO

Client: Sinamo
Studio Design: Mandala
Designer: Nuria Rodríguez
Avilés, Spain

In this project, the client's brief required a trademark design that identified a dog and cat shelter. With the purpose of the shelter being the adoption of these animals, the logo, which would use "Helvetica Rounded", had to be accompanied by an illustration, like an imagotype, to awaken the friendly, protective instinct in the shelter's future patrons.

En este proyecto, el briefing requería el diseño de una marca identificativa para una protectora de perros y gatos. Siendo la finalidad de la protectora la adopción de los animales, el logotipo, en el que sea utilizado una "Helvética Rounded", se debía de acompañar por una ilustración a modo de imagotipo, que despertase el instinto protector y amable de los futuros clientes de la protectora.

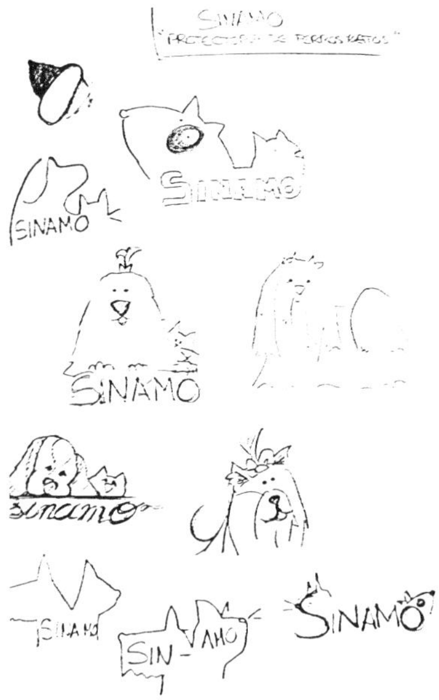

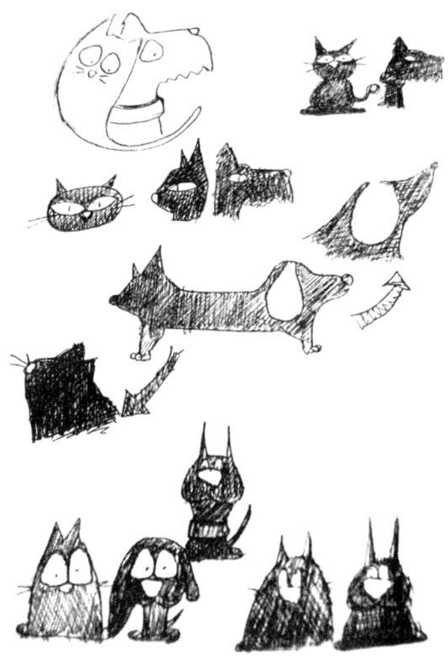

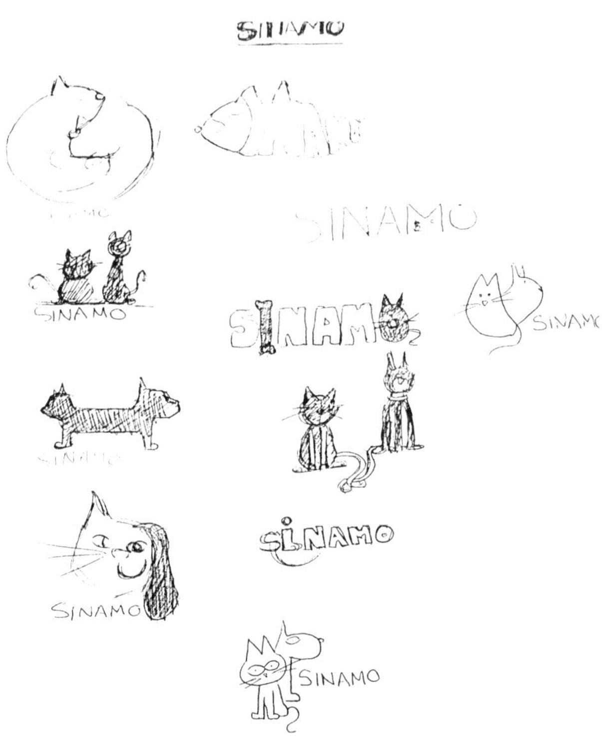

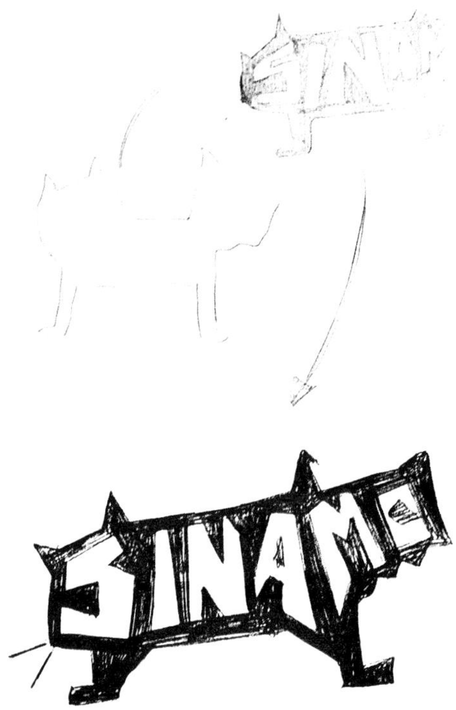

SINAMO

PROTECTORA DE PERROS Y GATOS

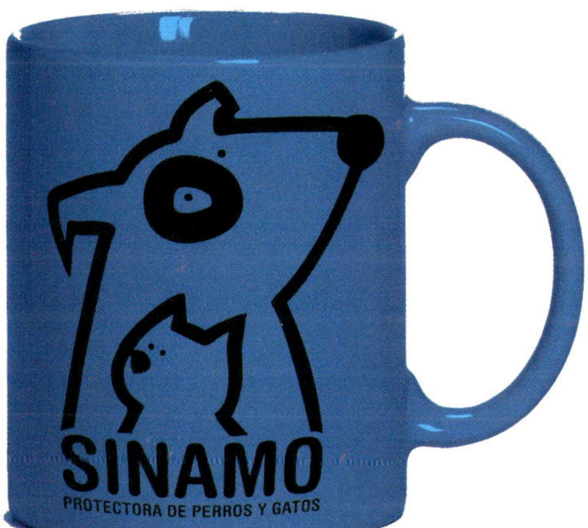

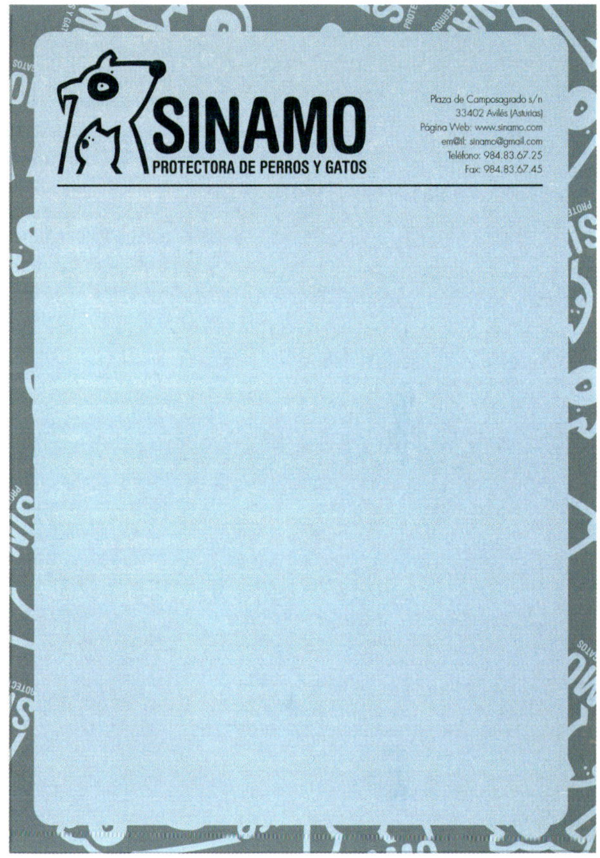

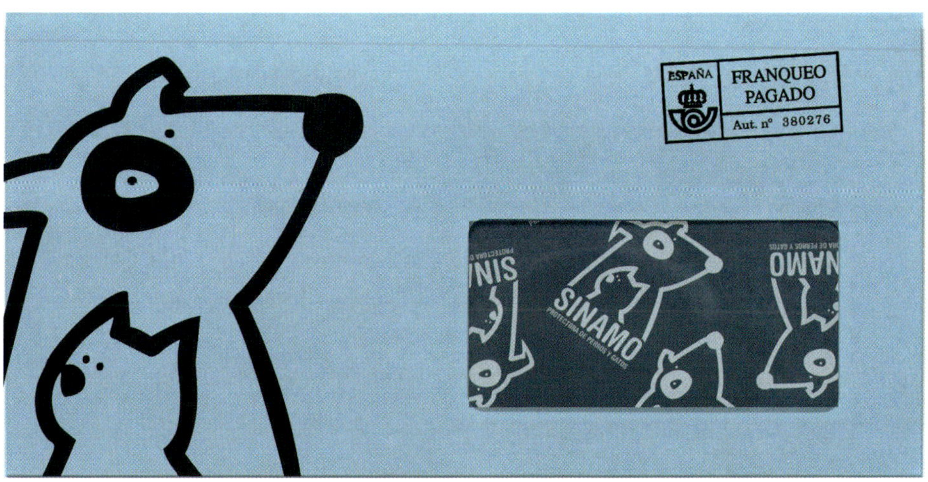

NOWA

Client: Nowa
Studio: Gorricho Estudio
Designer: Martín Gorricho, Vanesa Berrutto, Ezequiel Carrasco, Santiago Cueto
Buenos Aires, Argentina

What this utility company associated with renewable energy didn't want was known straight off the bat: nothing that had anything to do with windmills or the sun. Technology is what changes most rapidly and becomes obsolete the fastest, and they didn't want to stigmatize their trademark by linking it with any specific technological device that might become antiquated in a short amount of time. Instead, the studio concentrated on developing a brand that pointed towards being pure energy in movement: positive energy; a simple and concise logo that could be articulated in a thousand shapes and colors in order to constitute the company's true identity. Random blots, superimposed transparent planes, landscapes of colors and photographs intervening with each other would define the project's iconography. The studio was in charge of the proposal's entire development, from the name and slogan - Grow now. Go Nowa. – to the final print applications.

Desde un principio se sabía que no querían para esta empresa de servicios relacionada con la energía renovable, nada que tuviera que ver con los molinos de viento o la energía solar. La tecnología es lo que más rápidamente cambia y se vuelve obsoleta y no querían estigmatizar la marca, vinculándola con ningún dispositivo tecnológico especificó que pudiera volverse anticuado en poco tiempo. Se concentraron, en cambió en desarrollar una marca que apuntara a ser pura energía en movimiento, energía positiva. Un logotipo muy simple y concreto se articula con una infinidad de formas y colores que constituyen la verdadera identidad de la empresa. Manchas arbitrarias, superposiciones de planos en transparencia, pasajes de color y fotografías intervenidas definieron la iconografía del proyecto. En el estudio se encargaron del desarrollo integral de la propuesta, desde el nombre y lema - Grow now. Go Nowa. - hasta las aplicaciones gráficas finales.

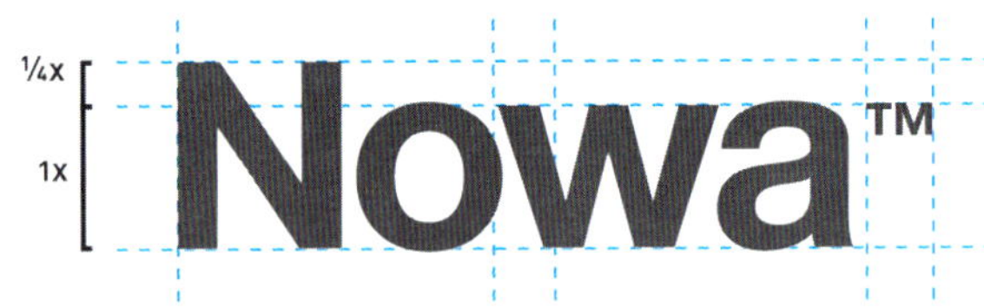

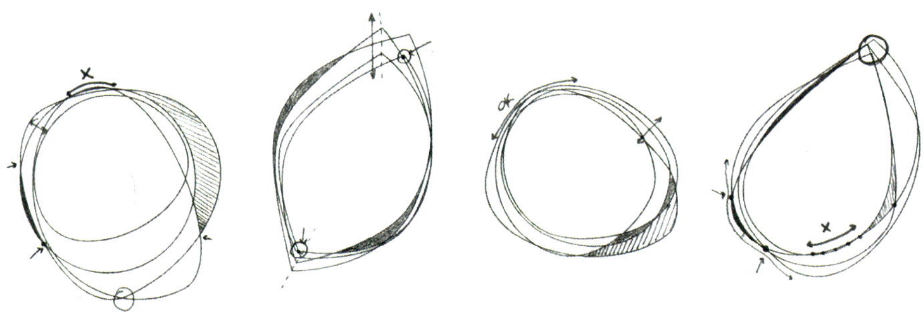

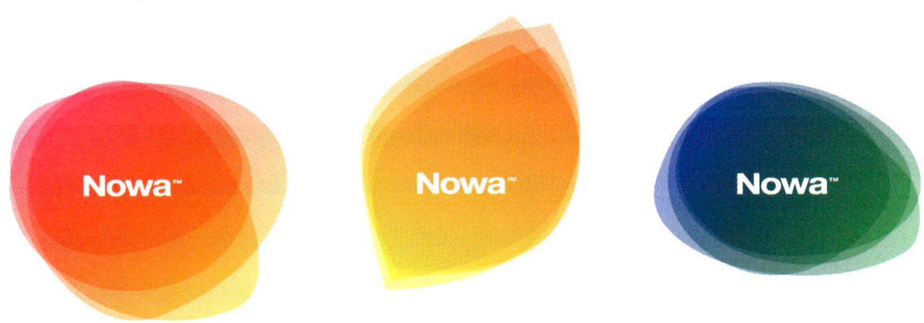

Nowa™

Grow now. Go **Nowa.**

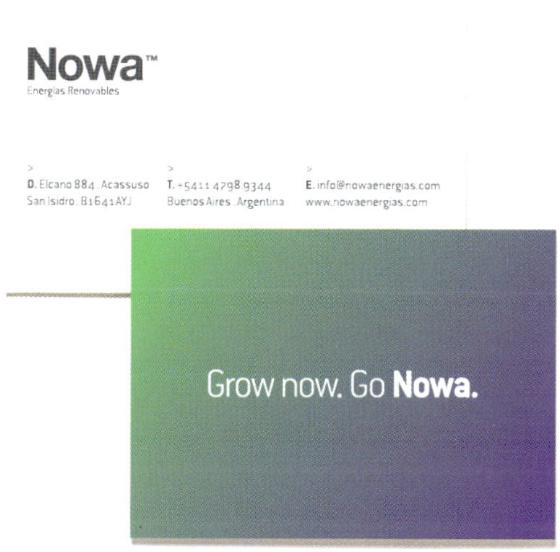

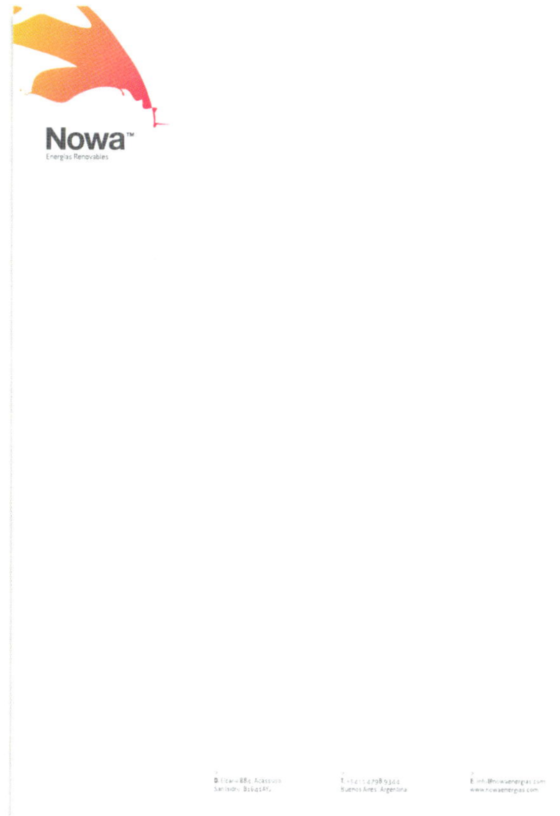

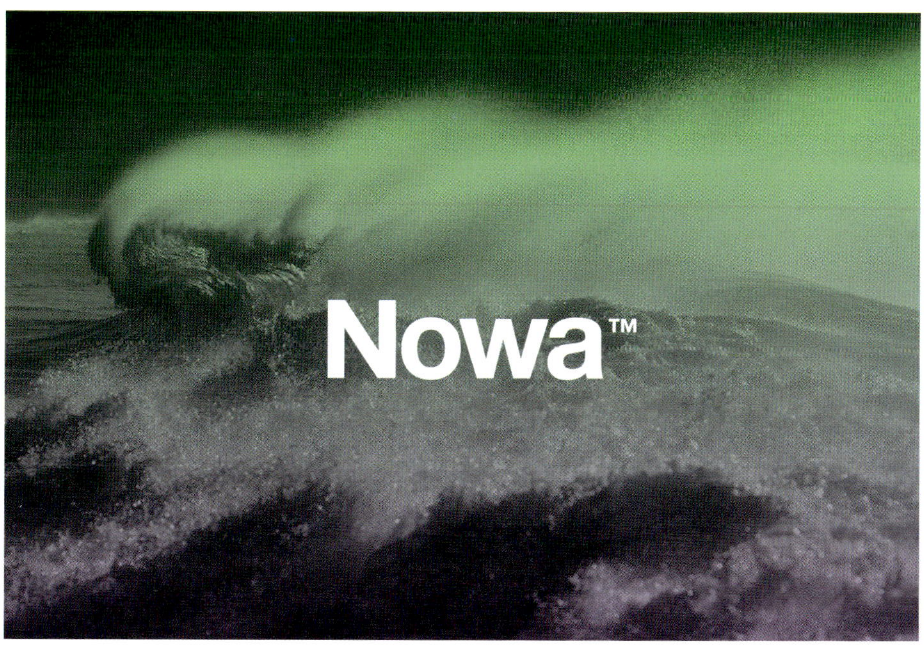

KAORI

Client: Floristería Kaori
Designer: Sergio Rey, María Ballesta
Avilés, Spain

Kaori - meaning "aroma" in Japanese – relates to the oral world and the company's oriental and international philosophy. Kanji: incrusted in the letter "o" to visually clarify the company's oriental and international aspects, as customers have no way of knowing what Kaori means. It is a clear allusion to the oral world and the exotic, another of the company's bases. Curves are created inside the typographies to soften the content and provide a play between colors, giving a more modern touch to the whole. In the flower petals, there is a true sense of volume. Big Caslon Medium: chosen for its strikingly elegant character and applied in capitals to avoid problems of irreducibility. Philosopher: the typeface used for the legend, chosen for its elegant curved lines, bringing a more modern facet to the design.

Kaori - significa "aroma" en japonés - relacionado con el mundo oral y con la filosofía oriental e internacional de la empresa. Kanji: Incrustado en la letra "o" para aclarar visualmente el aspecto oriental e internacional de la empresa, ya que el cliente no tiene porque conocer el significado de Kaori. Clara alusión al mundo oral y a lo exótico, otra de las bases de la empresa. Se crean curvas en el interior de las tipógrafas para suavizar el contenido y dan un juego de color. Aportan un toque más moderno al conjunto. En los pétalos de la flor realzan la sensación de volumen. Big Caslon Medium: Elegida por su carácter elegante con remate. Aplicada en mayúsculas para evitar problemas de irreductibilidad. Philosopher: Tipografía usada para la leyenda, elegida su remate curvo y elegante. Aporta un aspecto más moderno al diseño.

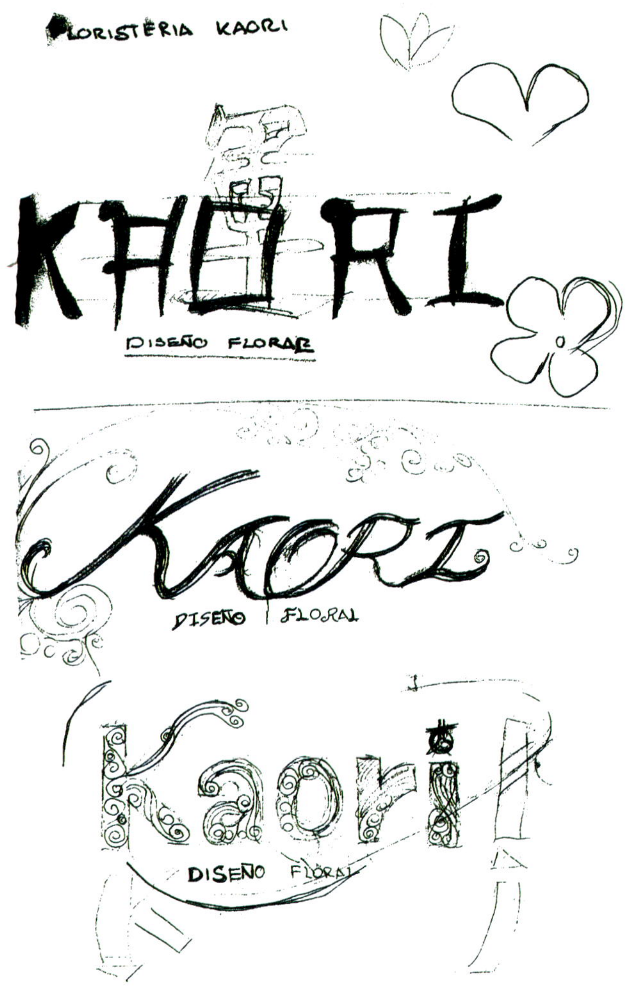

KAORI
DISEÑO FLORAL

Kaori

kaori
FLORISTERIA JAPONESA

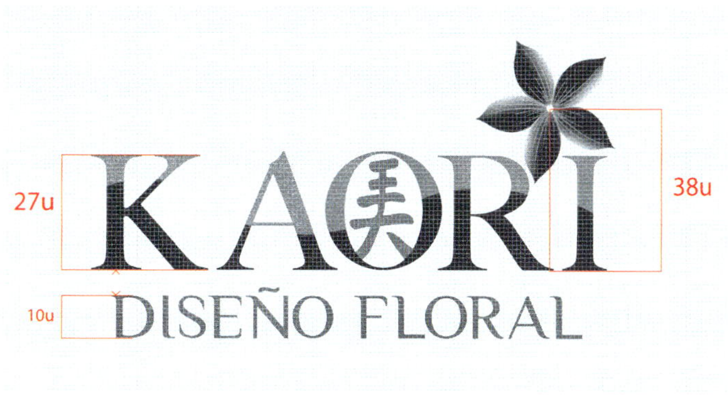
27u
38u
10u
KAORI
DISEÑO FLORAL

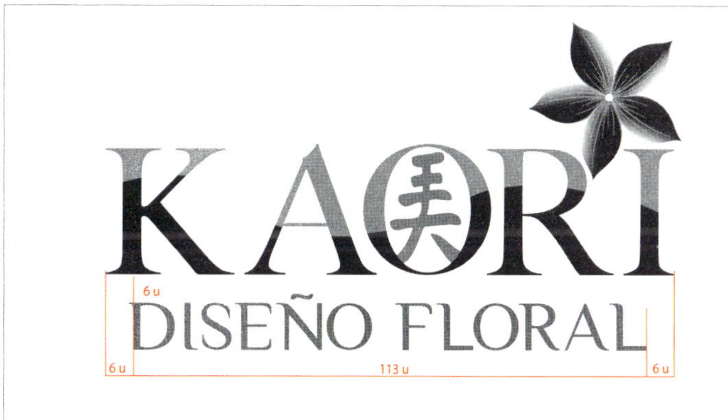
KAORI
DISEÑO FLORAL
6u
6u
113 u
6u

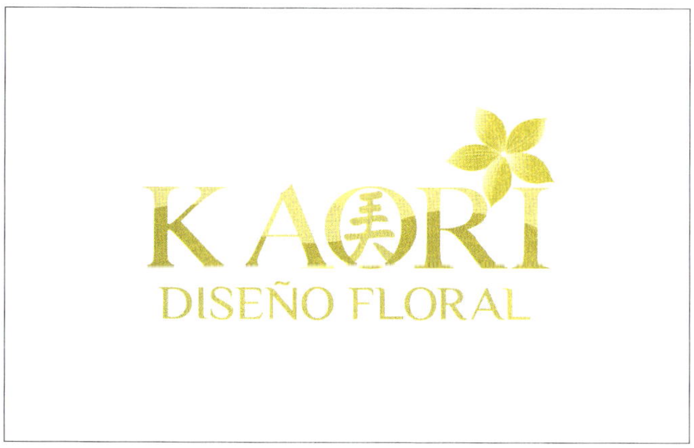
KAORI
DISEÑO FLORAL

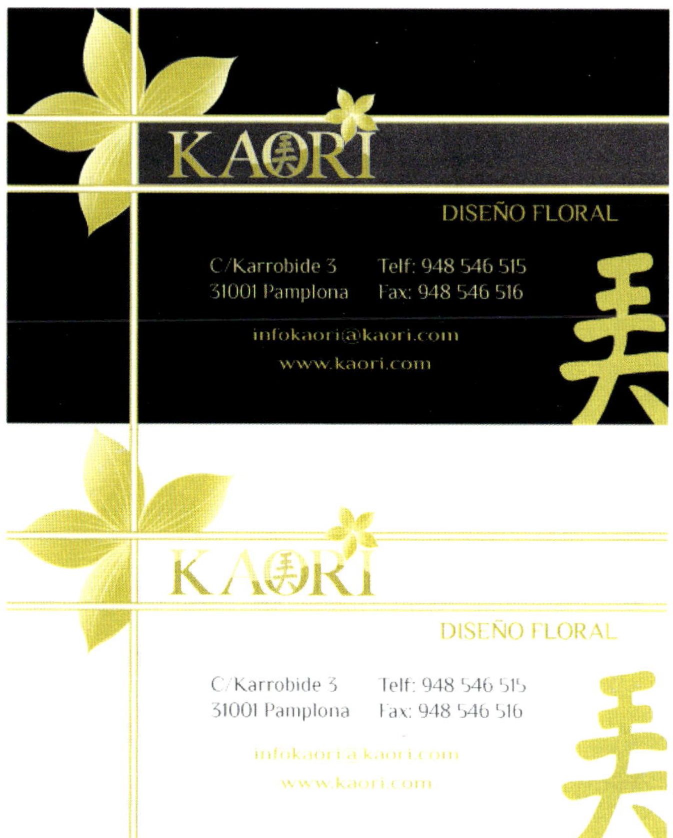
KAORI
DISEÑO FLORAL
C/Karrobide 3
31001 Pamplona
Telf: 948 546 515
Fax: 948 546 516
infokaori@kaori.com
www.kaori.com

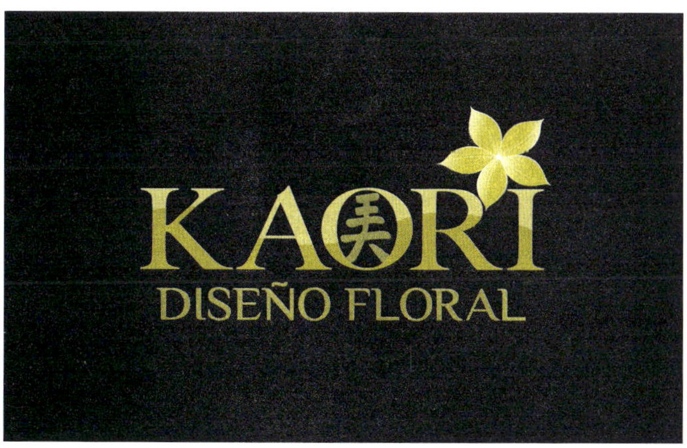
KAORI
DISEÑO FLORAL

SAJMISTE

Client: Memorial Centar Sajmiste
Studio Design: Mirko Ilic Corp.
Designer: Milton Glaser, Mirko Ilic
New York, EUA

This is a logo for a concentration camp memorial ground in Serbia . This logo was designed with Milton Glaser for the future memorial center in Belgrade, Serbia. It is located on the grounds of a concentration camp during World War II. The idea of the logo was to have the contrast between water and fire, as well as fire and tear. The colors they used were that of the Serbian flag, red, blue, and white.

Este logotipo se diseñó para una zona conmemorativa de un campo de concentración en Serbia. Se diseñó este logotipo con Milton Glaser para el futuro centro de conmemoración de Belgrado, Serbia. Está situado en los terrenos de un campo de concentración de la Segunda Guerra Mundial. La idea del logotipo era mostrar el contraste entre el agua y el fuego, así como entre el fuego y la lágrima. Los colores utilizados son los de la bandera de Serbia: rojo, azul y blanco.

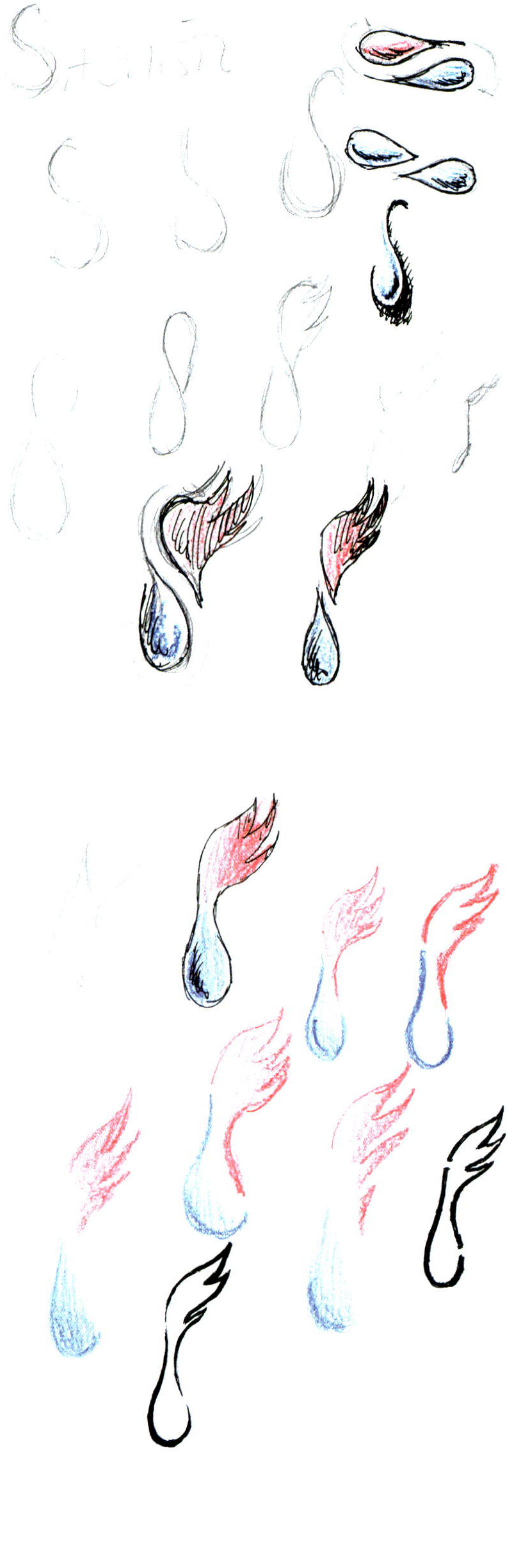

MEMORIJALNI
CENTAR
SAJMIŠTE

RICHFIELD

Client: Richfield Hospitality
Studio Design: Mirko Ilic Corp.
Designer: Mirko Ilic
New York, EUA

Richfield Hospitality is a hotel management group. Playing around with type, they figured out they can create the letter H in the negative space of the R. Because it's a hospitality company, we also created out of the bottom part a warm, inviting "door" which we gave an orange color.

Richfield Hospitality es un grupo de gestión hotelera. Jugando con el carácter, vieron que podían crear la letra H en el espacio negativo de la R. Como se trata de una empresa hotelera, también creamos en la parte inferior una "puerta" cálida y acogedora en color naranja.

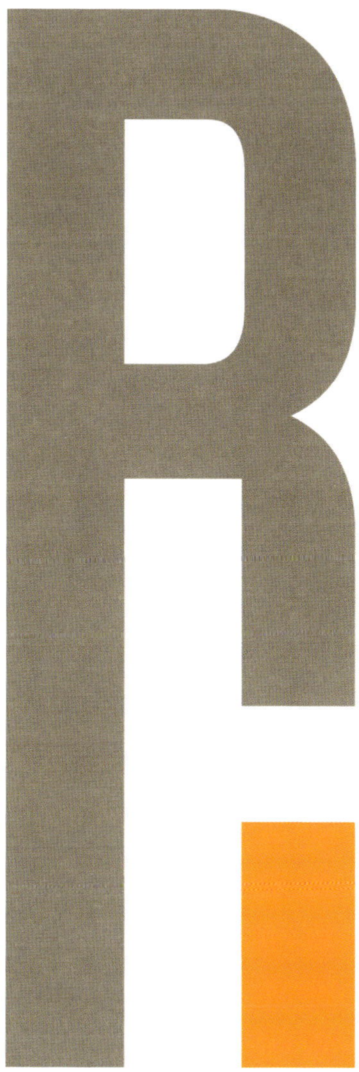

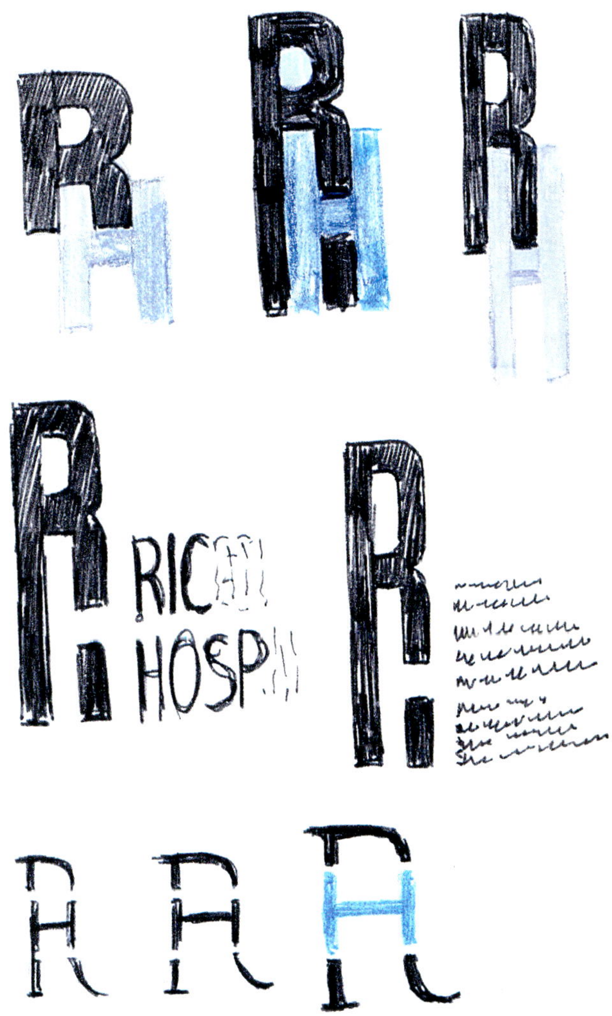

DUORIVERA

Client: DUORIVERA
Studio Design: Dnoise
Art Director: Enrique Rivera
Design: Enrique Rivera
Madrid, Spain

DÚO RIVERA, the international Galician duet of chamber musicians, placed their trust in DNOiSE to bring all its on/offline communication into the fore. Using simple yet eye-catching and direct stationery, all the values of these magnificent performers is defined. DNOiSE designed a basic print line based on a logo / anagram and basic stationery over which they constructed, in successive phases, the rest of the corporate identity and means of communication. They also carried out an entire personal styling line and a photo session.

El dúo internacional gallego de concertistas de música de cámara DÚO RIVERA ha confiado en DNOiSE para llevar adelante toda su comunicación on/off-line. Mediante una papelería sencilla, llamativa y directa, transmiten todos los valores que definen a estas magníficas concertistas. En DNOiSE diseñaron una línea gráfica básica basada en logotipo / anagrama y papelería básica sobre la cual se construirá, en sucesivas fases, el resto de la identidad y comunicación corporativa. También llevaron adelante toda la línea de styling personal y una sesión de fotos.

DUORIVERA

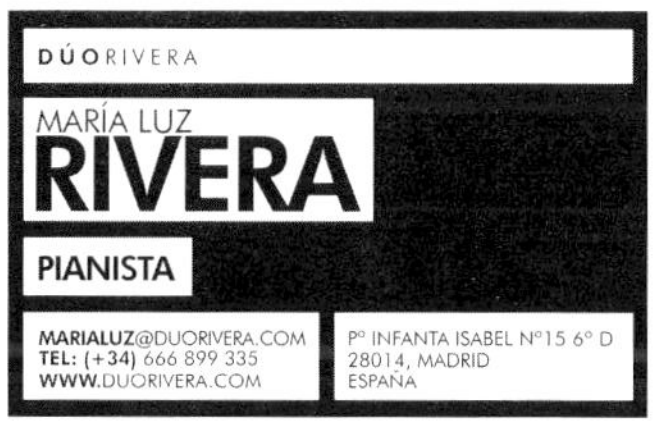
DÚORIVERA
MARÍA LUZ
RIVERA
PIANISTA
MARIALUZ@DUORIVERA.COM
TEL: (+34) 666 899 335
WWW.DUORIVERA.COM
Pº INFANTA ISABEL Nº15 6º D
28014, MADRID
ESPAÑA

DÚORIVERA

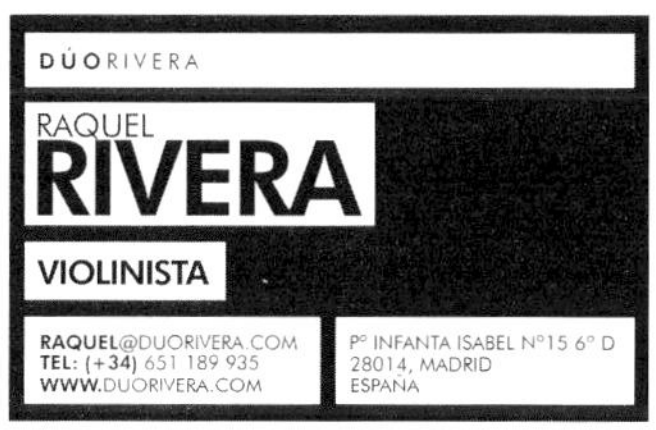
DÚORIVERA
RAQUEL
RIVERA
VIOLINISTA
RAQUEL@DUORIVERA.COM
TEL: (+34) 651 189 935
WWW.DUORIVERA.COM
Pº INFANTA ISABEL Nº15 6º D
28014, MADRID
ESPAÑA

DÚORIVERA

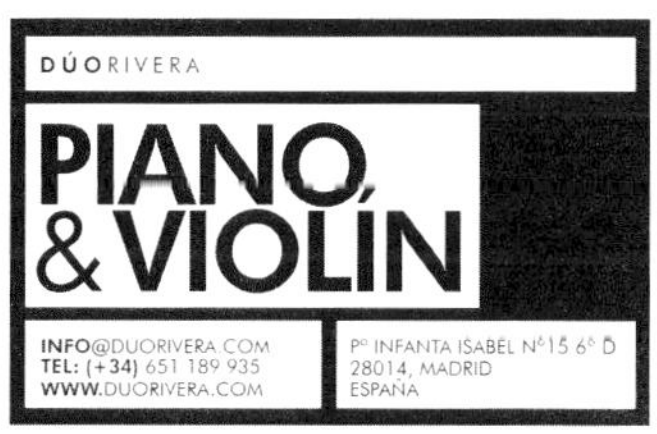
DÚORIVERA
PIANO,
& VIOLÍN
INFO@DUORIVERA.COM
TEL: (+34) 651 189 935
WWW.DUORIVERA.COM
Pº INFANTA ISABEL Nº15 6º D
28014, MADRID
ESPAÑA

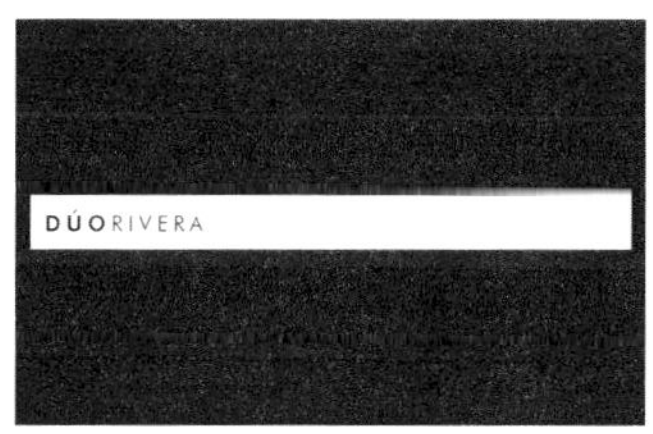
DÚORIVERA

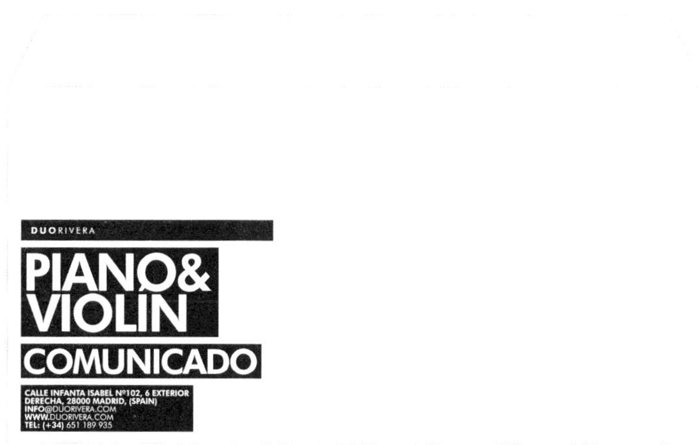
DUORIVERA
PIANO&
VIOLÍN
COMUNICADO
CALLE INFANTA ISABEL Nº102, 6 EXTERIOR
DERECHA, 28000 MADRID, (SPAIN)
INFO@DUORIVERA.COM
WWW.DUORIVERA.COM
TEL: (+34) 651 189 935

ZARAGOZA 2016

Client: Ayuntamiento de Zaragoza
Studio Design: Cubo Diseño
Design: Cubo Diseño
Zaragoza, Spain

Logo for the candidacy of Zaragoza for European Capital of Culture 2016. This commission would foremost describe the capacity of the city of Zaragoza to be the European Capital of Culture in 2016. They made the logo based on graphic elements that was composed of a series of buildings and cultures that make up the city and described icons of art, film, music, literature...
The final composition recalls a bookshelf, once again evoking the culture to be found in the city. It has a cool and warm color range, leaving nothing out of the whole picture.

Logotipo de la candidatura de Zaragoza como capital europea de la cultura 2016. Este encargo describía ante todo la capacidad de la ciudad de Zaragoza como capital Europea de la Cultura en el año 2016. Hicieron el logotipo, basándose en elementos gráficos que compusieran una serie de edificios y culturas que conforman la ciudad, y que muestren iconos del arte, el cine, la música, la literatura...
La composición final recuerda a un estante de libros, evocando una vez más la cultura de la ciudad. Su cromatismo mezcla colores fríos con cálidos, sin dejar nada fuera del conjunto.

Zaragoza 2016

Candidata Capital Europea de la Cultura

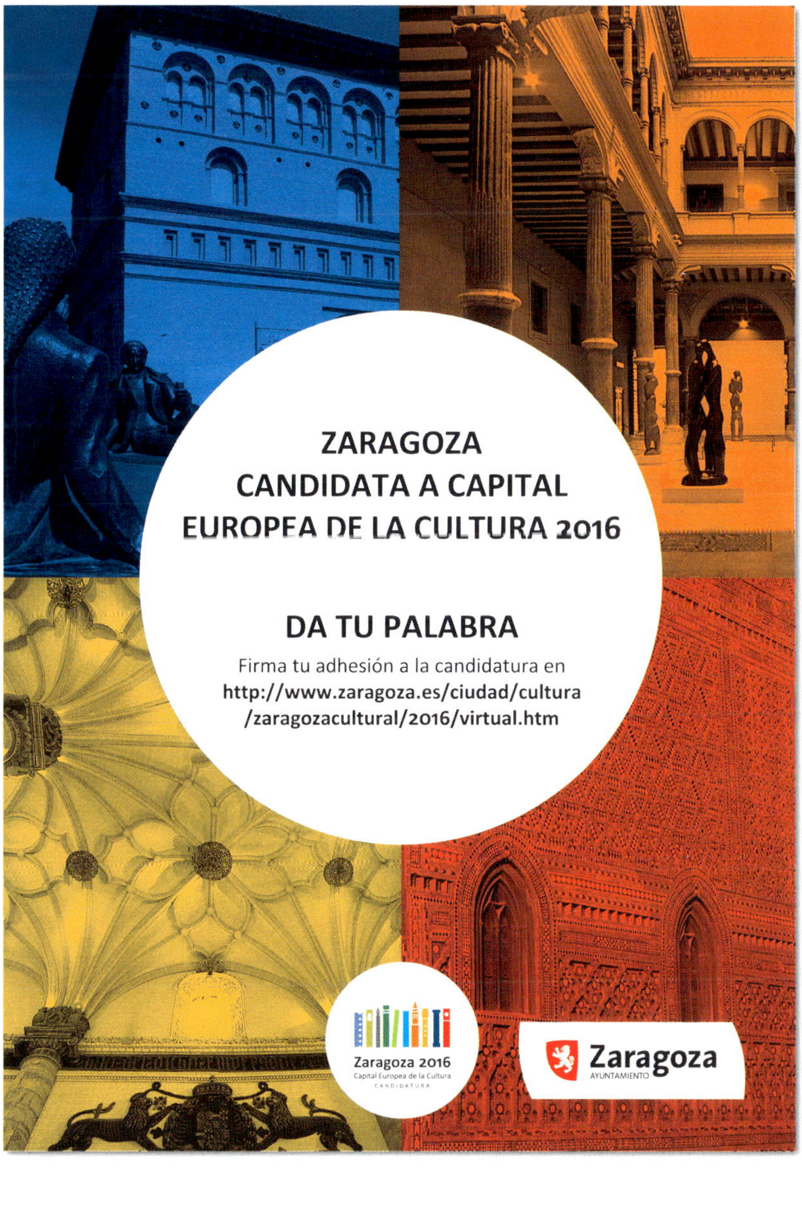

CASTILLO DE LOARRE

Client: Turismo de Aragón
Studio Design: Cubo Diseño
Design: Cubo Diseño
Zaragoza, Spain

Creation of the trademark and corporate handbook for the Romanic monument of Castillo de Loarre (Huesca). This very recognizable and descriptive logo embodies both the castle's location atop its promontory and the walls. Gestural strokes and earth tones provide shape to the building's profile, all while being supported by logo that can stand on its own. The fresh and youthful design represents Castillo de Loarre in a way that brings the onlooker closer, making a clean break with the antique characters that tend to put a drag on historic places.

Realización de la logo-marca y manual corporativo para el monumento románico del Castillo de Loarre (Huesca). Un logotipo muy reconocible y descriptivo que representa tanto su ubicación en un promontorio como sus muros. Trazos gestuales y tonos tierra forman el perfil del castillo, que se apoya sobre el logotipo de palo seco. Un diseño fresco y juvenil que representa el Castillo de Loarre de una forma más cercana para el espectador, rompiendo de este modo con el carácter antiguo que arrastran los lugares de carácter histórico.

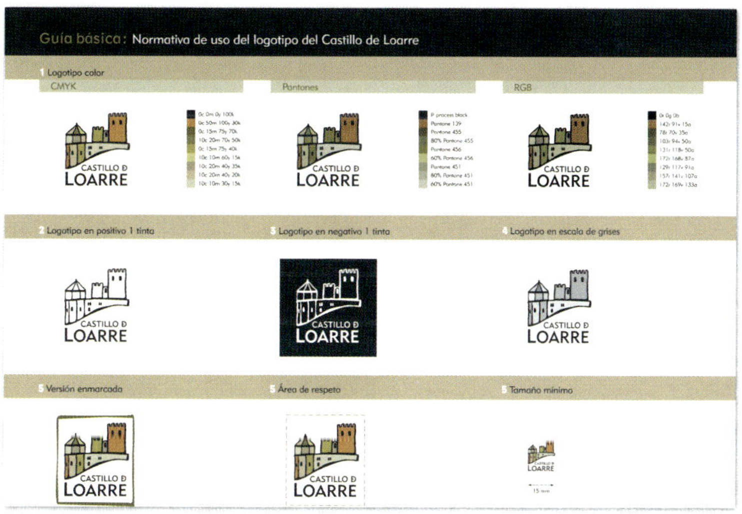
Guía básica: Normativa de uso del logotipo del Castillo de Loarre
1 Logotipo color
CMYK
Pantones
RGB
2 Logotipo en positivo 1 tinta
3 Logotipo en negativo 1 tinta
4 Logotipo en escala de grises
5 Versión enmarcada
5 Área de respeto
6 Tamaño mínimo

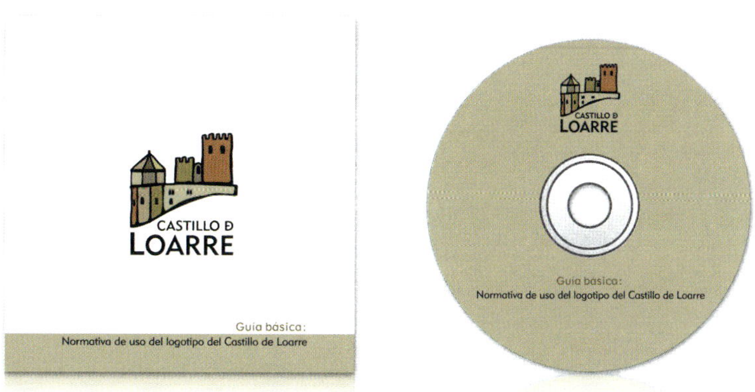
CASTILLO Đ LOARRE
Guía básica:
Normativa de uso del logotipo del Castillo de Loarre

MEPEL

Client: Mepel
Studio Design: Yonoh Estudio
Design: Clara del Portillo, Alex Selma
Valencia, Spain

Mepel is a company that manufactures and sells office furniture. Its logo is based on simplicity and soberness, one that is easily recognizable and has been given easy-to-read typeface. These were the project's premise; after researching into different typefaces, it was decided that a new typeface had to be created for the logo, one that played with the same curve radius and had a uniform thickness. The company's character had to be reflected in every aspect of the logo. To follow suit, the symbol reflects the geometric interaction between basic forms, evidenced by its modular nature and adaptation to the brand's products. As a general rule, logos and symbol function together, but in certain circumstances they can be used separately. This occasional separation can particularly be justified when the symbol is used as a graphic support figure in certain mediums. As for the colors, these were carefully chosen: black lends a certain soberness and seriousness, but blue provides freshness and innovation. The black selected was Pantone Black 7C, whose brown nuances flee from the conventional, and was used in the logo and monochromatic versions of the complete logo by playing with the ink percentages, much like the Pantone Blue 305 C used in the symbol.

Mepel es una empresa que produce y comercializa mueble de oficina. Su logotipo está basado en la simplicidad y sobriedad. El logotipo está dotado de un símbolo sencillo y fácilmente reconocible y una tipografía de fácil lectura. Éstas eran las premisas del trabajo. Tras investigar en diferentes tipografías se optó por crear una tipografía propia para el logotipo jugando con un mismo radio de curva y un grueso uniforme. El carácter de la empresa debía de reflejarse en cada elemento del logotipo. Del mismo modo el símbolo refleja un juego geométrico entre formas básicas evidenciando el carácter modular y de adaptación de los productos de la marca. Por norma general logotipo y símbolo funcionan unidos pero en ciertos casos pueden usarse de forma individual. Su utilización por separado se justifica en ocasiones puntuales, sobre todo el símbolo que sirve de figura de apoyo gráfica para algunos soportes. Los colores fueron cuidadosamente elegidos. El negro aporta sobriedad y seriedad. El azul frescura e innovación. En el negro se eligió un Pantone Black 7C, con matices marrones para huir del convencionalismo, se usará en el logotipo y para las versiones monocromáticas del logotipo completo jugando con los porcentajes de la tinta. Como azul el Pantone 305 C, usado en el símbolo.

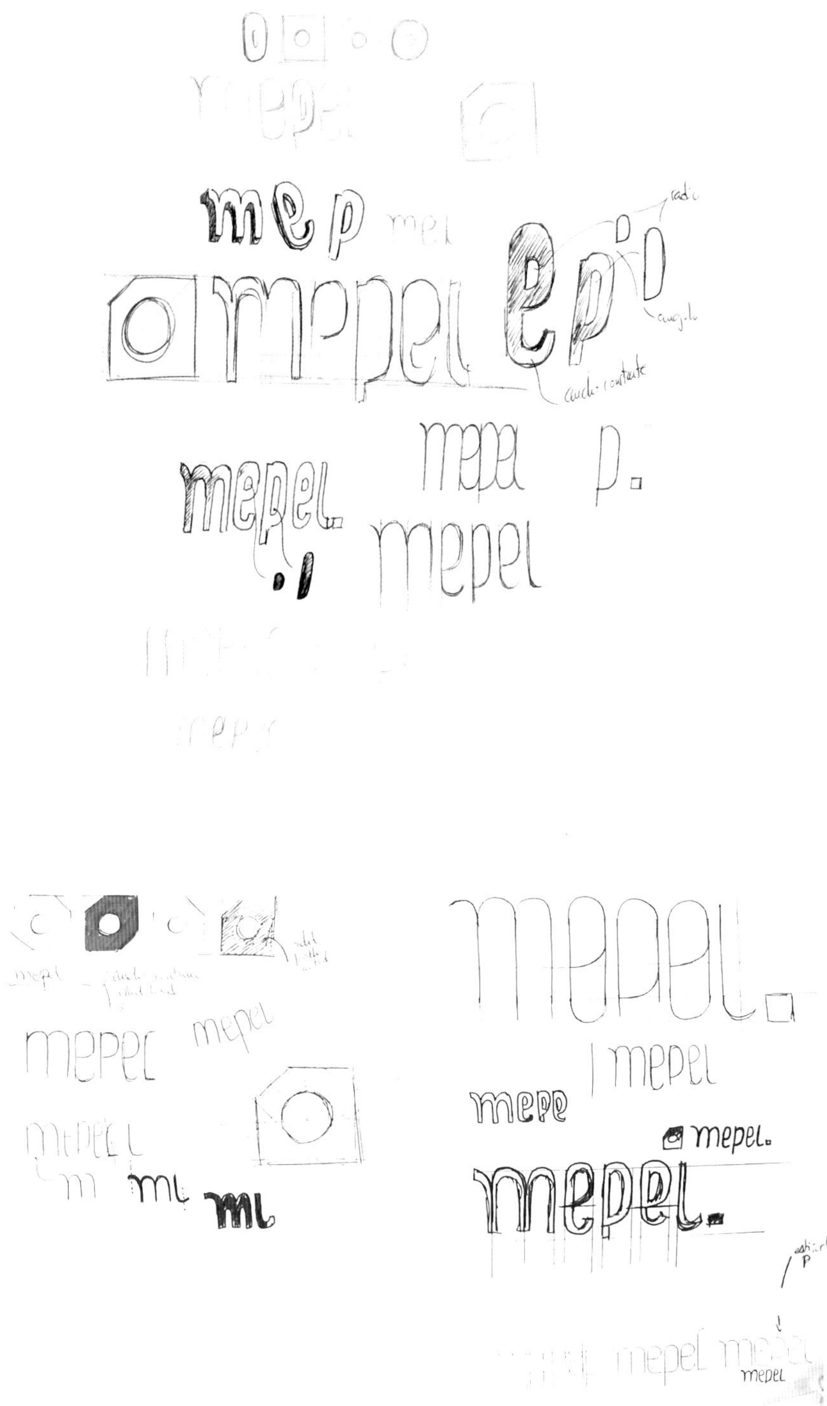

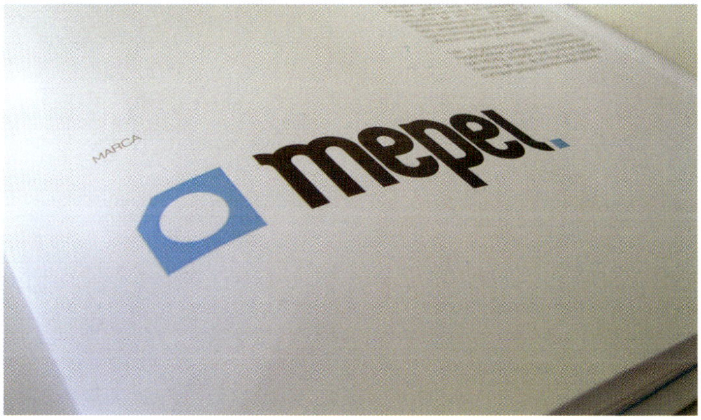
MARCA
mepel.

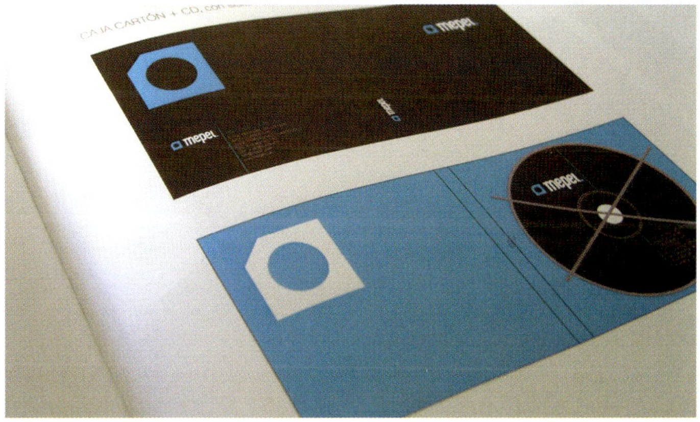
mepel.

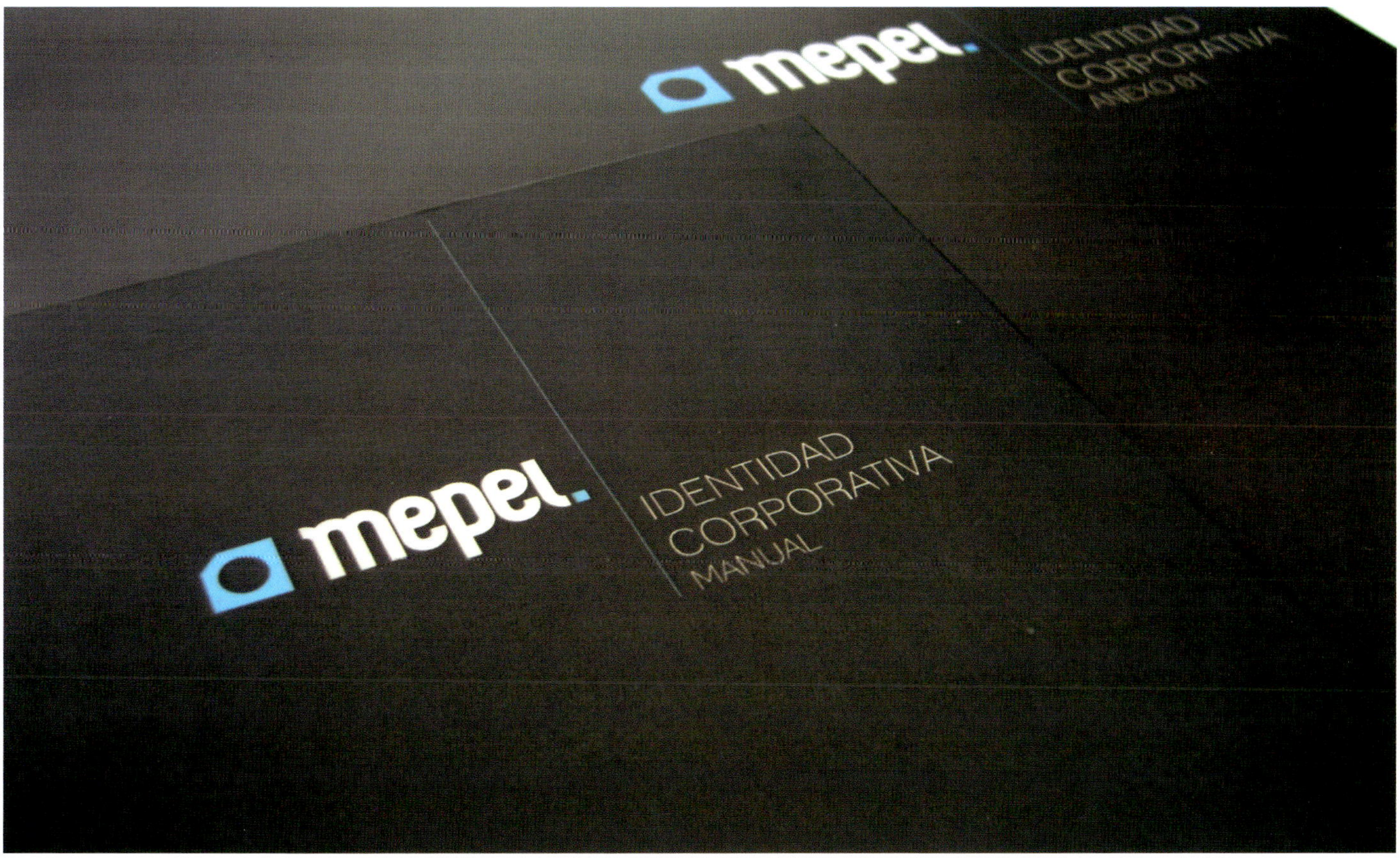
mepel.
IDENTIDAD
CORPORATIVA
ANEXO 01
mepel.
IDENTIDAD
CORPORATIVA
MANUAL

SWAP

Client: Swap Interiorismo
Studio Design: Dnoise
Design: Enrique Rivera
Madrid, Spain

Swap is a company located in the center of Orense that carries out integrated interior design projects and is specialized in the design of painted and fabric wallpaper. The imagotype embodies the essence of interior design projects, which start from a more or less complex design and then modify certain elements to attain the desired effect. The type of interior design developed by Swap required the use of simple forms and non-serif typefaces in order properly project the firm's identity. The character of their brand is reinforced through their use of a chromatic combination that is uncharacteristic of the industry. The logo is complemented by an aggressive and powerful identity.

Swap es una empresa situada en el centro de Orense que realiza proyectos integrales de interiorismo, siendo especialistas en diseño de patrones para papeles pintados y tapizados. El imagotipo representa la esencia de los proyectos de interiorismo que, partiendo de un diseño más o menos complejo, modifican los elementos precisos para conseguir el efecto deseado. El tipo de diseño de interiores que desarrolla Swap exigía para una correcta proyección de su identidad el uso de formas sencillas y una tipografía sin serifa. Mediante una combinación cromática atípica en el sector se refuerza el carácter de la marca. El logotipo se ve complementado por una identidad agresiva y de impacto.

swap! SWAP

swap SWAP

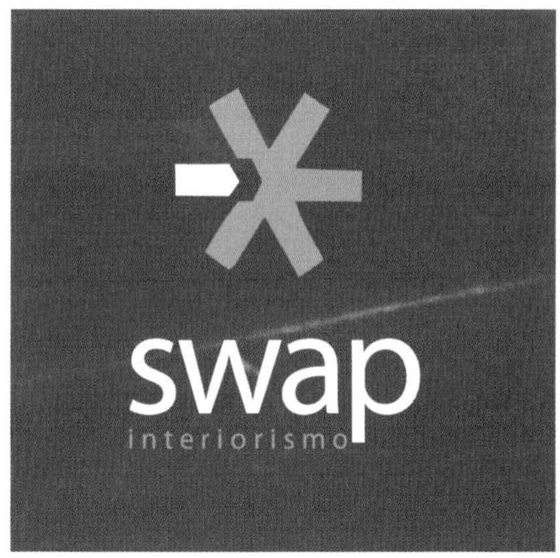

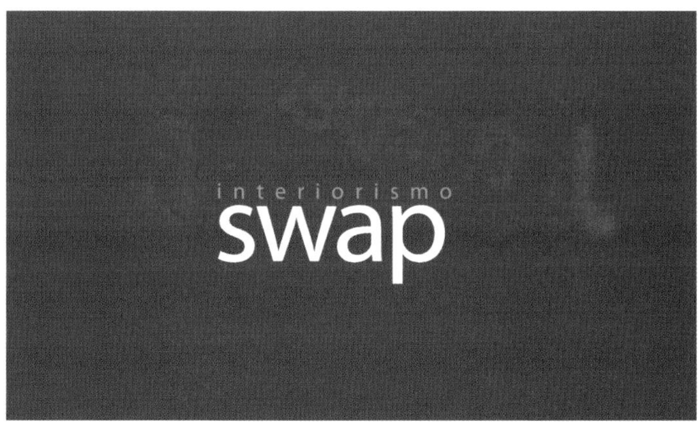

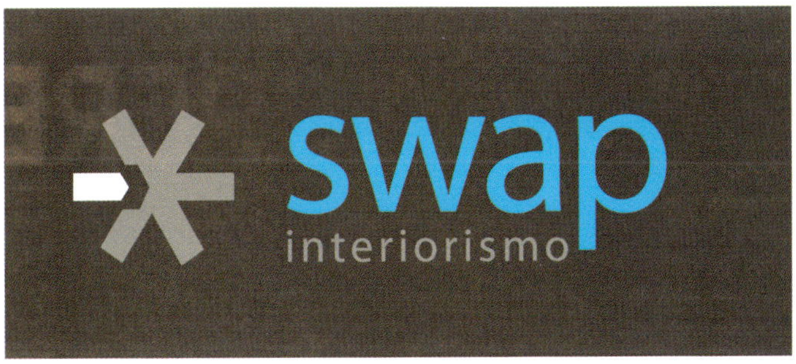
swap
interiorismo

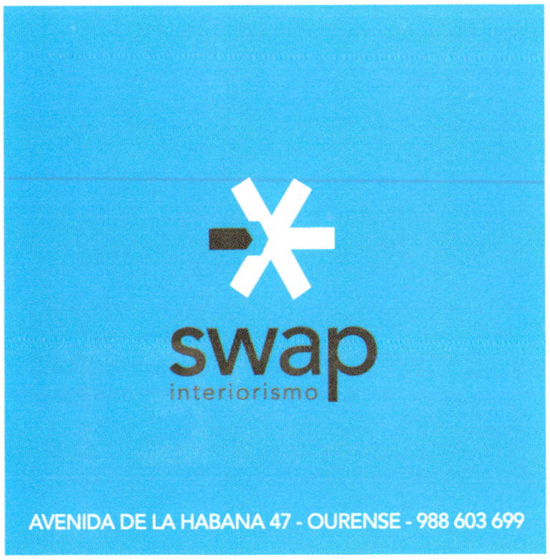
swap
interiorismo
AVENIDA DE LA HABANA 47 - OURENSE - 988 603 699

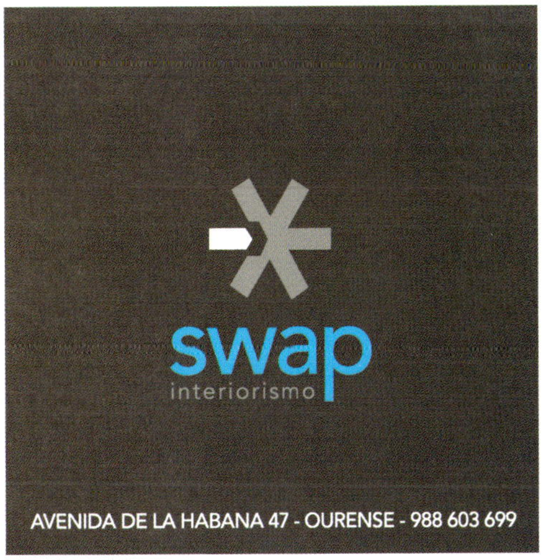
swap
interiorismo
AVENIDA DE LA HABANA 47 - OURENSE - 988 603 699

TOPCRET

Client: Topcret
Studio: Gorricho Estudio
Designer: Martín Gorricho, Vanesa Berrutto, Ezequiel Carrasco, Santiago Cueto
Buenos Aires, Argentina

When the Topcret company approached the studio, they had a coarse and rather tough brand, and they were imperiously insistent on the need to change their image after a magazine had refused to publish their advertisements. The studio's proposal was so radical that at first the company had a hard time digesting it: leaving behind the construction world, full of dust and surliness, to enter the world of fashion and design, which is none other than a world of desire. Many companies sell similar products, but only this one is able to represent the avant-garde, luxury, and top quality. 'Desire is Topcret' was the slogan the studio proposed for its unveiling. The connection with the industrial world, which in any case remains present in its name, was maintained in a very geometrical and regular logo, but its entire graphic universe is tinted in sumptuous black bursting with flowers, glitter and the seductive glances of James Bond-style women. All becomes so elegant and sensual that the brand can finally leave behind the dust and debris of construction to turn towards fashion, design and desire.

Cuando la empresa Topcret se acercó al estudio tenía una marca dura y tosca, tenían la necesidad imperiosa de cambiar su imagen gráfica después de que una revista no les permitiera publicar su anuncio. La propuesta del estudio fue tan radical que en un principio les costó asimilar: abandonar el mundo de los materiales de construcción, lleno de polvo y asperezas y entrar de lleno en el mundo de la moda y el diseño, que no es otro que el del deseo. Muchas empresas comercializan productos similares, pero sólo ellos podían ser capaces de representar la vanguardia, el lujo, la alta calidad. Deseo es Topcret, fue el lema que propuso el estudio para el lanzamiento. El enlace con lo industrial, que seguía de todos modos presente en su nombre, se mantuvo en un logotipo de base geométrica y muy regular, pero de todo su universo gráfico se tiñió de un suntuoso negro y se llenó de flores, brillos y miradas seductoras de mujeres al estilo James Bond. Todo se volvió elegante y sensual y la marca se alejó de la suciedad elemental de la construcciones para volverse moda, diseño y deseo.

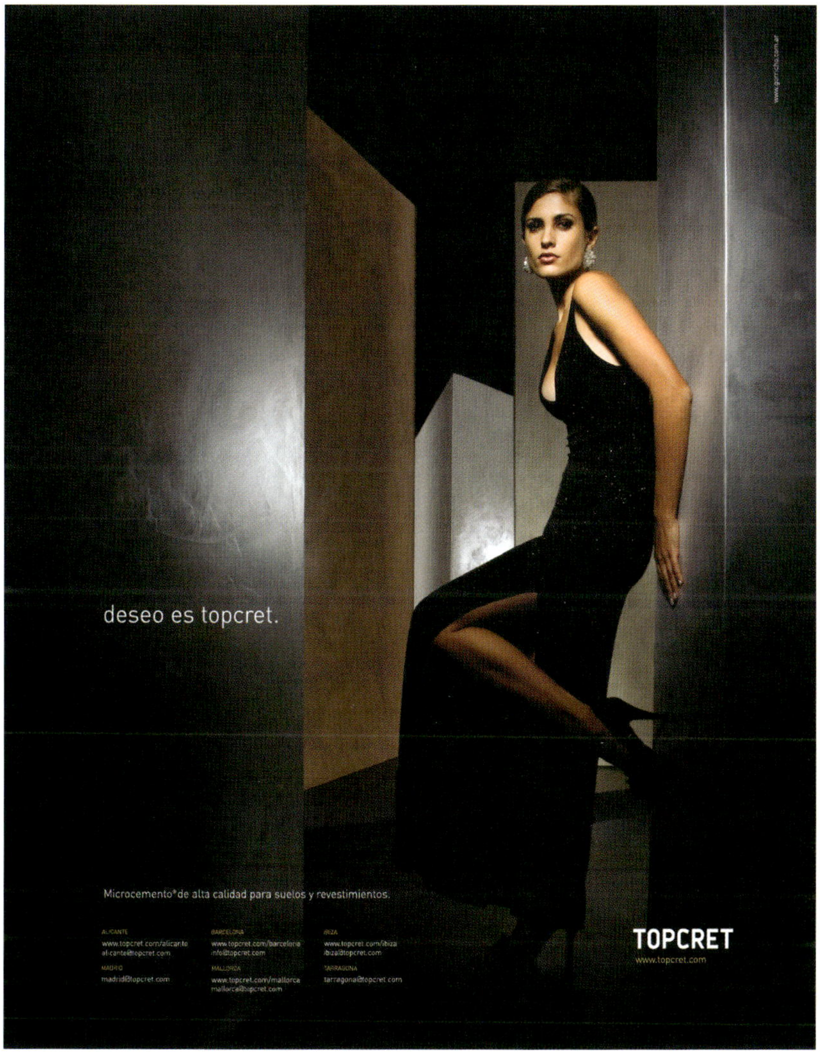

www.gurrcho.com.ar
deseo es topcret.
Microcemento® de alta calidad para suelos y revestimientos.
ALICANTE
www.topcret.com/alicante
alicante@topcret.com
MADRID
madrid@topcret.com
BARCELONA
www.topcret.com/barcelona
info@topcret.com
MALLORCA
www.topcret.com/mallorca
mallorca@topcret.com
IBIZA
www.topcret.com/ibiza
ibiza@topcret.com
TARRAGONA
tarragona@topcret.com
TOPCRET
www.topcret.com

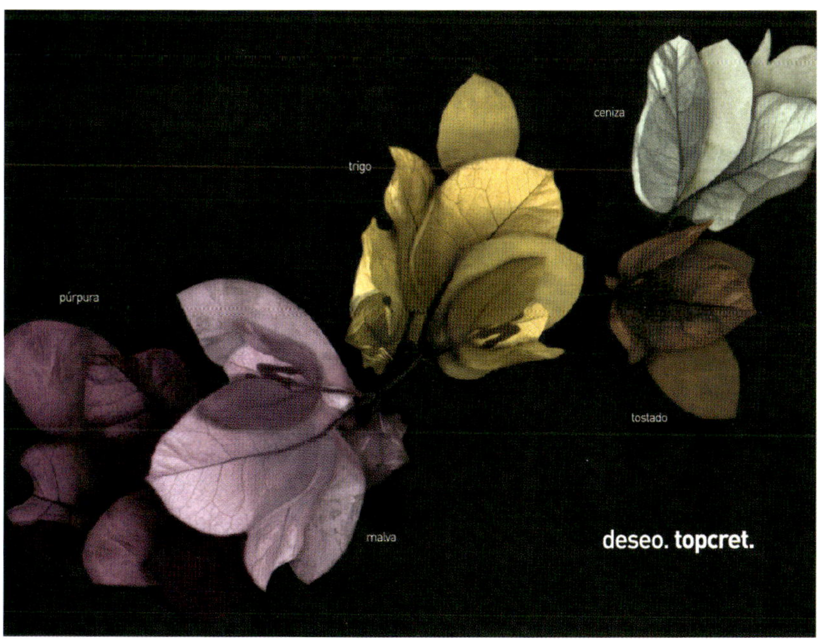

ceniza
trigo
púrpura
tostado
malva
deseo. topcret.

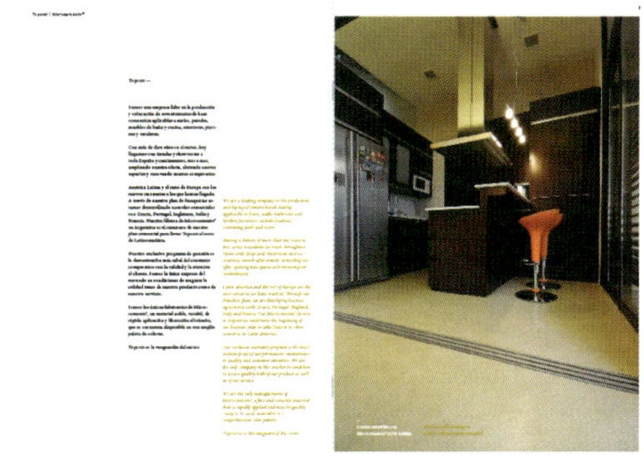

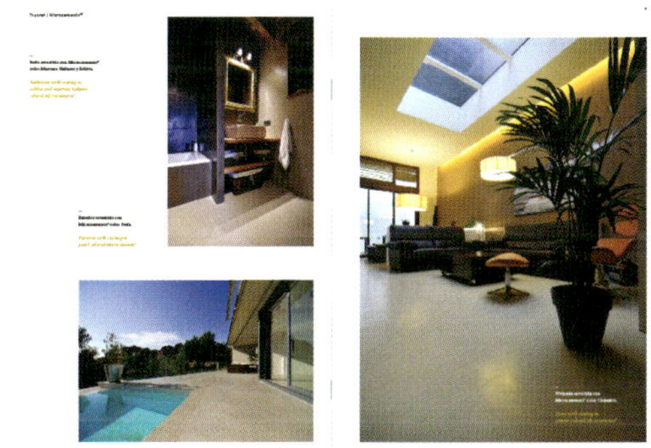

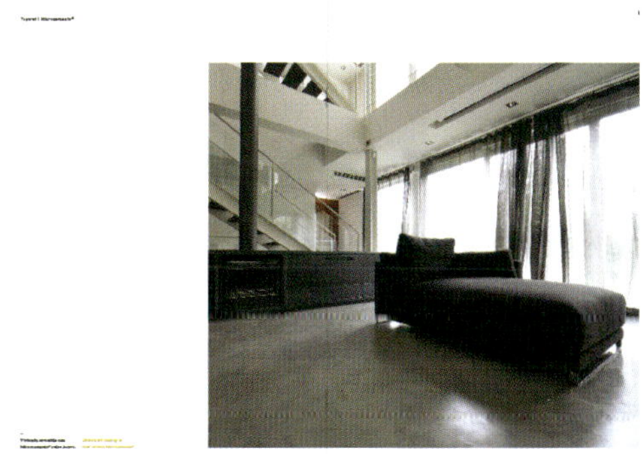

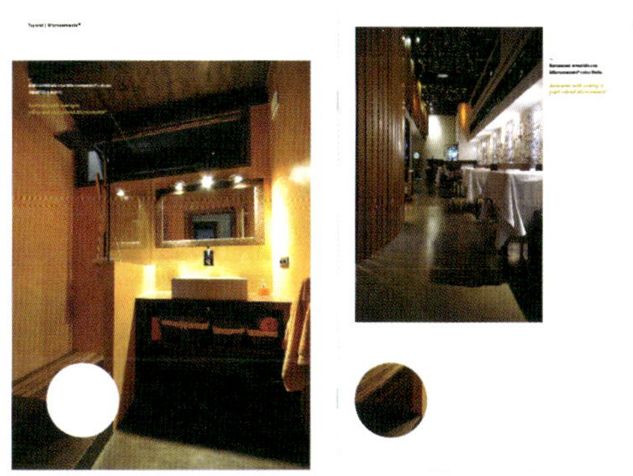

EMOZIONIKMZERO

Client: Emozioniakmzero
Studio Design: FK Design
Design: Federico Frasson &
Giovanni Frison
Treviso, Italy

Study of a logo for an original idea for a gift. These packaging are designed to offer services (dinner, wine tasting or a spa treatment) to zero km, in this case in the narrow territory of Veneto. Linearity refers to the ease of use of the system: just buy the box online and then in the room with the chosen card contained within it. The communication of the site and the brochure, however, play with the colors that are also part of the basic logo.

Estudio de un logotipo para una idea original para un regalo. Estos packaging están diseñados para ofrecer servicios (cenas, catas de vino o tratamiento spa) a cero Km., en este caso en el estrecho territorio de Veneto. La linearidad hace referencia a la facilidad de uso del sistema: simplemente, compre la caja online y a continuación con la tarjeta escogida que hay en su interior. (falta algún verbo). La comunicación de la página Web y el folleto juega con los colores que conforman el logotipo básico.

emozioni a km zero

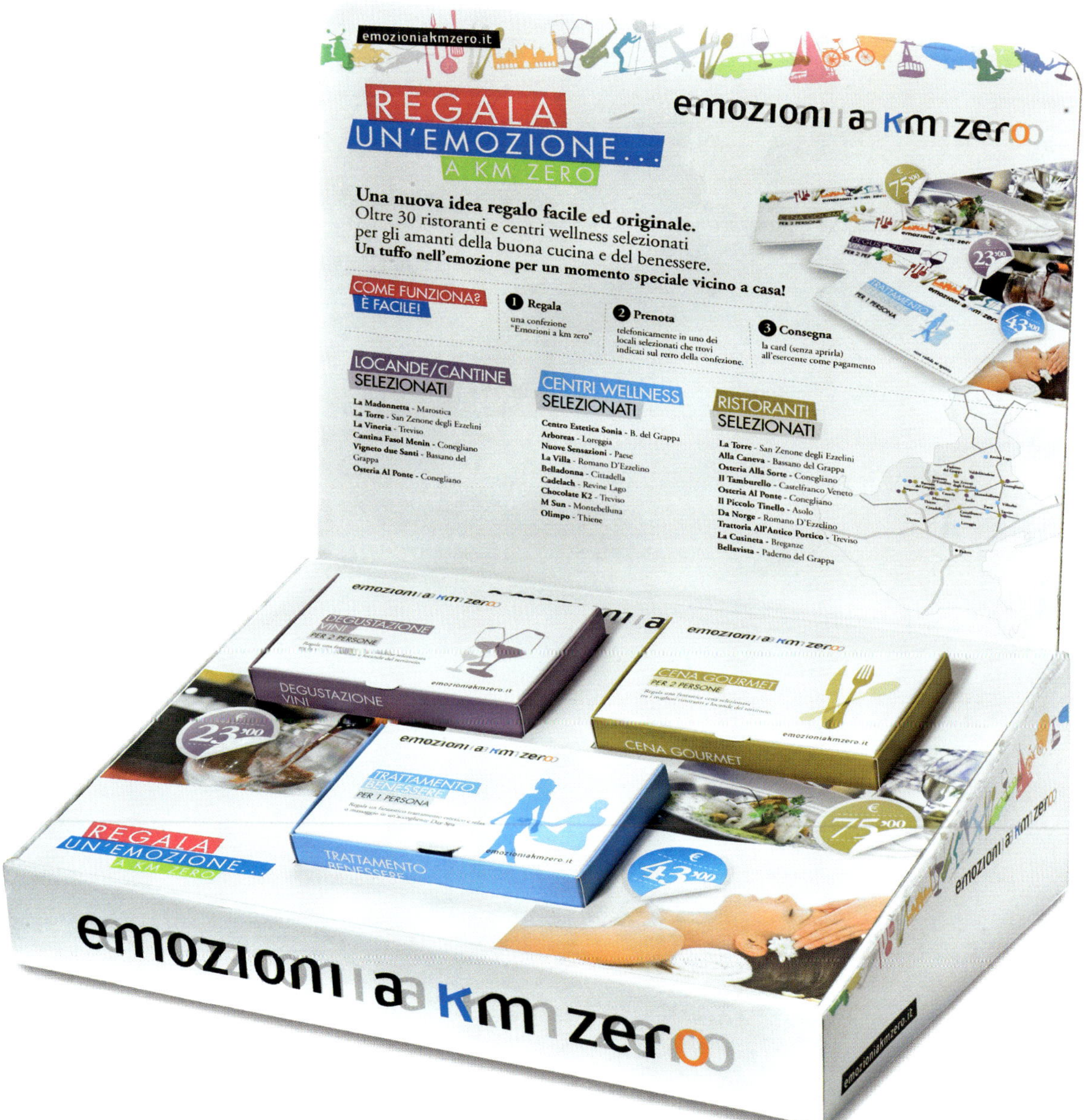

IDEAL

Client: Self-Initiated
Studio Design: Serial Cut
Design: Sergio del Puerto
Photographer: Paloma Rincón.
Madrid, Spain

The word "ideal" has universally positive connotations. Displayed here in a REAL multicolor wire, it serves as promotion of Serial Cut´s new update.

La palabra "ideal" tiene unas connotaciones positivas universales. Aquí se muestra en cable multicolor REAL y sirve como promoción de la nueva actualización de Serial Cut.

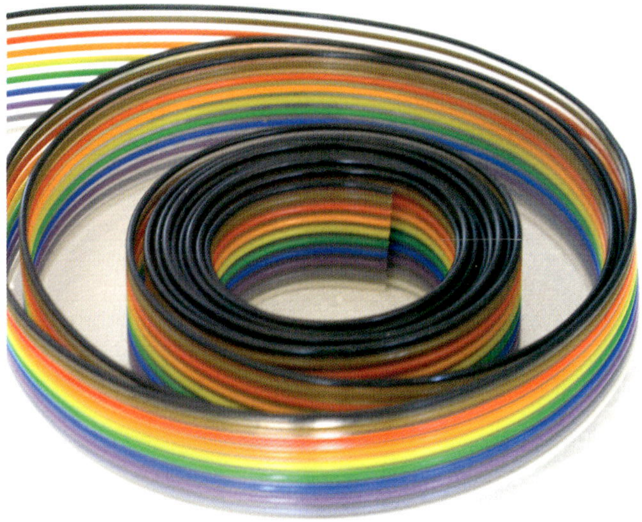

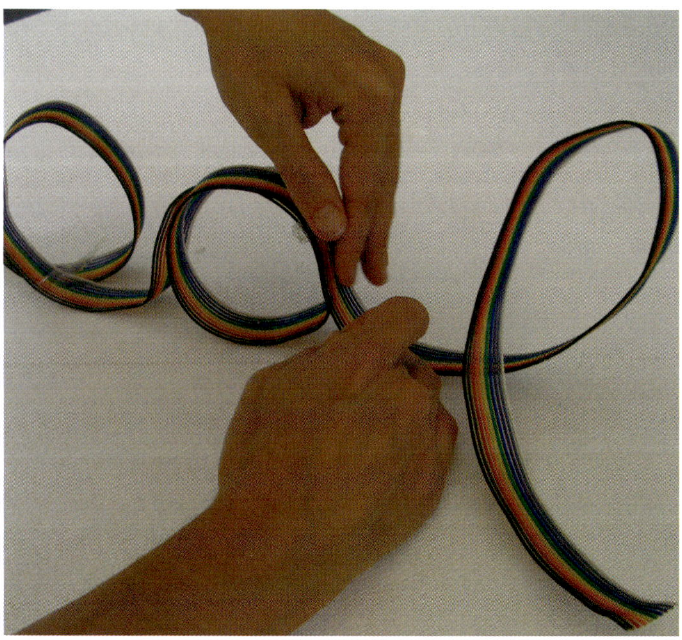

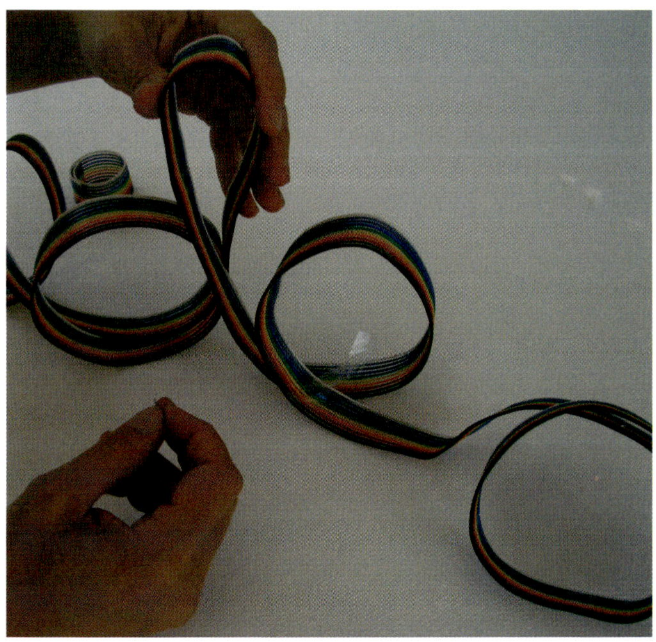

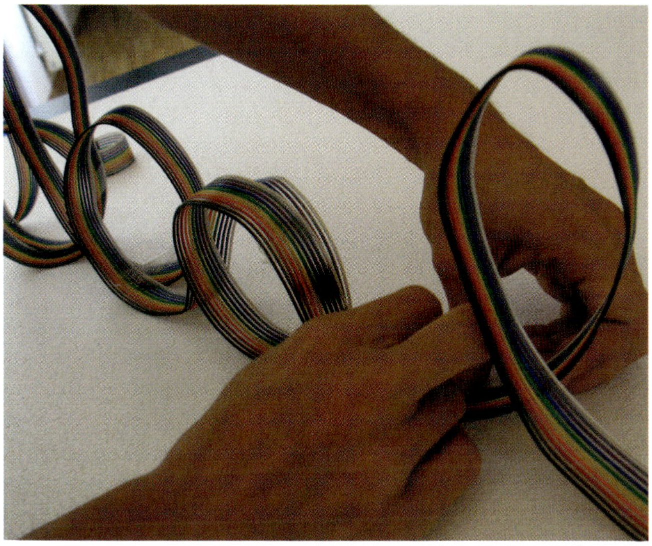

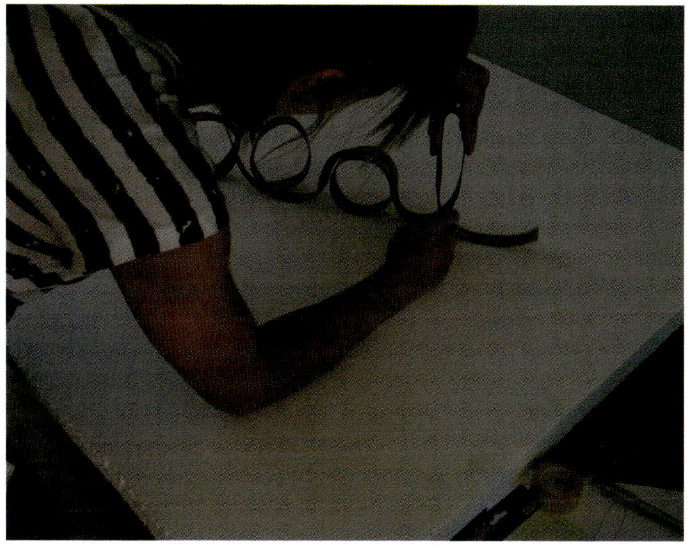

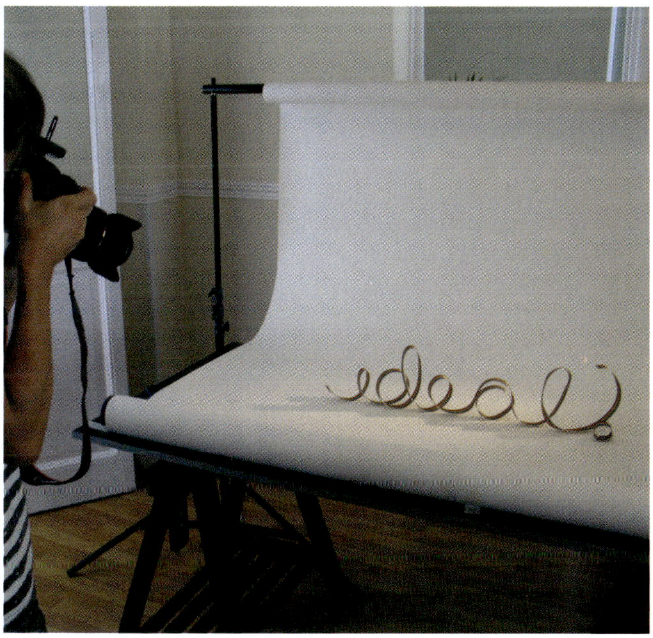

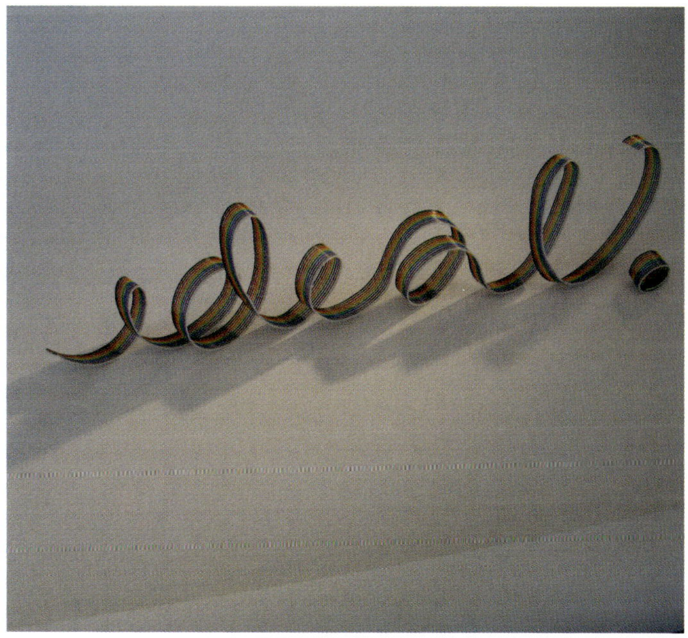
ideal.

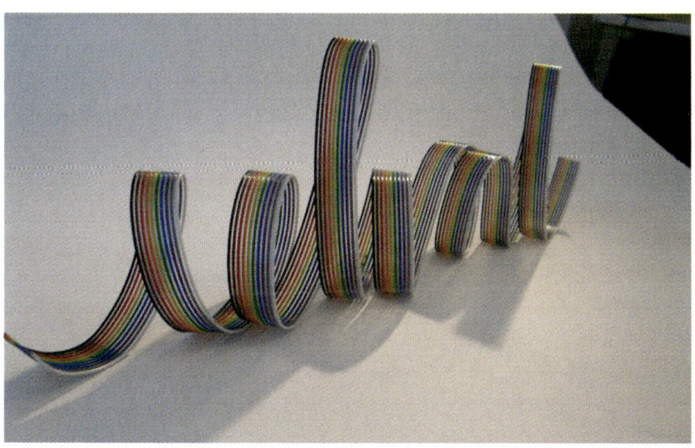

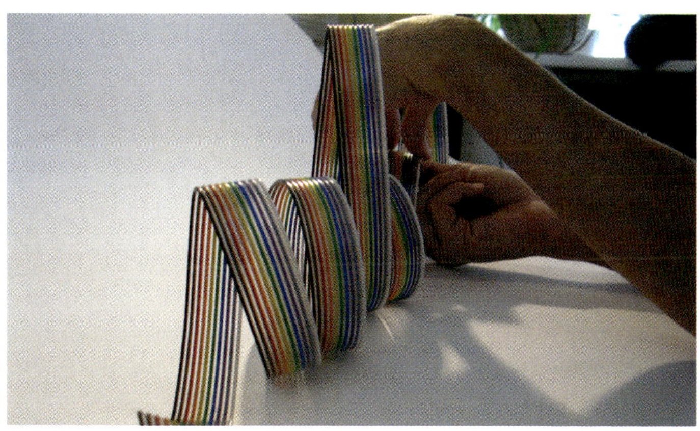

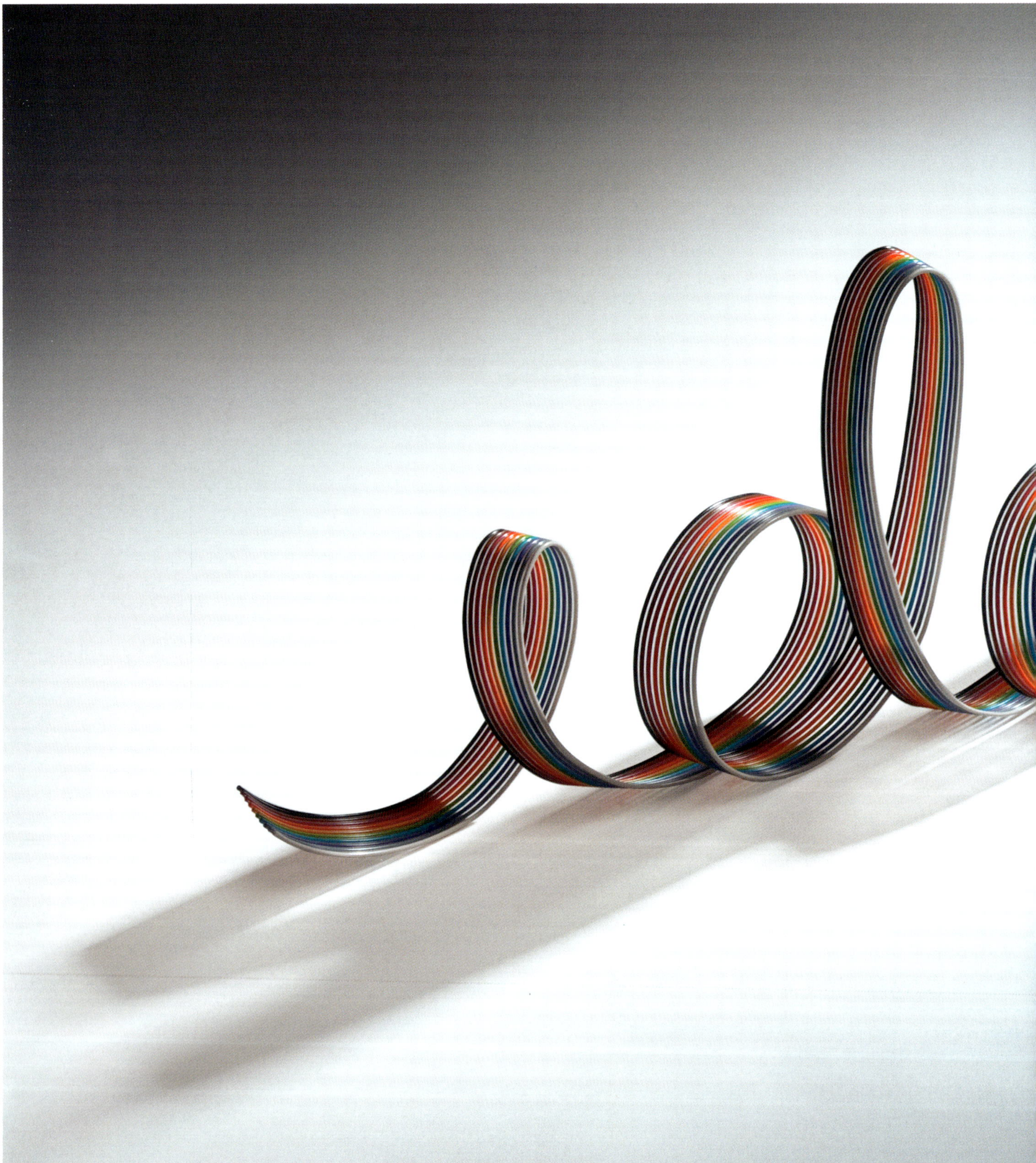

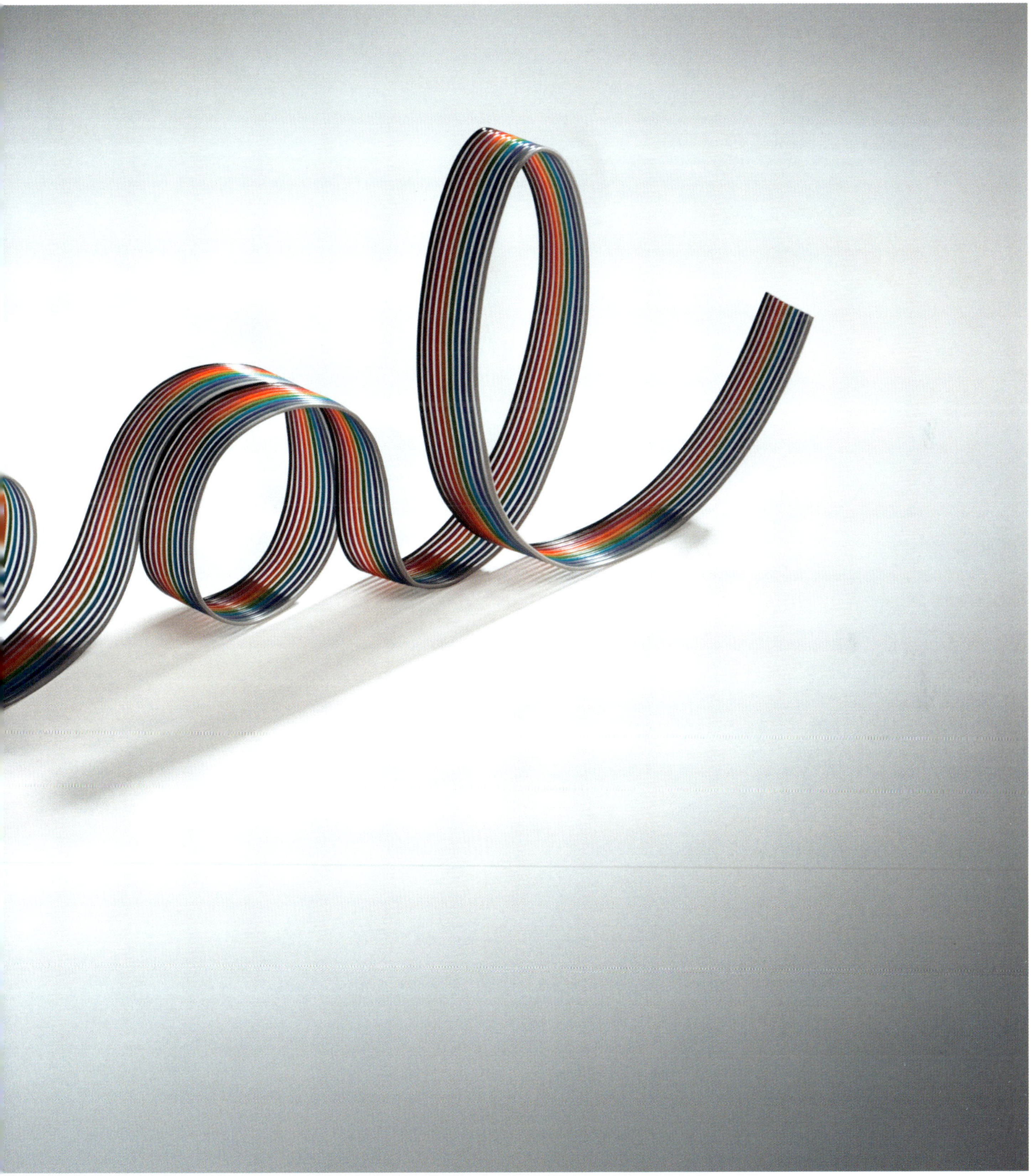

OOKLA

Client: Ookla
Studio Design: Tnop Design
Design: Tnop Wangsillapakun
Chicago, EUA

Ookla is the global leader in broadband speed testing and web-based network diagnostic applications. The company is growing strongly and in need of the new branding to reflect the direction of the brand. Since the word "Ookla" is fun and strong, they immediately think that the simple custom type design with a twist is the way to go. But somehow it has to reflect the energy, the broadband speed testing nature of the business. they started with the "Gauge" concept because they wanted to carry the look over from the old logo which were using the gauge in the brand. But in the end they ended up with the "racing stripes" concept which represents the brand in a more fun and dynamic way. The racing stripes is now the identity of "Ookla", this concept also applied to the later sister brands of Ookla. They also wanted to show the racing stripe running on the edge of their new business cards. They came up with the idea to laminated 5 sheets of paper together to recreate this effect. But keep the rest of the card very clean and simple even the text is also minimal.

Ookla es el líder mundial en tests de velocidad de banda ancha y aplicaciones de diagnóstico de redes basadas en la Web. La empresa está teniendo un fuerte crecimiento y necesita un nuevo branding para reflejar la dirección que está tomando la marca. Puesto que la palabra "Ookla" es divertida y fuerte, inmediatamente pensaron que el diseño simple y personalizado del tipo con un giro sorprendente era la mejor solución. Pero de algún modo tenía que reflejar la energía y la naturaleza de los tests de velocidad de banda ancha del negocio. Empezaron con el concepto de "Medidor" porque querían seguir con la apariencia del antiguo logotipo que utilizaba el medidor en la marca. Pero finalmente acabaron con el concepto de las "bandas de carreras" que representa a la marca de un modo más divertido y dinámico. Las bandas de carreras son ahora la identidad de "Ookla", concepto que también se ha aplicado a las empresas asociadas de Ookla. También querían mostrar las bandas de carreras a lo largo del borde de sus nuevas tarjetas de visita. Se les ocurrió la idea de laminar 4 hojas de papel para recrear este efecto, pero al mismo tiempo mantener el resto de la tarjeta muy limpia y simple. Incluso el texto es mínimo.

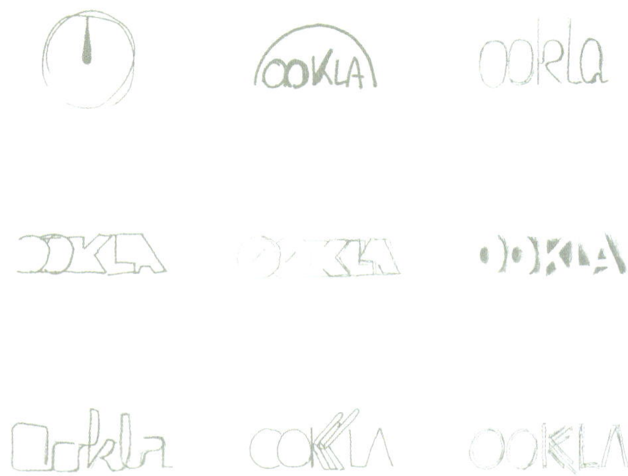

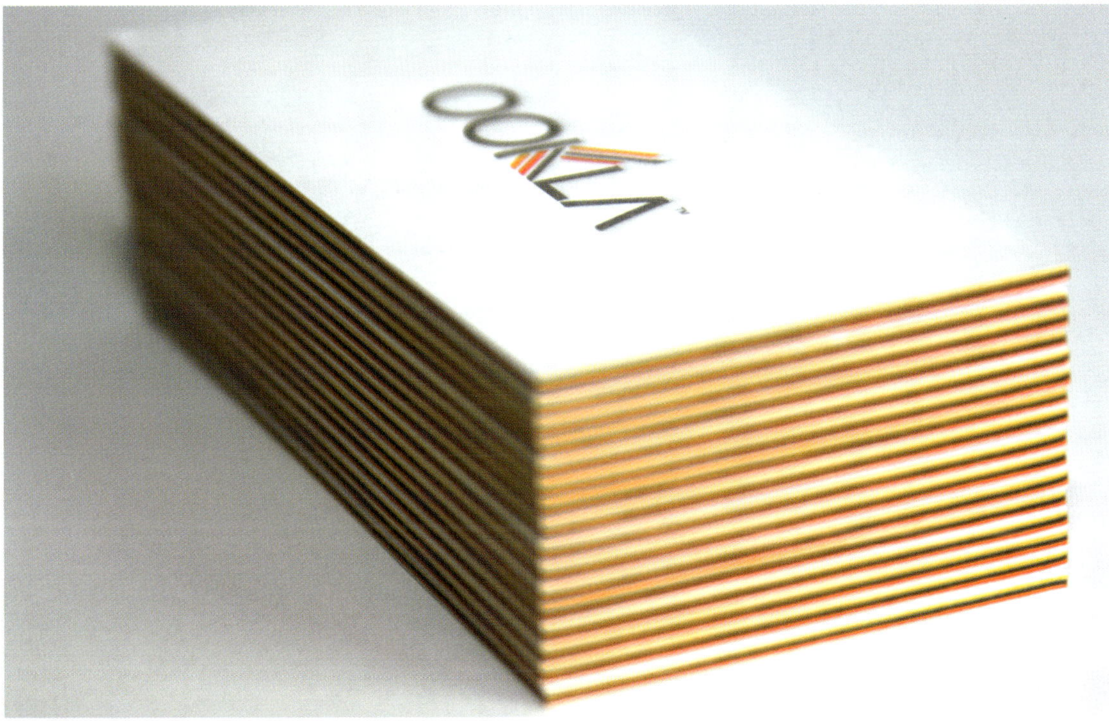
OOKLA

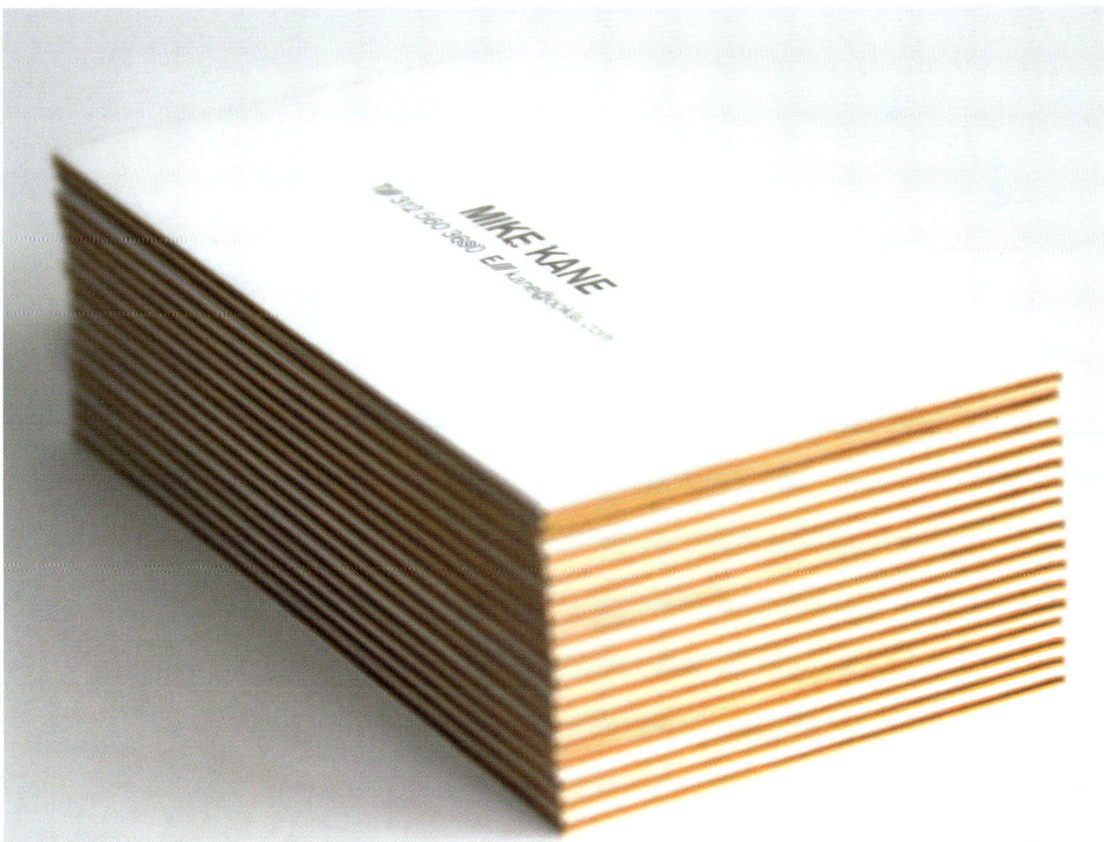
MIKE KANE

QUINTO ZALLA

Client: Quinto Zalla
Studio: Gorricho Estudio
Designer: Martín Gorricho, Vanesa Berrutto, Ezequiel Carrasco, Santiago Cueto
Buenos Aires, Argentina

This project spelled excitement as soon as the client crossed the studio threshold with unheard of samples of spices blends and vegetable mixtures, a range of products that did not exist in the local area. It seemed that some development was needed, especially in a graphic trademark, perhaps a fantasy or story that would provide an identity and have the product make a certain amount of sense. They sought out villages across the maps of Europe, lists of immigrants from the past century's border records and countless photos of open-air stalls, terraces overlooking the sea, old cooking utensils to use. All this was boiled down into a name that recalls family histories, strips that evoke tablecloths and awnings, largely gestural illustrations and a logo whose Roman font reinforces the idea of the name and lends it a classic touch.

Este proyecto les entusiasmó nada más que el cliente cruzo por la puerta del estudio, venían con muestras insólitas de mix y blens de especias y verduras, un producto inexistente en la escena local. Les pareció que hacía falta desarrollar, más que nunca una marca gráfica, una fantasía, una historia que diera identidad y sentido al producto. Buscaron pueblos en mapas de Europa, listas de inmigrantes en los registros aduaneros del siglo pasado e infinitas fotos de tiendas a cielo abierto, terrazas al mar, utensilios de cocina envejecidos por el uso. Todo eso fue decantado en un nombre que suena a historias familiares, en bandas que recuerdan manteles y toldos, en ilustraciones muy gestuales y un logotipo en fuente romana, que refuerza la idea del nombre propio y aporta una cuota de tradición más clásica.

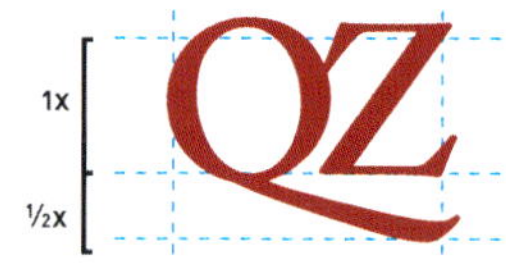

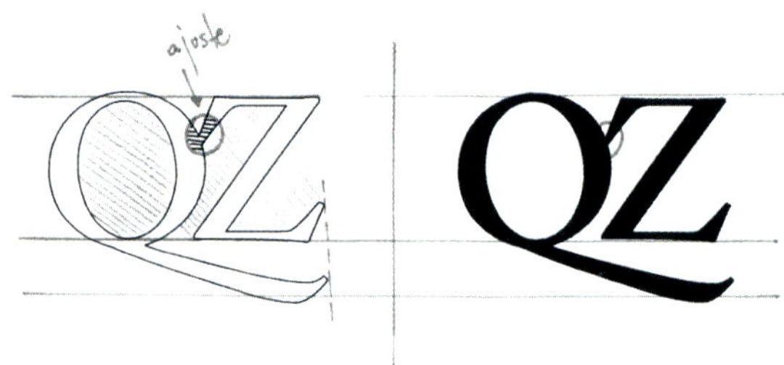

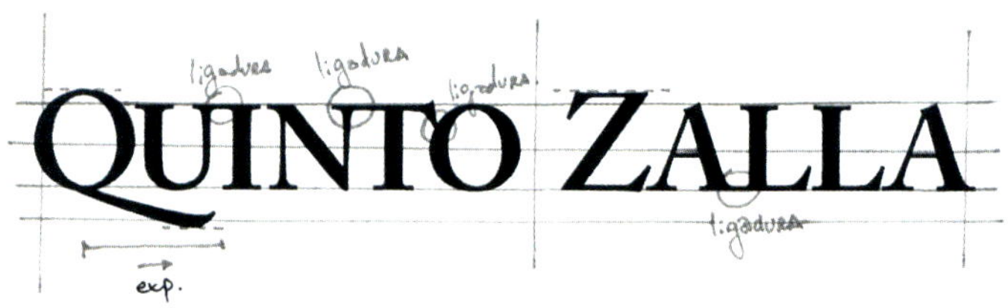

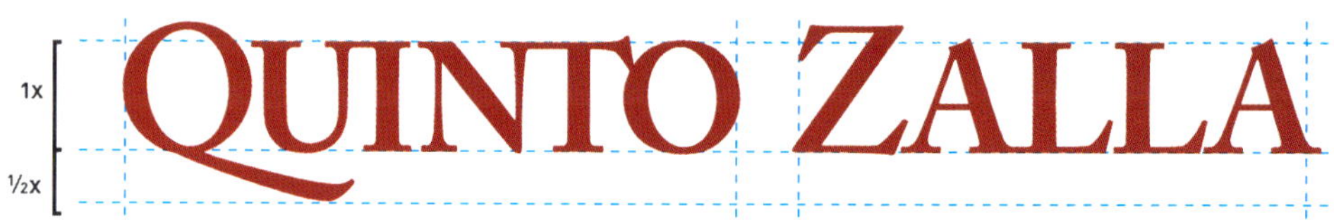

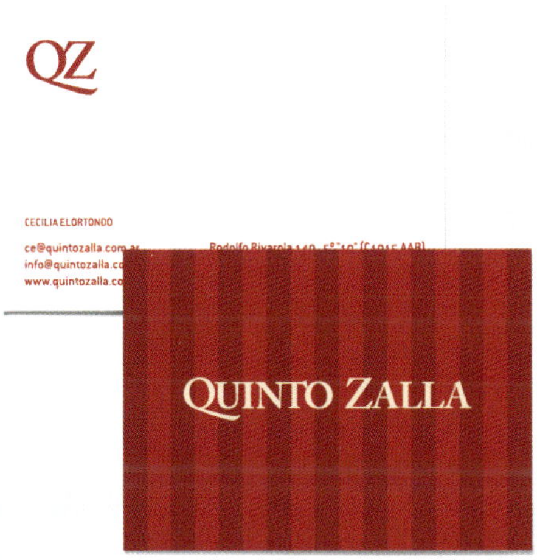
CECILIA ELORTONDO
QUINTO ZALLA

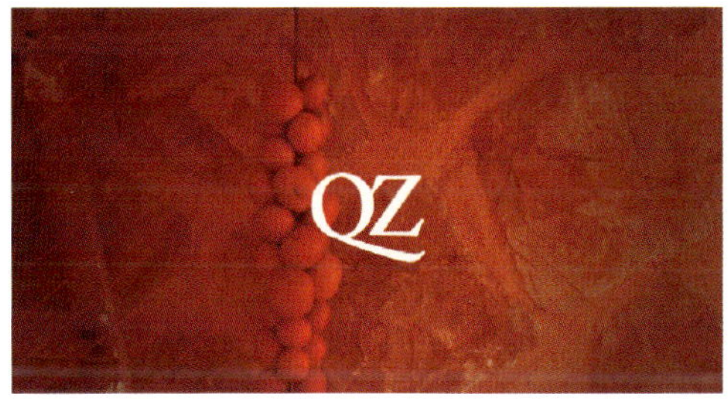

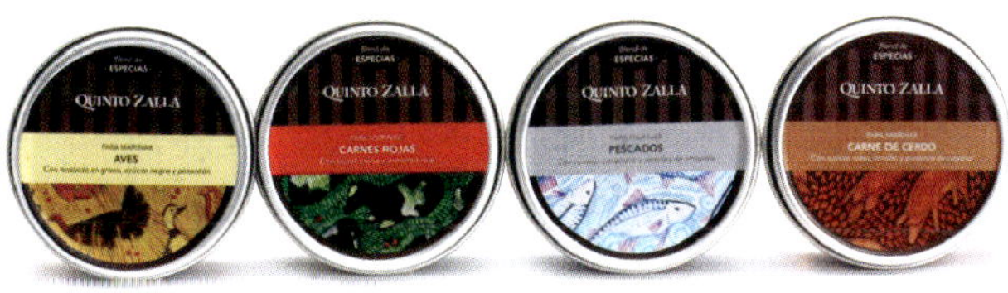

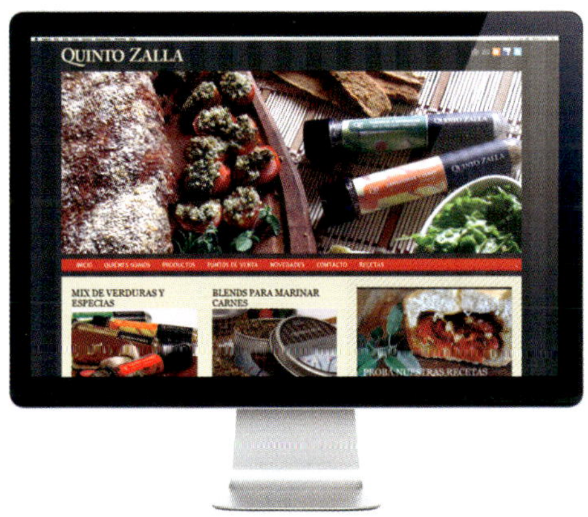
QUINTO ZALLA
MIX DE VERDURAS Y ESPECIAS
BLENDS PARA MARINAR CARNES

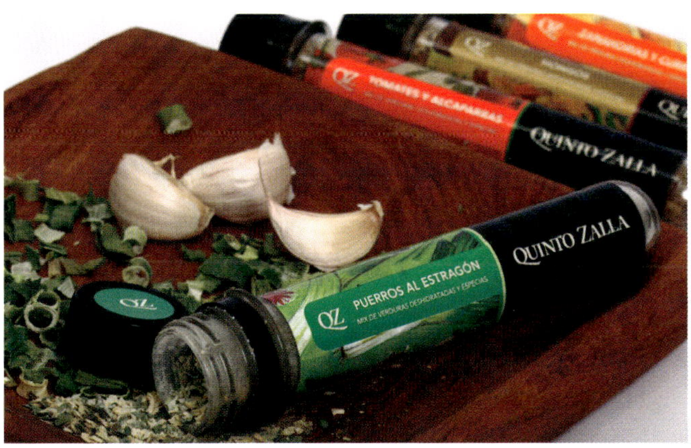
TOMATES Y ALCAPARRAS
QUINTO ZALLA
PUERROS AL ESTRAGÓN

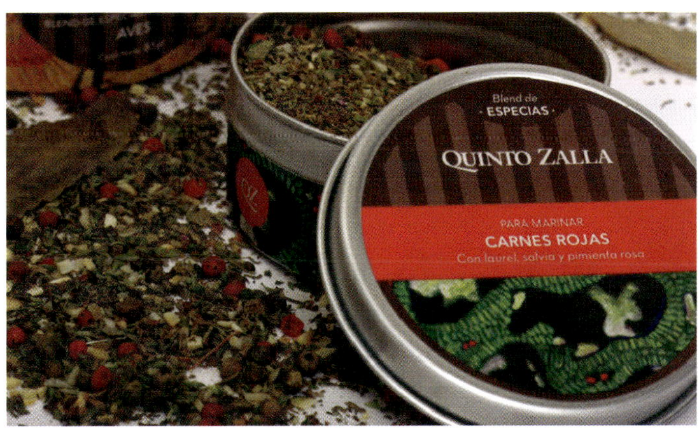
Blend de
· ESPECIAS ·
QUINTO ZALLA
PARA MARINAR
CARNES ROJAS
Con laurel, salvia y pimienta rosa

ZECCHIN

Client: Group M.A.
Studio Design: Fk Design
Design: Giovanni Frison
Treviso, Italy

Study of a logo for a company that produces rubber boots: the icon that accompanies the name refers to the kaleidoscope of color that distinguishes the production company that offers a wide range of models for work and leisure in a series of very broad gradations. The rounded shape instead relies on the raw material: PVC, very flexible and suitable for an infinite number of uses for security, work, food, hunting and fishing, but also fashion.

Estudio de un logotipo para una empresa que fabrica botas de caucho: el icono que acompaña al nombre hace referencia al caleidoscopio de color que distingue a la empresa que ofrece una amplia gama de modelos para el trabajo y el ocio en una serie de gradaciones muy amplias. La forma redondeada en cambio se basa en la materia prima: PVC, muy flexible y adecuado para infinidad de usos como la seguridad, el trabajo, la alimentación, la caza y la pesca, y también para la moda.

zecchin
BOOTS

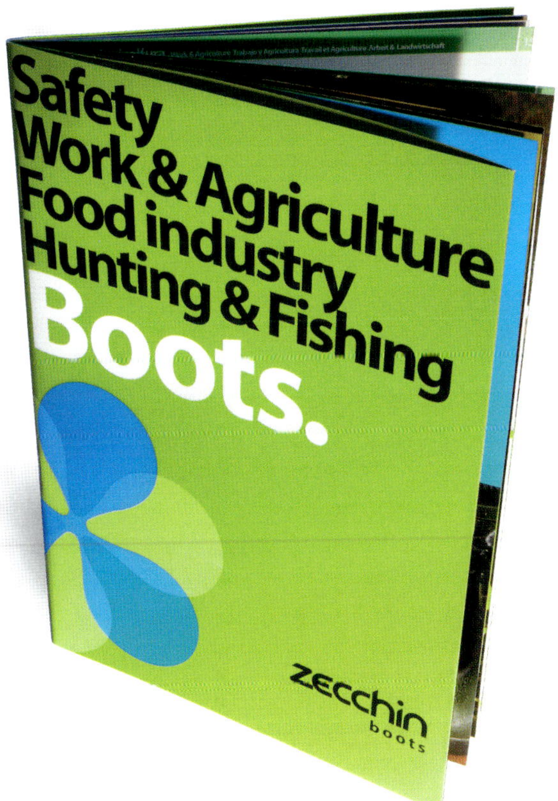

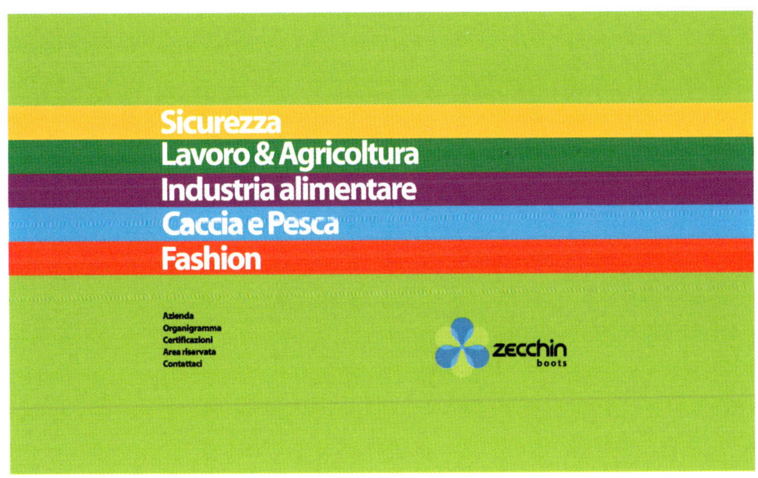

THE BRILLANT DESING

Client: University of Huddersfield
Studio Design: Serial Cut
Design: Sergio del Puerto
Photographer: Paloma Rincón.
Madrid, Spain

Still life, made using low-fi objects and materials. Representing the Brilliant Design Lecture - a whole day event in which six speakers share stories revolving around three stage themes, in the simulation of a retro TV game show. Photographer: Paloma Rincón.

Naturaleza muerta, hecha utilizando objetos y materiales low-fi. En representación del Brilliant Design Lecture - un evento de todo un día en el cual seis conferenciantes comparten historias basadas en tres temas por etapas, imitando un concurso de televisión retro.

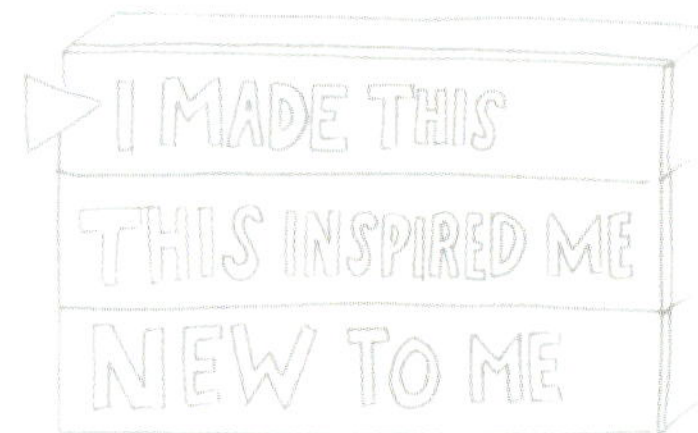

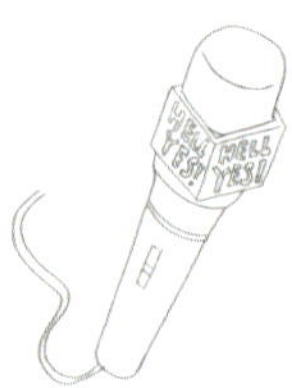

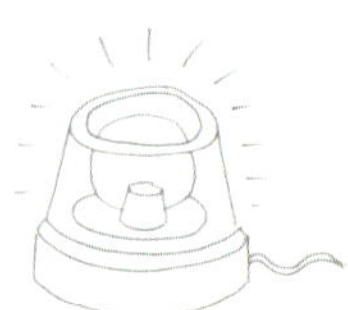

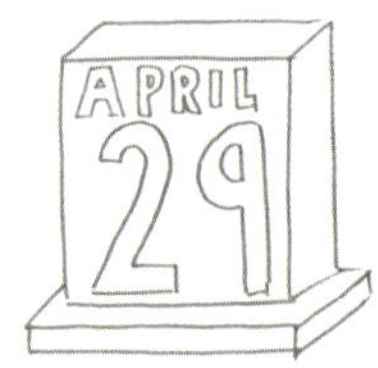

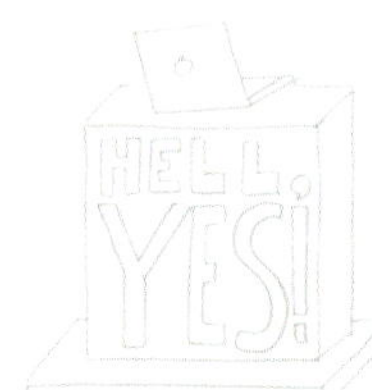

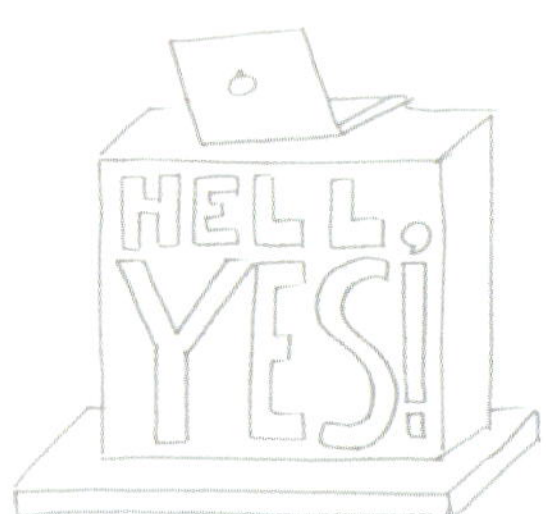

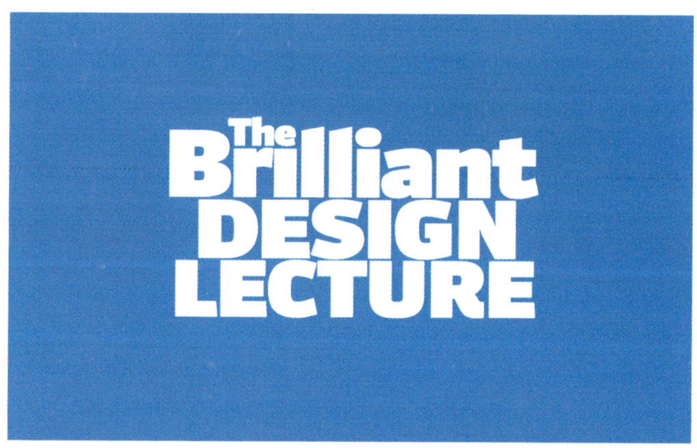

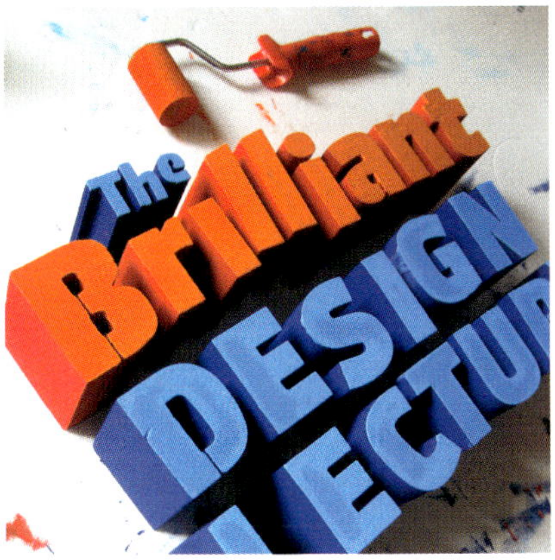
The
Brilliant
DESIGN

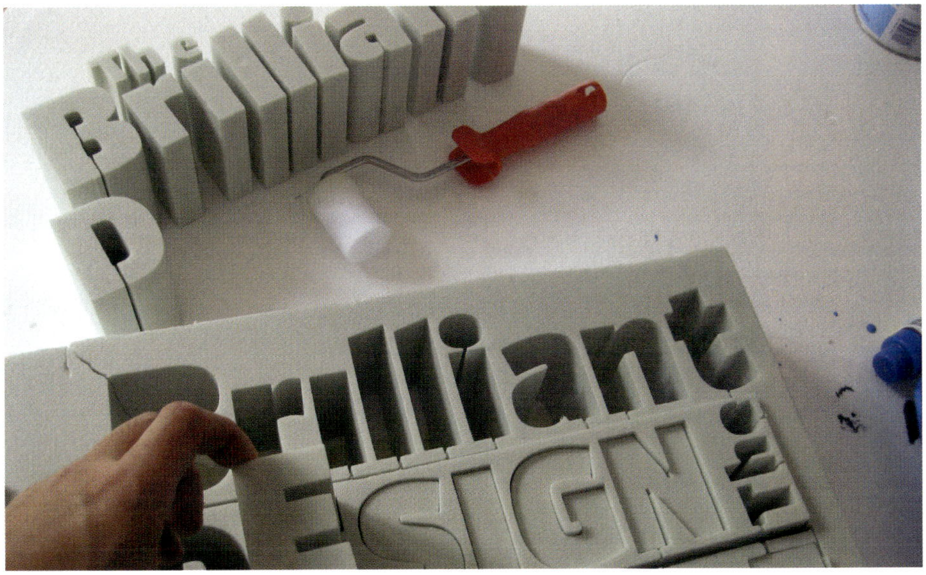
Brilliant

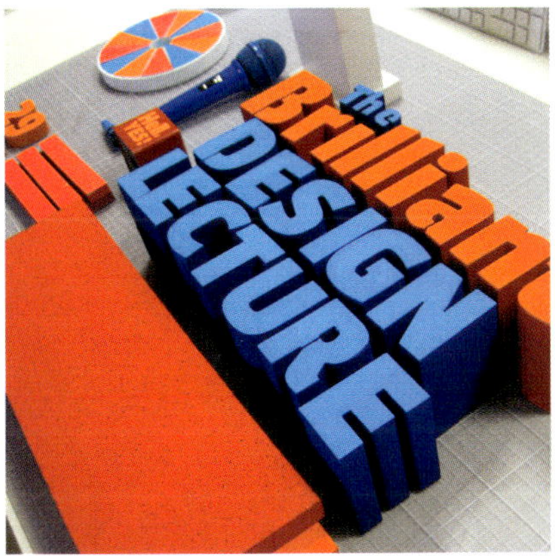
DESIGN

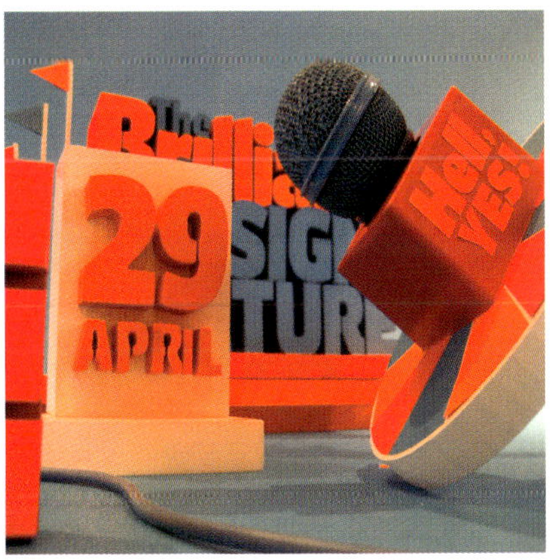
29
APRIL

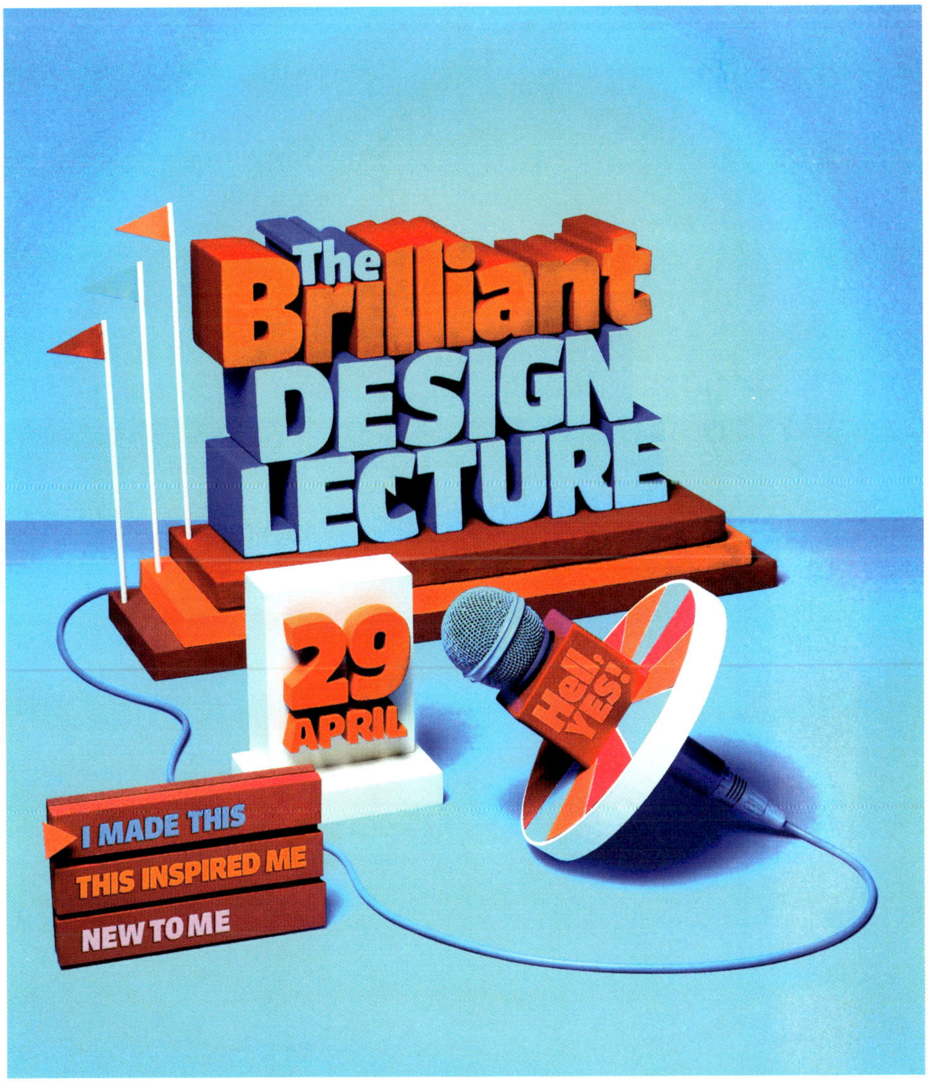
The
Brilliant
DESIGN
LECTURE
29
APRIL
Hell,
YES!
I MADE THIS
THIS INSPIRED ME
NEW TO ME

THE BIG RED

Client: Charlie Palmer at the Joule
Studio Design: Mirko Ilic Corp.
Designer: Mirko Ilic
New York, EUA

The Big Red is an annual red wine festival organized by the Charlie Palmer Group and the Joule Hotel. It was a fortunate instance where there were three letters sand three words, perfectly fitting in a grid. Combining the H and I, they created a wine glass as a strong central element.

El Big Red es un festival anual de vino tinto organizado por el Grupo Charlie Palmer y el Hotel Joule. Era un caso afortunado en que había tres letras que conformaban tres palabras, y cabían perfectamente en una cuadrícula. La combinación de la H y la I creaba una copa de vino como fuerte elemento central.

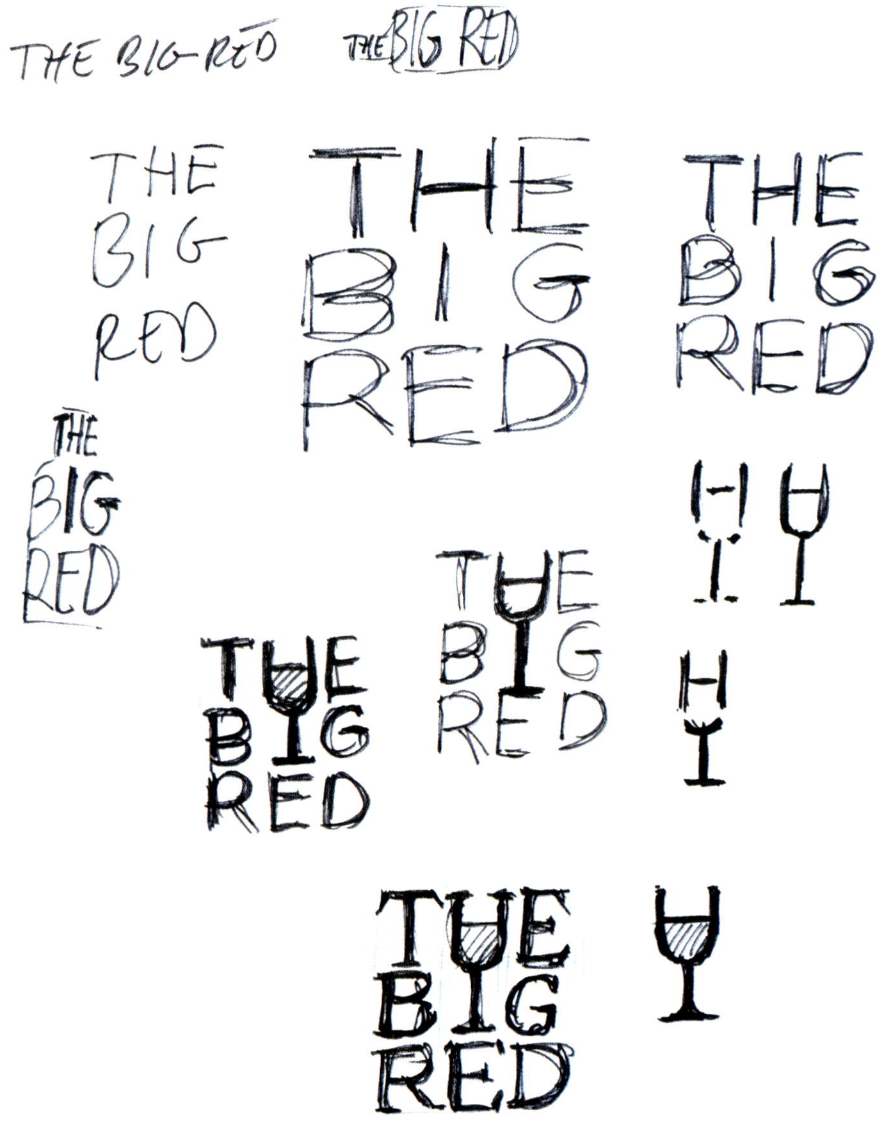

THE
BIG
RED

DIETA GOURMET

Client: Dieta Gourmet
Studio Design: Dnoise
Design: Enrique Rivera
Madrid, Spain

Dieta Gourmet is a company bringing healthy, balanced diet services into the home with the peculiarity of having all their meals, one of which being a slim-down meal, prepared by a prestigious team of nutritionists. As a first step, the studio was commissioned to determine the entire corporate identity, internal and external communications, verbal identity and packaging. To attain the final logo, they worked with the concepts of health and nutrition within the company's scope and also tried to lend an exclusive gourmet character to the service, which would serve as the guarantee of a quality meal.

Dieta Gourmet es una empresa que ofrece servicios de alimentación sana y equilibrada a domicilio, con una peculiaridad y es que todos sus menús están elaborados por un equipo de prestigio de nutricionistas y una de las opciones es un menú de adelgazamiento. Como primer paso se les encargó la realización de toda la identidad corporativa, comunicación interna y externa, identidad verbal y packaging. Para llegar a este logotipo final fueron trabajando con los conceptos de nutrición y salud a su alcance, y también trataron de plasmar el carácter gourmet y exclusivo del servicio que garantiza la calidad de la comida.

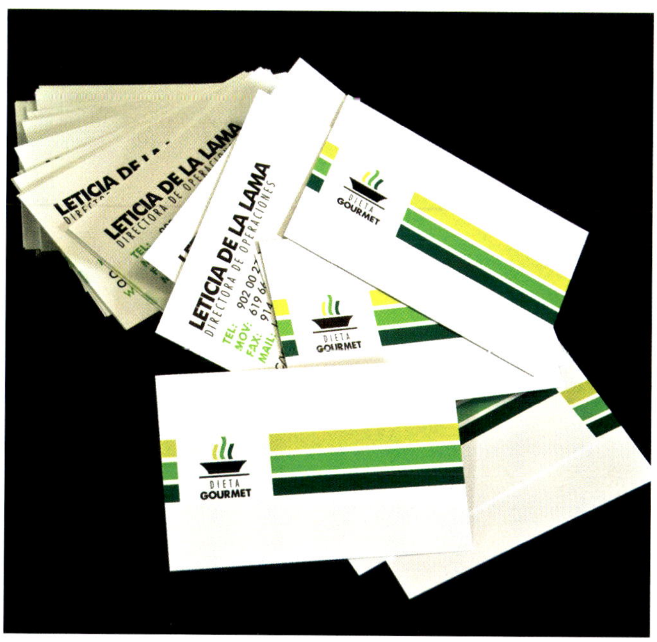
LETICIA DE LA LAMA
DIRECTORA DE OPERACIONES
DIETA
GOURMET

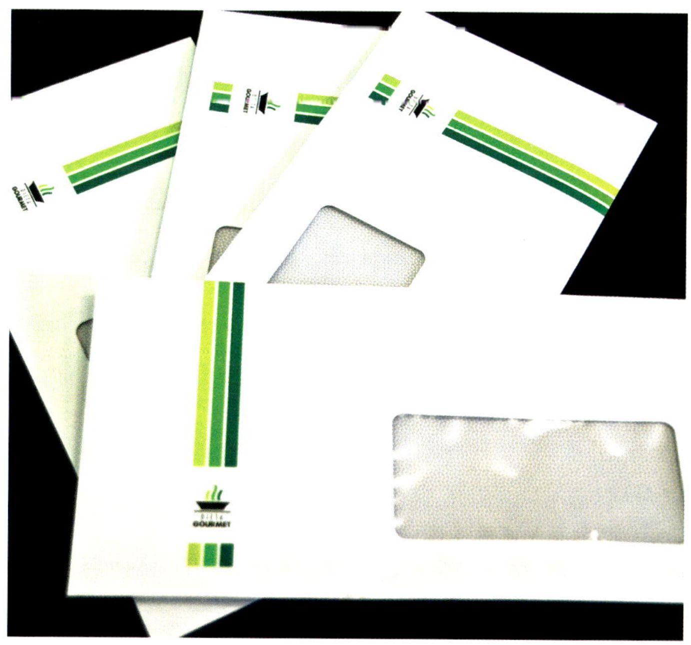

ALONGKORN

Client: Alongkorn
Studio Design: Tnop Design
Design: Tnop Wangsillapakun
Chicago, EUA

Alongkorn is a bespoke tailor shop specialized in classic men's clothing in Bangkok. The company is famous for their craft and the variety of fabrics they offer to their customers. They have been in business since 1958. The word "Alongkorn" means "Embellishment" in Thai. They wanted to update the brand and make the idea of custom-made appeals more to the younger generation that always buy ready-made suits. But at the same time will not loose the classic side and the high-level craft quality of the brand. So, they explored on many directions but focused mainly on creating the logotype for the brand. Some of the directions they looked back in the history of their logos and recreated the new logo based on the original ones. The final logo that they ended up with is based on the hand done pad-stitching that's used as the lining construction of the suit. The final logo is the answers to craft, detail-oriented, classic and sophistication of the brand. The new identity package for the new logo also reflects craftsmanship and sophistication; especially the business card, it is in a form of the taylor chalk which represents the idea of the custom-made world, but using 2 card stock sheets glued together and embossed on both side to create the air pocket inside that resembles the shape of the chalk.

Alongkorn es una tienda de Bangkok de trajes a medida especializada en ropa de hombre clásica. La empresa es famosa por su artesanía y por la variedad de tejidos que ofrece a sus clientes. El negocio funciona desde 1958. La palabra "Alongkorn" significa "Embellecimiento" en tailandés. Querían actualizar la marca y que la idea de ropa hecha a medida fuera más atractiva para la generación joven que siempre compra trajes pre-hechos, pero sin perder el lado clásico y la gran calidad artesanal de la marca. Así pues, exploraron en varias direcciones pero se centraron principalmente en crear el logotipo para la marca. Algunas de las direcciones que tomaron miraban al pasado, a la historia de sus logotipos y recreaban el nuevo logotipo tomando como base los originales. El logotipo final está basado en el cosido de entretela hecho a mano que se utiliza como la construcción del revestimiento del traje. El logotipo final refleja la artesanía, la atención al detalle, el clasicismo y la sofisticación de la marca. El paquete de la nueva identidad para el nuevo logotipo también refleja la artesanía y la sofisticación, especialmente la tarjeta de visita, que tiene la forma de una tiza de modistería que representa la idea del mundo de la ropa hecha a medida, pero utilizando doa cartulinas pegadas y texturizadas en ambos lados para crear el bolsillo de aire del interior que se parece a la forma de la tiza.

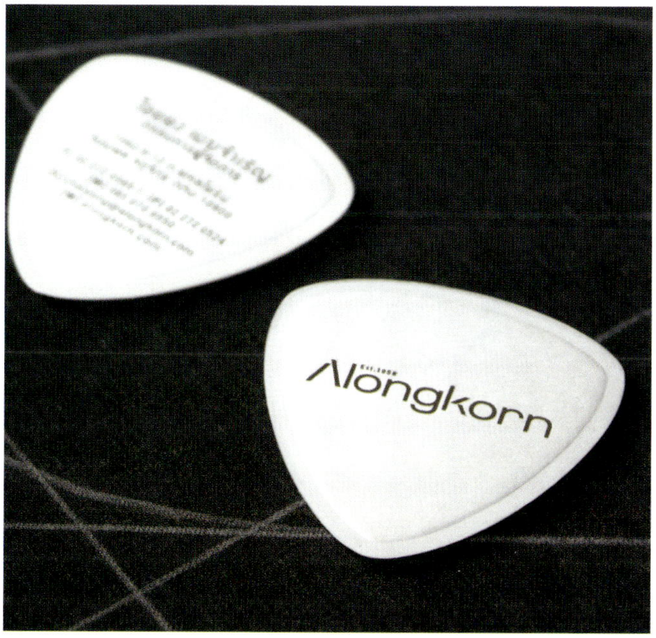
Est.1958
Alongkorn

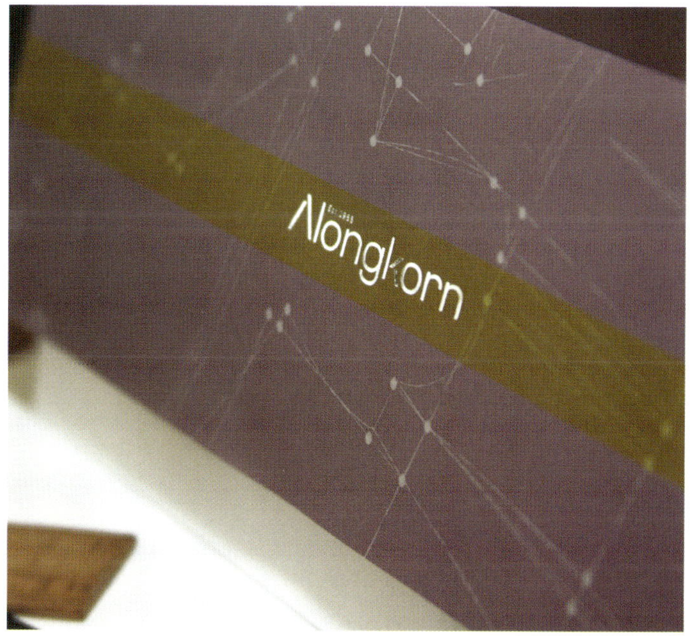
Alongkorn

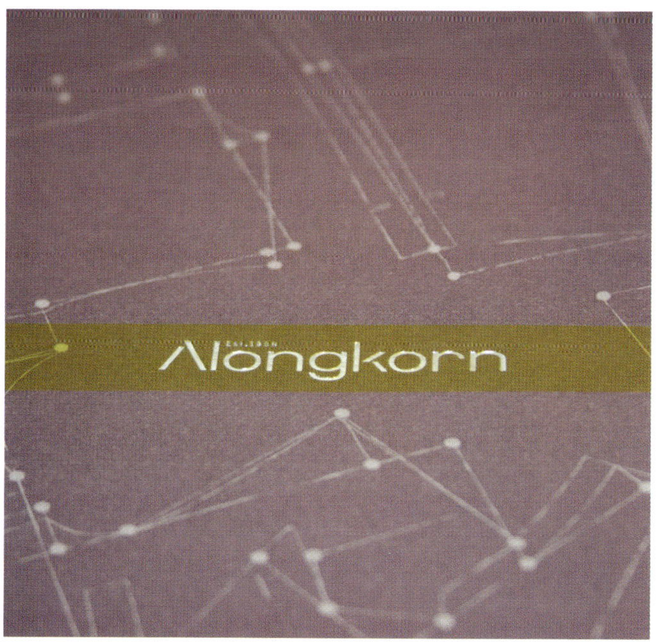
Alongkorn

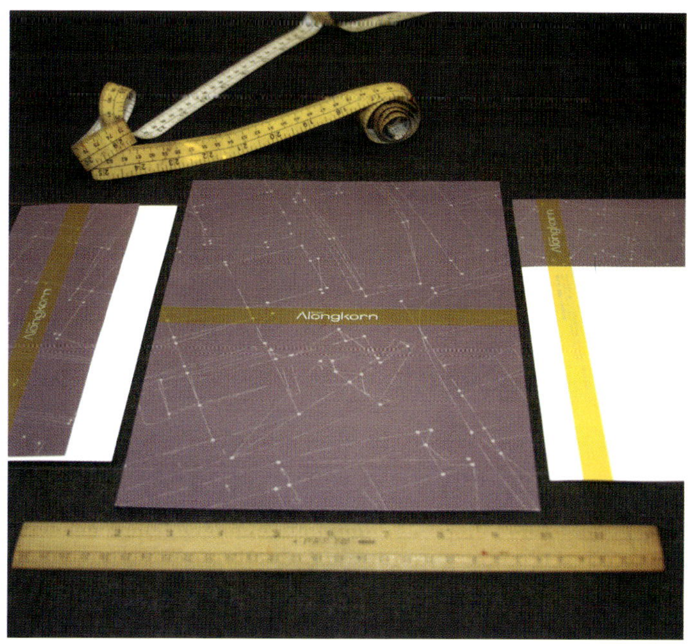
Alongkorn

NOVA PREVENCIÓ

Client: ONG Nova Prevenció
Studio Design: Ralf Wandschneider
Design: Ralf Wandschneider
Catarroja, Spain

After several meetings with the entity's management, it was decided that the logo should have a design where the "V" would be seen as simulating a dynamic tilde (a mark like "checked" or "OK"), rather than one that was too static or stiff. Nor did they want something excessively modern, as they hoped to give the impression of a serious entity, but also one that was primarily focused on young and committed people (both volunteers and users). On the other hand, they wanted this "V" to be used in a way that related the NGO to Valencia, its home city. In this case, a small sketch provided the starting point for the final logo design. Another requisite from the NGO management was related to color: they wanted the logo's color to be maroon. The next step in the logo design was the choice of typeface. For this aspect, they were not at all sure what type of letters to use for the design, which meant experimenting with various types to find which would best adapt to the design. After trying several out, the "Calibri" font was proposed for the name of the NGO, as it seemed the simplest and not overloaded. It also combined well with the letter "V" in the logo with its rounded finish. To give it an out-of-the-ordinary touch, the color and the shape of the letters "V" in "Nova Prevenció" were modified. In the end, the management of "Nova Prevenció" made it clear that the final logo design had fit perfectly well into what they had been looking for from the beginning. Proof of this is their adoption of the image in the various applications they use to promote their activities: posters, publicity billboards, T-shirts, pins, and hats, among others.

Tras varias reuniones con la dirección de la entidad, querían para el logotipo: un diseño en donde se viese una "V" simulando una tilde (una marca de "visto" u "OK"), de forma dinámica, no querían algo estático o rígido. Tampoco querían algo excesivamente moderno, ya que pretende reflejar que se trata de una entidad seria pero enfocada sobre todo a gente joven y comprometida (tanto voluntarios como usuarios). Por otra parte, querían que esa "V" sirviese para relacionar a la ONG con Valencia, ciudad en donde está. En este caso, un pequeño boceto fue el punto de partida para el diseño del logotipo final. Otro requisito de la dirección de la ONG fue en relación al color: querían que el logotipo fuese en color rojo granate. El siguiente paso en el diseño del logotipo fue la elección de la tipografía. En este punto, no tenían muy claro que tipo de letra iban a utilizar para el diseño, con lo cual dejaron experimentar con varias tipos para ver cual se adaptaba mejor al diseño. Tras ir probando, se propuso la fuente "Calibri" para el nombre de la ONG, porque pareció que era sencilla, nada recargada y que combinaba muy bien con la letra "V" del logotipo, con un remate redondeado. Para darle un toque diferente, se modificó el color y la forma de las letras "V" de "Nova Prevenció". Finalmente desde la dirección de "Nova Prevenció" informaron que el diseño final del logotipo se ajustaba perfectamente a lo que habían estado buscando desde el principio. Prueba de ello es que han adoptado la imagen para varias aplicaciones que utilizan para promocionar sus acciones: carteles, lonas publicitarias, camisetas, chapas y gorras, entre otros.

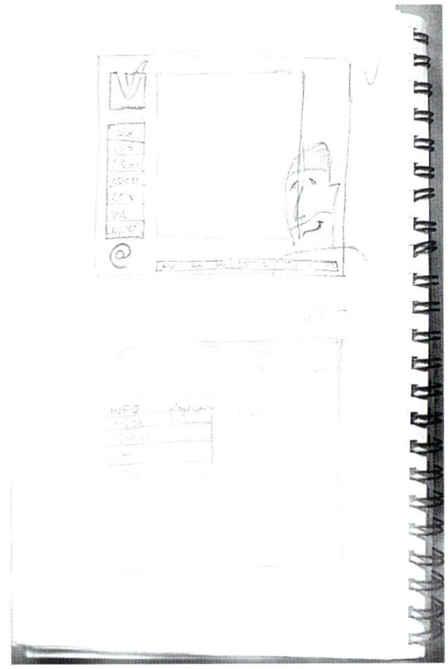

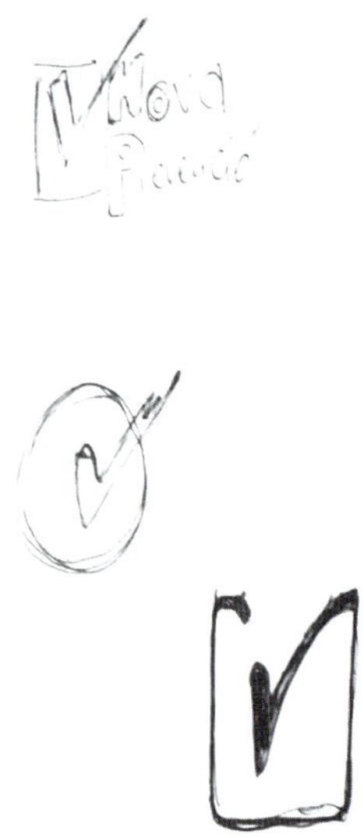

NOVA PREVENCIÓ

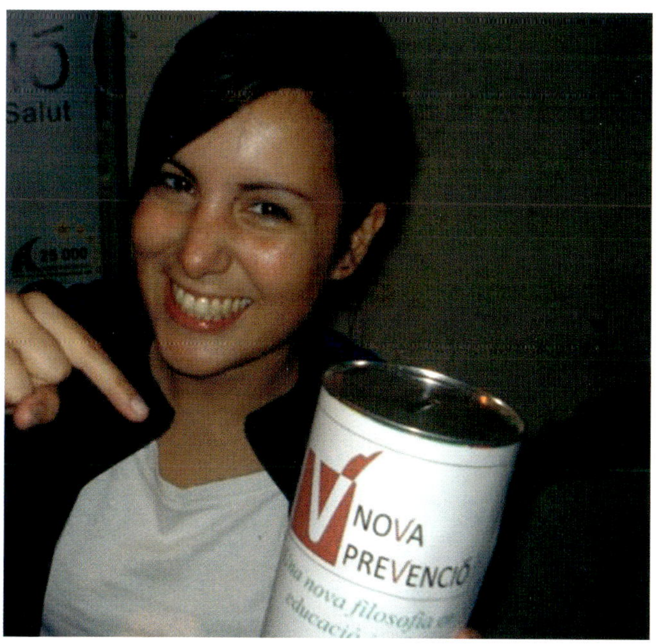

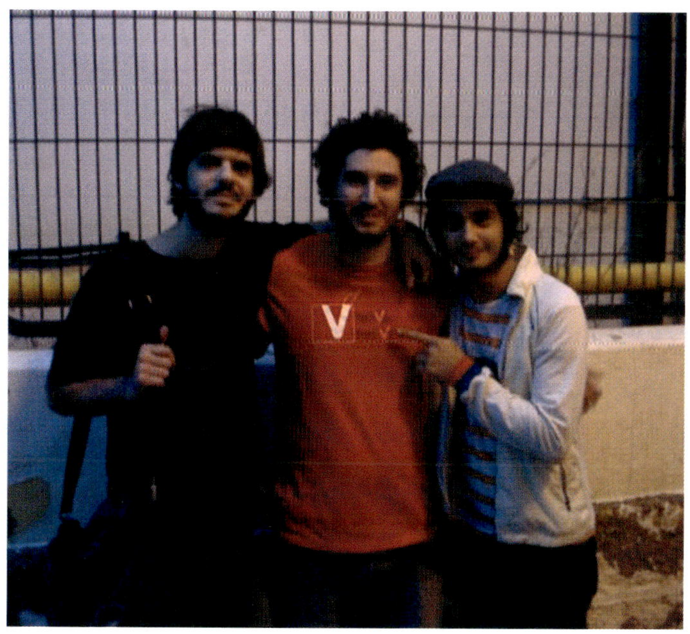

WALES

Client: Wales & Wales
Studio Design: Aloof Design
Creative Director: Sam Aloof
Design: Jon Hodkinson,
Andrew Scrase, James Crossett
Photography: Leigh Simpson
East Sussex, England

Aloof identified that to attract more design consultancy enquiries, Wales & Wales needed to reposition themselves as furniture designers rather than furniture makers. They designed a new logo to represent the partners' laterally minded and collaborative approach, edited and re-touched an image archive spanning three decades and designed and programmed a website to showcase their work. Tasks included brand strategy, brand identity, logo design, photography art direction, copywriting, website design.

Aloof vio que para atraer más consultas de diseño, Wales & Wales tenían que reposicionarse como diseñadores de muebles en vez de cómo fabricantes de muebles. Diseñaron un nuevo logotipo para transmitir el enfoque de pensamiento lateral y cooperativo de los socios; editaron y retocaron un archivo de imágenes que abarcaba tres décadas y diseñaron y programaron una página Web para exponer su trabajo. Nuestras tareas incluían la estrategia de marca, la identidad de marca, el diseño del logotipo, la dirección artística de la fotografía, la redacción de textos publicitarios, el diseño de la Web.

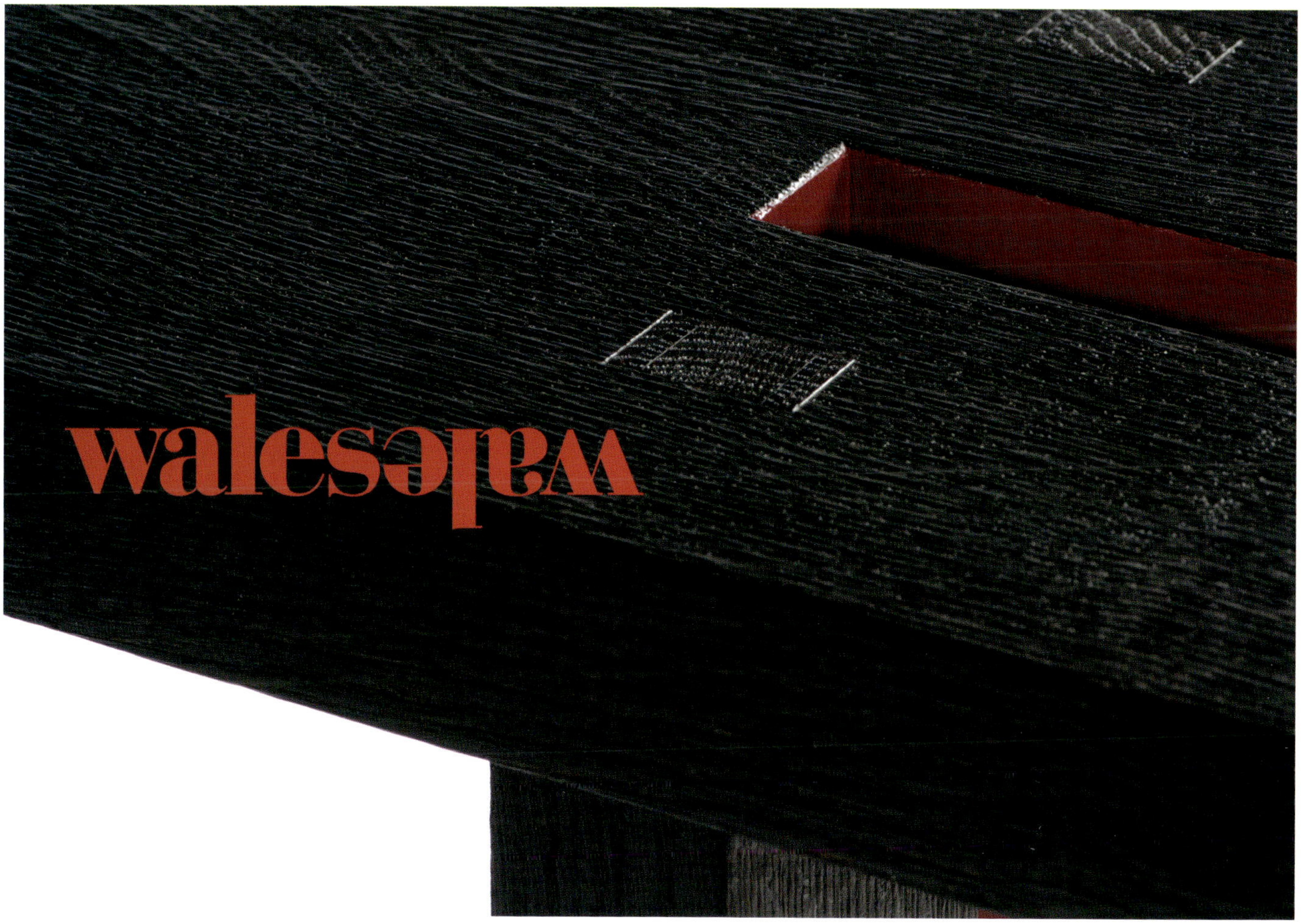

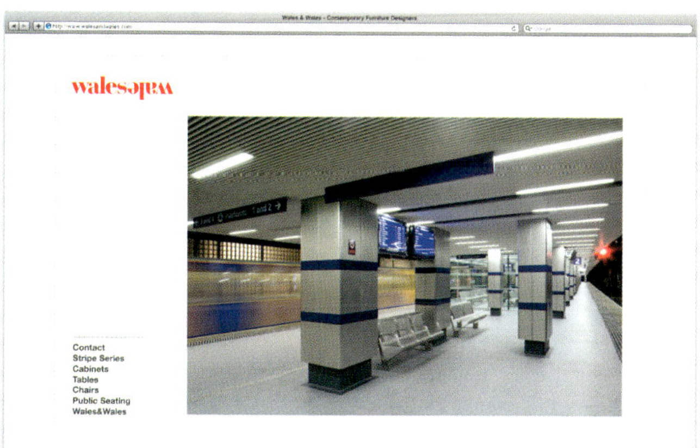
Wales & Wales - Contemporary Furniture Designers
Contact
Stripe Series
Cabinets
Tables
Chairs
Public Seating
Wales&Wales

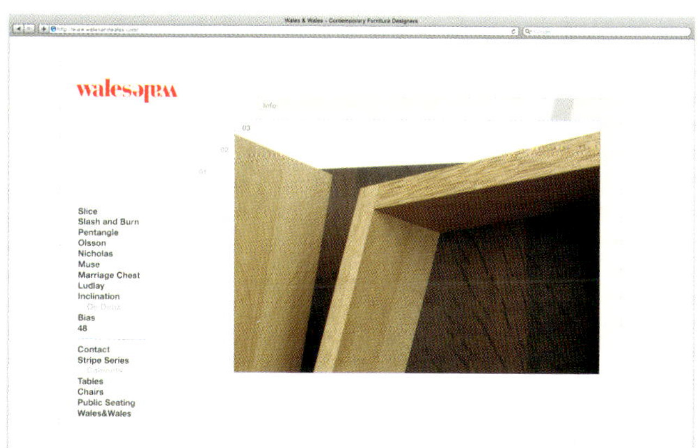
Wales & Wales - Contemporary Furniture Designers
Slice
Slash and Burn
Pentangle
Olsson
Nicholas
Muse
Marriage Chest
Ludlay
Inclination
Bias
48
Contact
Stripe Series
Tables
Chairs
Public Seating
Wales&Wales

QUOR

Client: Quor
Studio Design: Dnoise
Design: Enrique Rivera
Madrid, Spain

For Quor's corporate identity redesign, we began conceptually from the company infographics it had created to develop their activity. The imagotype here takes the three elements from the bubble diagrams commonly used to represent different social segments and whose diameters vary according to the parameters in question. One of the objectives established in the identity development was to transmit the values of Quor's brand and identity in the simplest possible way, something that affected all aspects of the project and led to the simplification of the imagotype and other measures, such as the use of capital letters. The selected typeface establishes the composition on one hand, at the same time it transmits both progressive modernity and the research innovation the company is known for, while on the other, it give it the solidity that comes from the experience and the professionalism of those forming part of Quor. These same criteria were used to select the corporate colors, using black to lend a sense of solidity and bright colors to bring the brand certain freshness, without being overly reliant on trends. The identity of the company's three main divisions is resolved through the chromatic differentiation within the imagotype and the incorporation of an additional element: the suffix, a descriptive trait that always follows the same pattern, thus resolving the adaptability of the identity for future constructs. After several sketches to articulate the logo, in the end the construct consisted of radial cross-linking, which establishes the location of the imagotype and the aforementioned additional elements.

Para el rediseño de la identidad corporativa de Quor se parte conceptualmente de las infografías que lleva a cabo la empresa en el desarrollo de su actividad. El imagotipo toma así tres elementos de un gráfico de burbujas con los que habitualmente se representan diferentes segmentos sociales y cuyo diámetro varía en función de los parámetros. Uno de los objetivos que se fijaron en el desarrollo de la identidad fue el de transmitir los valores de marca y la identidad de Quor de la manera más sencilla posible, lo que afectó a todos los elementos, llevando a simplificar el imagotipo a otras medidas como el uso de mayúsculas. La tipografía seleccionada estabiliza la composición a la vez que transmite por un lado la modernidad procesual y la innovación en la investigación que caracterizan a la empresa y por otro, la solidez que aportan la experiencia y la trayectoria profesional de los integrantes de Quor. Con estos mismos criterios se seleccionan los colores corporativos, utilizando el negro para dar solidez y colores luminosos que aportan frescura a la marca, sin ser dependientes de modas. La identidad de las tres divisiones principales se resuelve mediante la diferenciación cromática del imagotipo y la incorporación de un elemento auxiliar, a modo de sufijo, de carácter descriptivo, que sigue siempre el mismo patrón, quedando resuelta la adaptabilidad de la identidad a futuras estructuras. Tras varios bocetos de articulación del anagrama, finalmente la construcción se realiza mediante una reticulación radial, que determina la situación del imagotipo y de los citados elementos auxiliares.

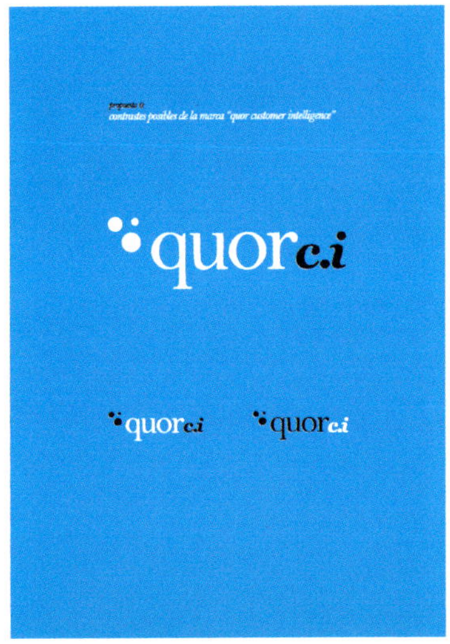

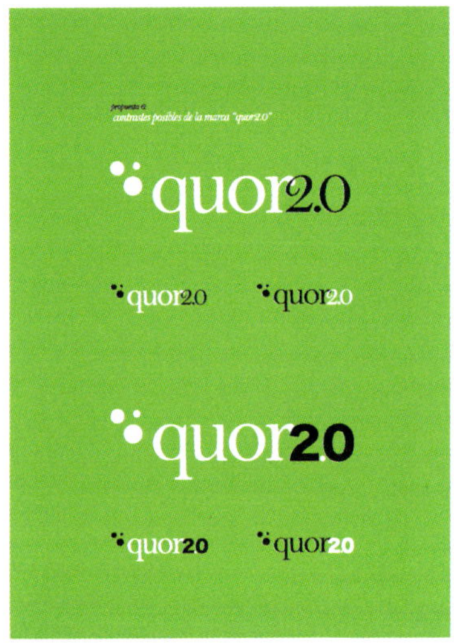

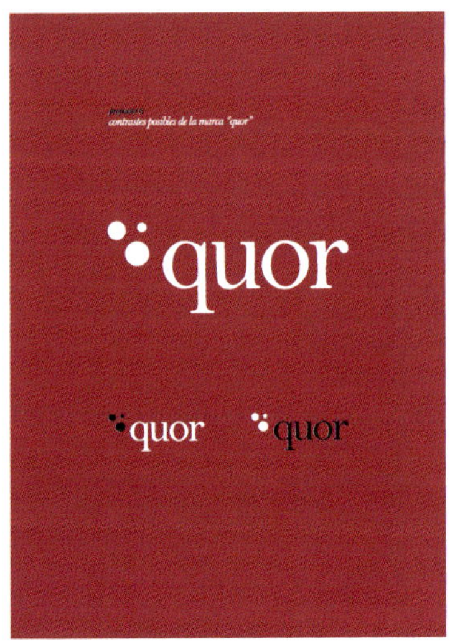

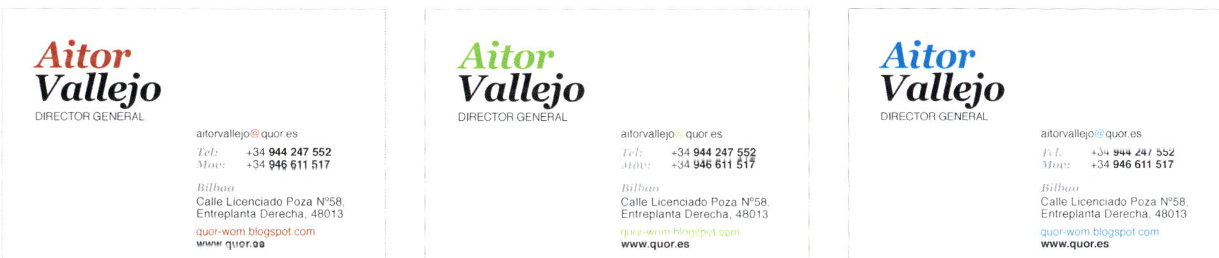
Aitor
Vallejo
DIRECTOR GENERAL
aitorvallejo@quor.es
Tel: +34 944 247 552
Mov: +34 946 611 517
Bilbao
Calle Licenciado Poza N°58,
Entreplanta Derecha, 48013
quor-wom.blogspot.com
www.quor.es

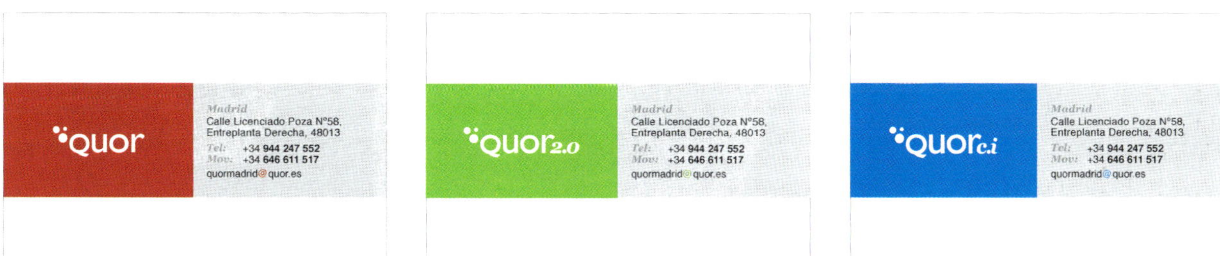
quor
quor2.0
quorc.i
Madrid
Calle Licenciado Poza N°58,
Entreplanta Derecha, 48013
Tel: +34 944 247 552
Mov: +34 646 611 517
quormadrid@quor.es

VIANDE

Client: Frigorífico Viande
Studio Design: Rgb/Dg
Designer: Rodrigo Broner
Buenos Aires, Argentina

One day the Frigorífico Viande Company knocked on the door needing a brand redesign for their identity in general so as to present it at an international meat industry tradeshow. The search started from the mindset of the food and cattle industry and evolved, with the presentation of several proposals, into the shape and counter-shape between the head of a cow and the brand's initials. It was a very satisfactory result for us and the client, who had been delivered a strong brand full of possibilities.

Un día la empresa Frigorífico Viande, llamo a su puerta, ellos necesitaban un rediseño de su marca y de su identidad general para presentarse en una feria internacional del sector cárnico. La búsqueda abarcó el imaginario de rubro alimenticio y ganadero, a partir de ir avanzando, con la presentación de varias propuestas se llegó a la forma y contra forma y que se hizo entre la cabeza de la vaca y la inicial de la marca. El resultado fue muy bueno a nuestro entender y del cliente, se logró una marca fuerte y pregnante.

viande
argentinebeef

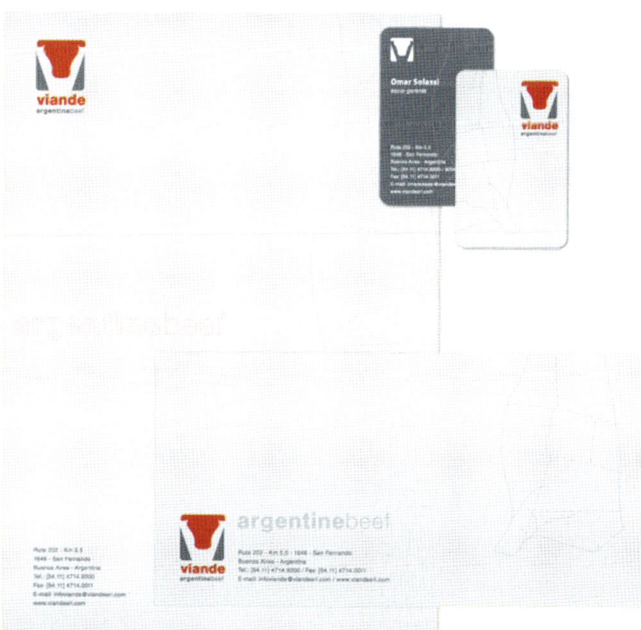

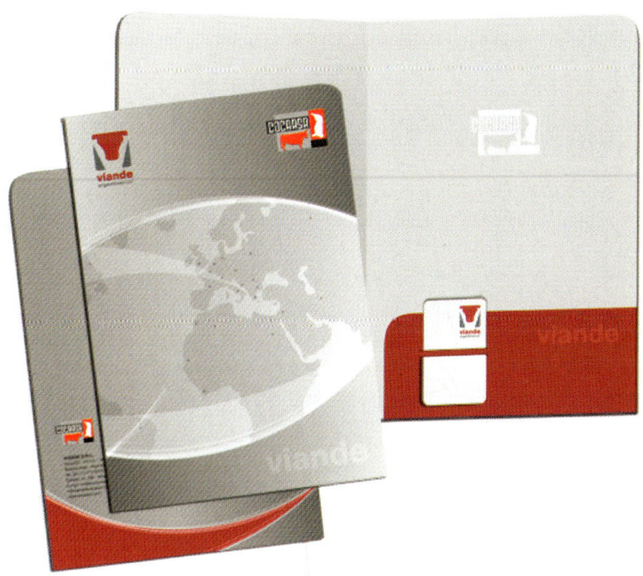

CAPITAL 93

Client: Capital 93
Studio: Studio Limón
Designer: Claudio Limón
Jalisco, Mexico

Inspiring coffee was the guiding concept which took a basic overhead image of a cup of coffee as the way to make abstractions of the icon. The colors chosen represent warmth, good conversation and comfort. In addition, a series of illustrations were made depicting people having a coffee, the action that accompanies the product, to give greater weight to the concept that coffee both inspires and tastes great.

Café de inspiración es el concepto rector, se partió de la imagen básica de un café en su taza visto cenitalmente para hacer la abstracción del icono; los colores elegidos representan calidez, charla y confort. Además se crea una serie de ilustraciones de gente tomando café, la acción que acompaña al producto, para dar mayor peso al concepto, un café que inspira y que sabe bien.

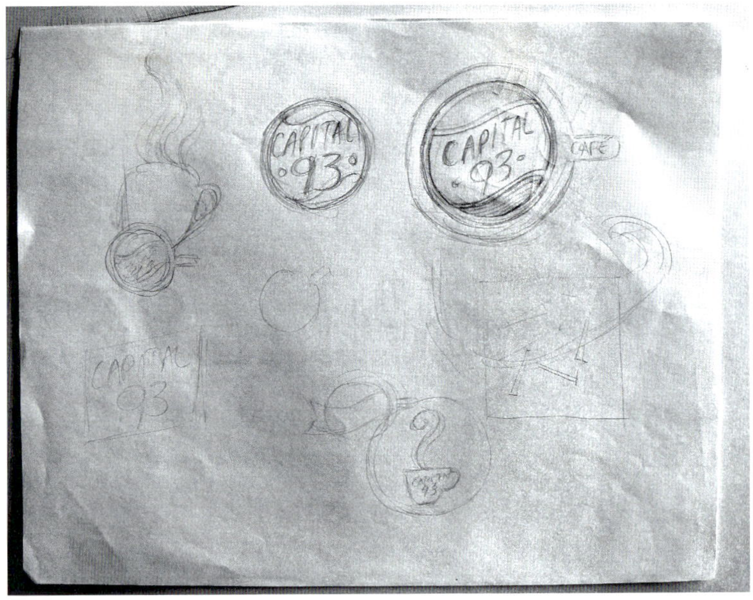

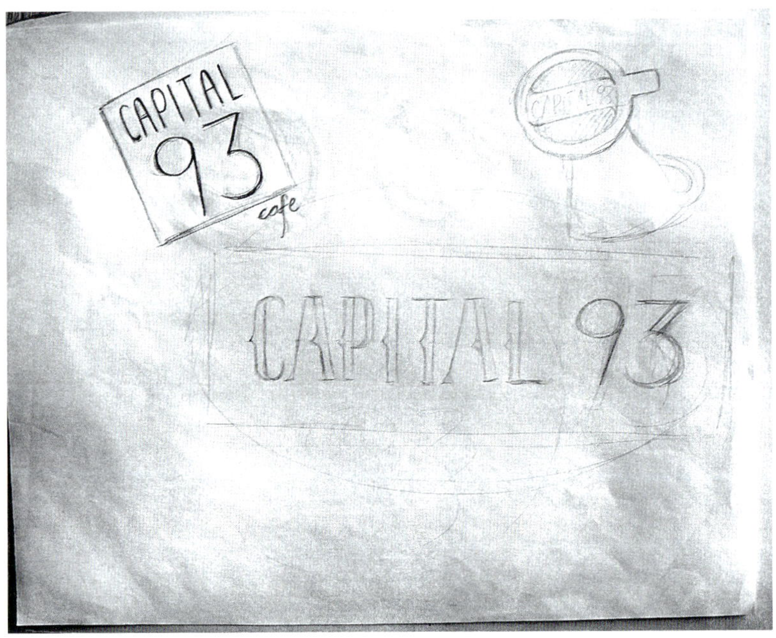

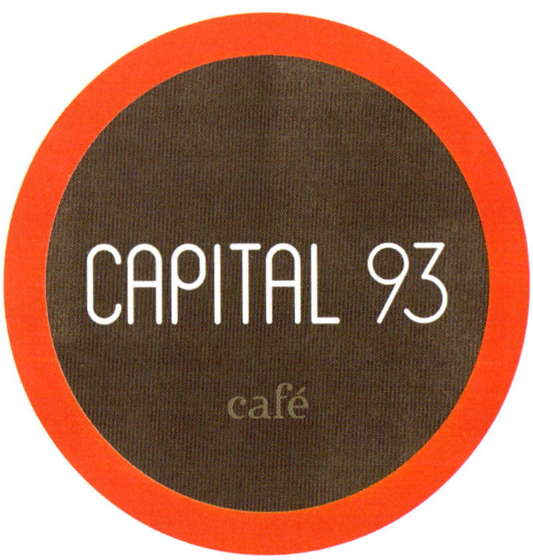

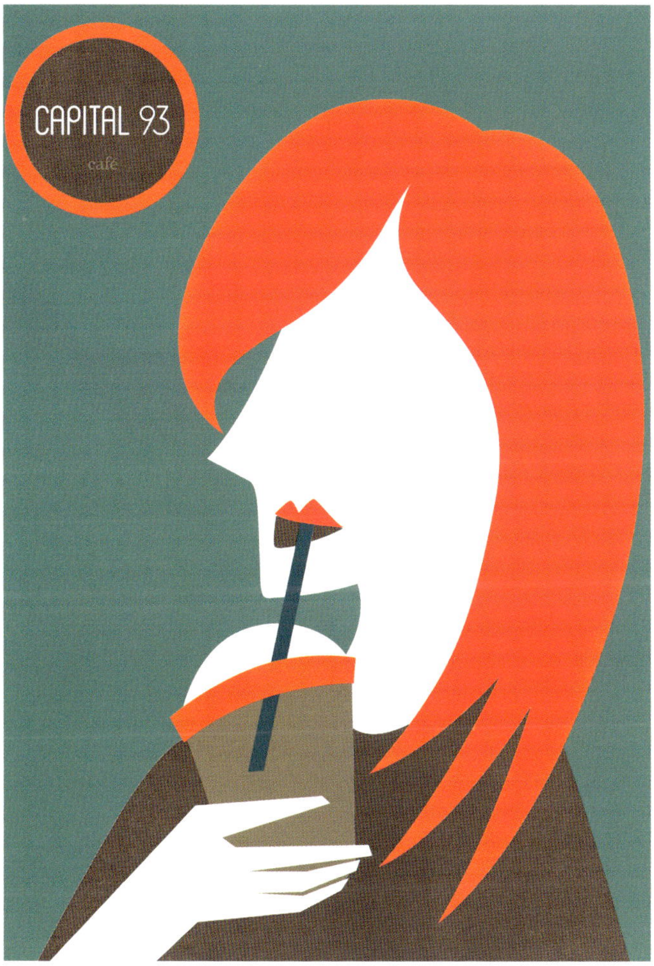
CAPITAL 93
café

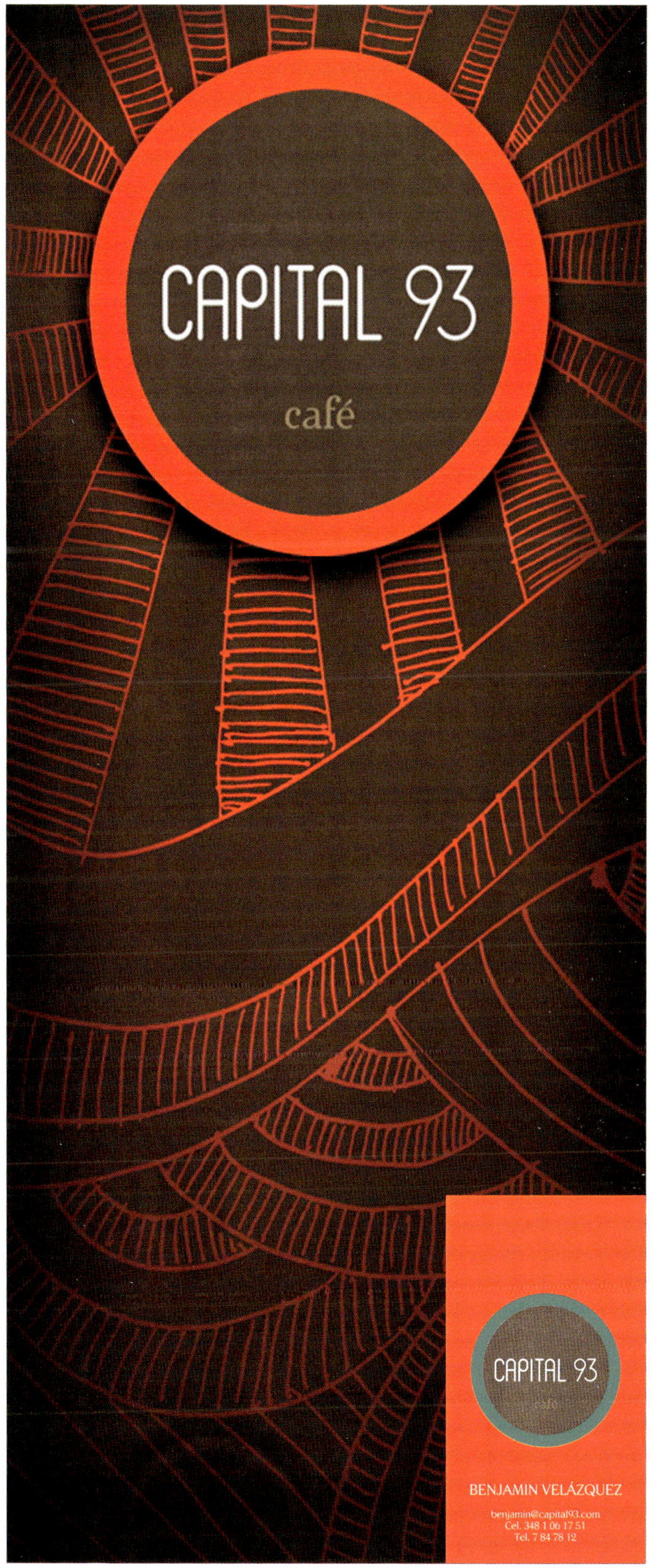
CAPITAL 93
café
CAPITAL 93
café
BENJAMIN VELÁZQUEZ
benjamin@capital93.com
Cel. 348 1 06 17 51
Tel. 7 84 78 12

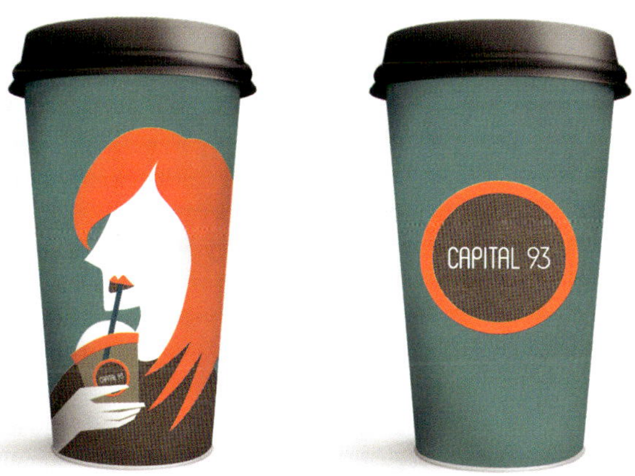
CAPITAL 93

NOVAK

Client: Novak Bath Coolture
Studio Design: Dnoise
Art Director: Enrique Rivera
Designer: Enrique Rivera
Madrid, Spain

This is a new company exclusively devoted to the world of designer bathrooms. NOVAK takes care of everything, from the most appropriate design with its team of interior designers and architects to the sale of bathroom accessories and highest quality materials to, in particular, the most avant-garde designs. The client commissioned the studio to design its entire corporate identity, providing some general direction of what they were looking for, but in essence letting them work in complete freedom. All the freshness and innovation of the finished project is thanks to this creative freedom.

Es una nueva empresa dedicada en exclusiva al mundo de los aseos de diseño. En NOVAK te gestionan todo, desde el diseño más adecuado con un equipo de interioristas y arquitectos hasta la venta de accesorios y materiales para el aseo de la máxima calidad y, sobre todo, del diseño más vanguardista. El cliente les encargó el diseño de toda su identidad corporativa, dándoles unas directrices generales de que es lo que buscaba, pero en esencia dejándoles trabajar con entera libertad. Es gracias a esta libertad creativa a la que se debe la frescura e innovación del trabajo realizado.

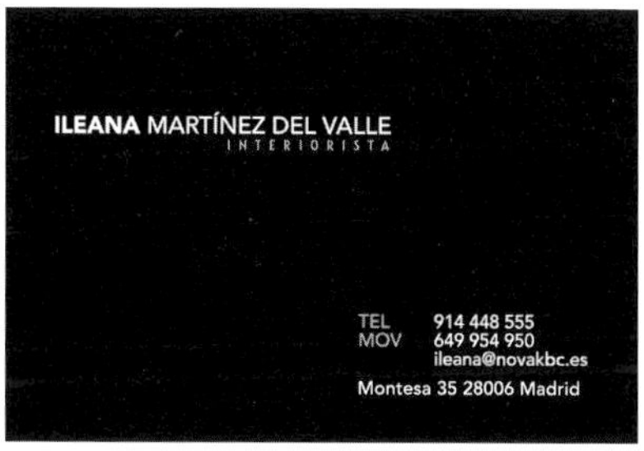
ILEANA MARTÍNEZ DEL VALLE
INTERIORISTA
TEL 914 448 555
MOV 649 954 950
ileana@novakbc.es
Montesa 35 28006 Madrid

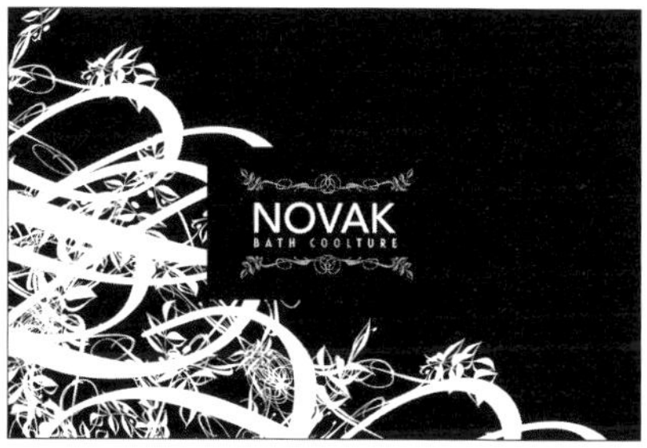
NOVAK
BATH COOLTURE

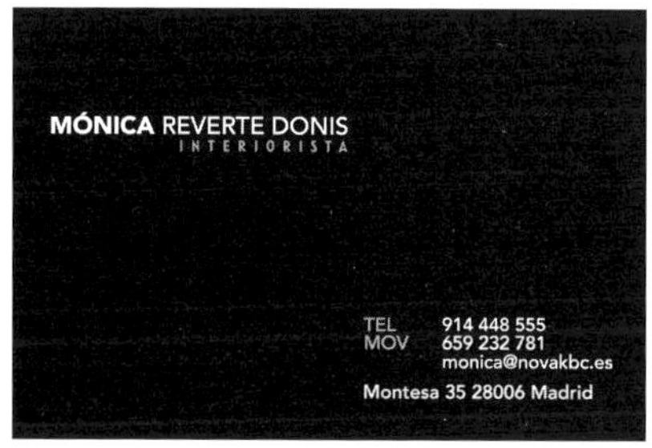
MÓNICA REVERTE DONIS
INTERIORISTA
TEL 914 448 555
MOV 659 232 781
monica@novakbc.es
Montesa 35 28006 Madrid

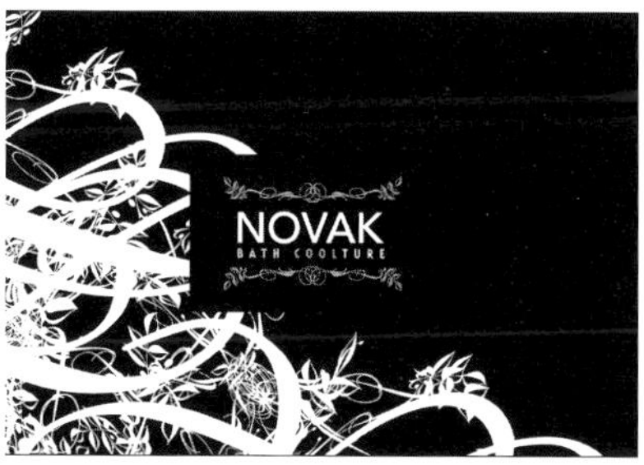
NOVAK
BATH COOLTURE

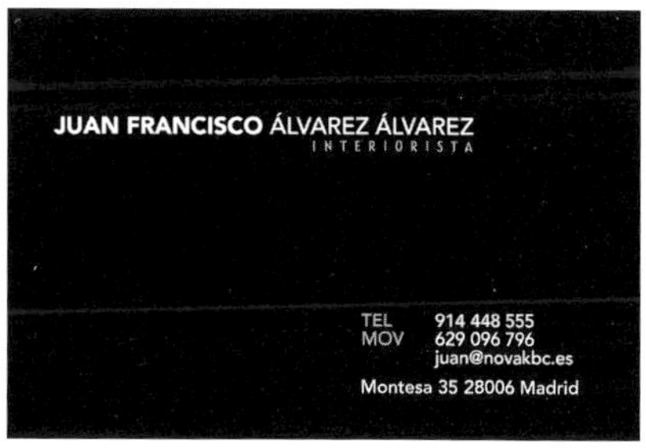
JUAN FRANCISCO ÁLVAREZ ÁLVAREZ
INTERIORISTA
TEL 914 448 555
MOV 629 096 796
juan@novakbc.es
Montesa 35 28006 Madrid

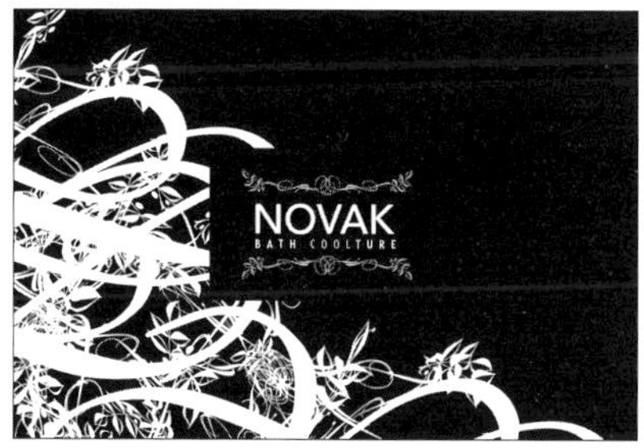
NOVAK
BATH COOLTURE

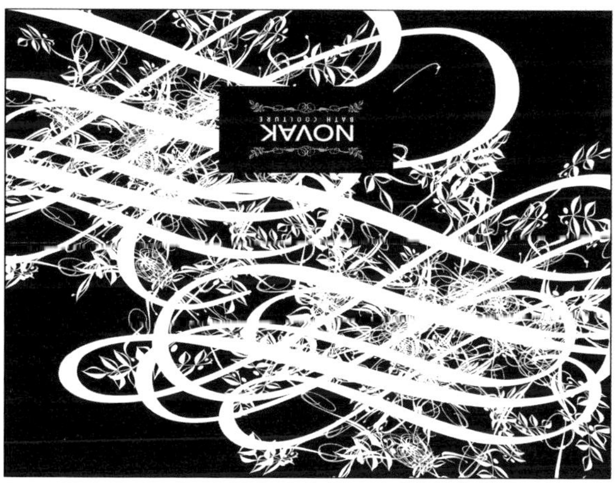

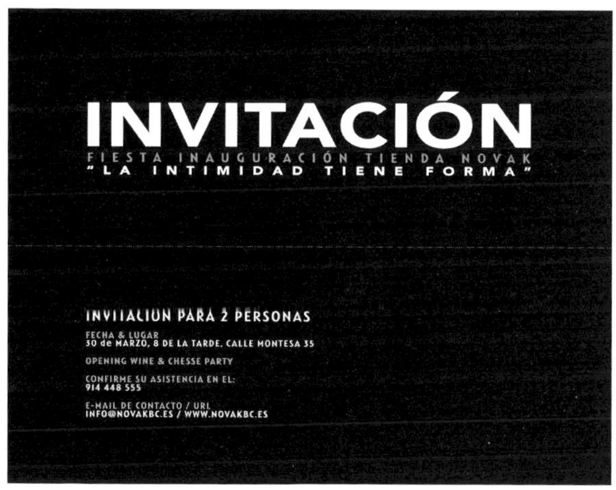
INVITACIÓN
FIESTA INAUGURACIÓN TIENDA NOVAK
"LA INTIMIDAD TIENE FORMA"
INVITACIÓN PARA 2 PERSONAS
FECHA & LUGAR
30 de MARZO, 8 DE LA TARDE, CALLE MONTESA 35
OPENING WINE & CHESSE PARTY
CONFIRME SU ASISTENCIA EN EL:
914 448 555
E-MAIL DE CONTACTO / URL
INFO@NOVAKBC.ES / WWW.NOVAKBC.ES

SEED MEDIA GROUP

Client: Seed Media Group
Studio Design: Sagmeister
Art Director: Stefan Sagmeister
Designer: Matthias Ernstberger
New York, EUA

Seed Media group is a scientific publisher of magazines, books and films. As they worked on the identity it became clear that the end result should constitute a visualization of science and media. Science is culture, it surrounds us, it is part of everything we do. They were looking for something open ended and flexible, a vessel we could fill with new meanings as they developed. Formally the identity is based on phyllotaxis, a form found everywhere from Seashells to Greek architecture, from pineapples to the Sydney opera house, horns of Gazelles to the optimum curve a highway turns. It plays a role in biology, zoology, botany, medicine, physics, geometry and math. Its in the golden ratio and golden curve. Looking at the world through this scientific lens of the phyllotaxis, they developed an identity like a chameleon, it always takes on the form of the medium it is put on. On the business cards it shows a version of the portrait of the bearer, the letterhead it iridescently reflects the room, etc.

Seed Media Group es un editor de revistas, libros y películas científicos. Mientras trabajaban en la identidad, quedó claro que el resultado final tenía que mostrar la ciencia y los medios. La ciencia es cultura, nos rodea, forma parte de todo lo que hacemos. Buscaban algo que fuera abierto y flexible, un recipiente que podríamos llenar con nuevos significados a medida que se fueran desarrollando. En lo que se refiere a la forma, la identidad está basada en la filotaxis, una forma que se encuentra en todas partes, desde las conchas hasta la arquitectura griega, desde las piñas hasta la Casa de la ópera de Sidney, los cuernos de las gacelas hasta la curva óptima de una carretera. Tiene un papel en la biología, la zoología, la botánica, la medicina, la física, la geometría y las matemáticas. Se encuentra en la proporción áurea y la curva de oro. Observando el mundo a través de esta lente científica de la filotaxis, desarrollaron una identidad camaleónica, que siempre toma la forma del medio en que se coloca. En las tarjetas de visita, muestra una versión del retrato del portador, el membrete refleja la habitación de forma iridiscente, etc.

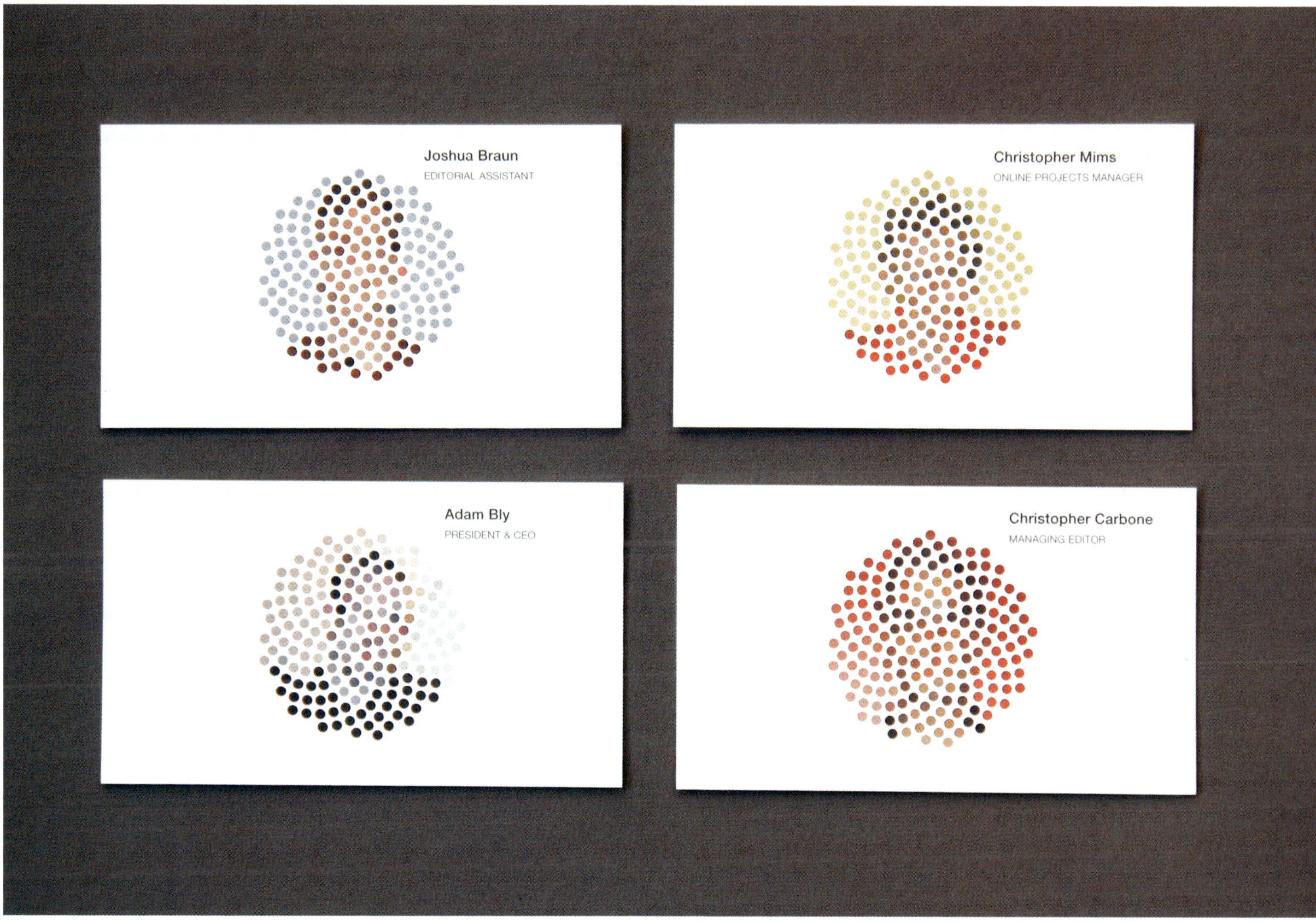
Joshua Braun
EDITORIAL ASSISTANT
Christopher Mims
ONLINE PROJECTS MANAGER
Adam Bly
PRESIDENT & CEO
Christopher Carbone
MANAGING EDITOR

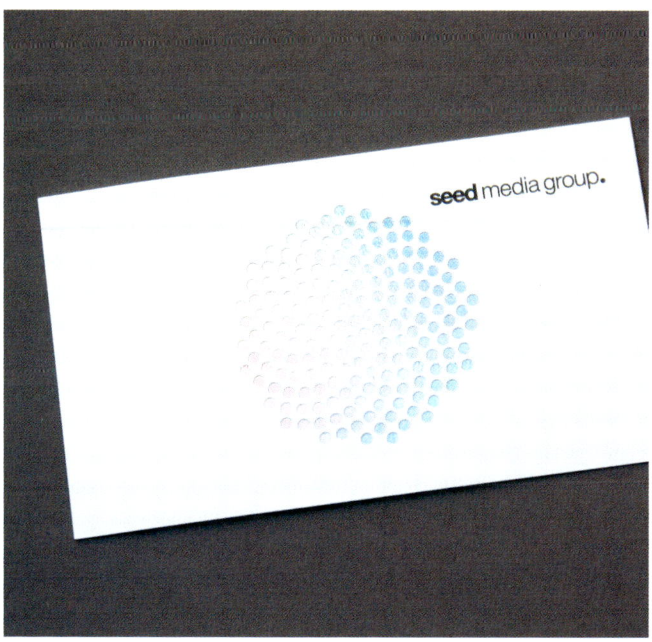
seed media group.

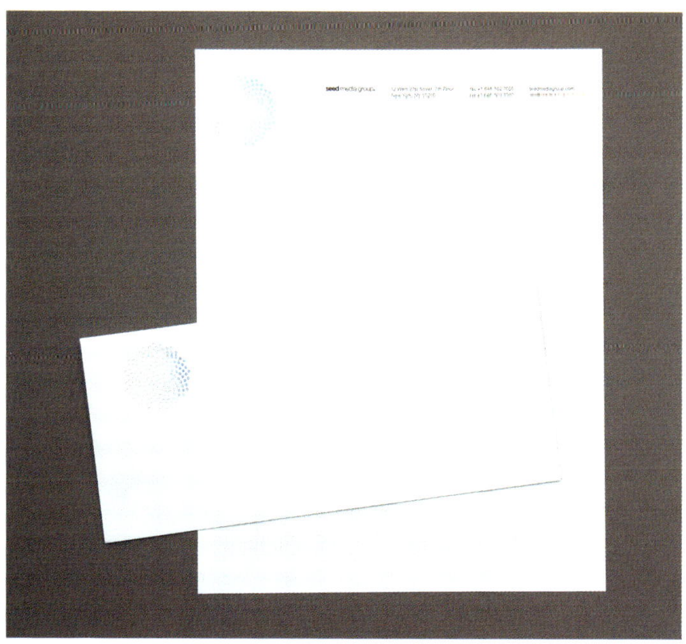

SNOWSPORT GB RE-BRAND

Client: RudaizkyRyan / British Ski & Snowboard Federation
Studio Design: Form
Art Director: Matt Ryan, John Rudaizky, Paul West, Paula Benson
Designer: Paul West, Nick Hard
London, England

Formerly known as the British Ski and Snowboard Federation, working with the Federation, agency RudaizkyRyan took the initiative to create a top-end competitive brand image for the ski and snowboard teams, to instill pride, cool and increase sponsorship potential. RudaizkyRyan created the line 'Take it to the edge', rebranded the 'FED' as 'SnowsportGB' and wanted an inspirational logo to unite skiers and borders. They designed the logo to be instantly recognisable as British, relate to winter sports, and have an "Olympian" feel. The solution lay in combining the Union Jack with a snowflake crystal. Two variations of the logo were developed for a more flexible use: The primary logo features the Snowsport GB type running as a strapline below the symbol, the secondary variation has been designed more as a "badge" emblem with the Snowsport GB type encapsulated within the snowflake shape and is geared towards merchandise or other items where a more defined mark is more appropriate.

La agencia RudaizkyRyan trabajó con la Federación antiguamente conocida como British Ski and Snowboard Federation, para crear una imagen de marca exclusiva y competitiva para los equipos de ski y snowboard, para infundir orgullo y frescor y aumentar el potencial de patrocinio. RudaizkyRyan creó la frase 'Take it to the edge', dio un nuevo nombre a la Federación como 'SnowsportGB' y quería un logotipo inspiracional que uniera a los esquiadores y los snowboarders. Diseñaron el logotipo de modo que se reconociera inmediatamente como británico, se asociara a los deportes de invierno y tuviera una apariencia "olímpica". La solución reside en combinar la Union Jack con una bola de nieve. Se crearon dos versiones del logotipo para un uso más flexible: El logotipo principal presenta el texto Snowsport GB como titular debajo del símbolo, y la variación secundaria ha sido diseñada más bien como insignia con el texto Snowsport GB encapsulado dentro de la forma del copo de nieve y está orientada hacia la mercadería u otros artículos en los que una marca más definida sea más apropiada.

SNOWSPORT
GB

TAKE IT TO THE EDGE

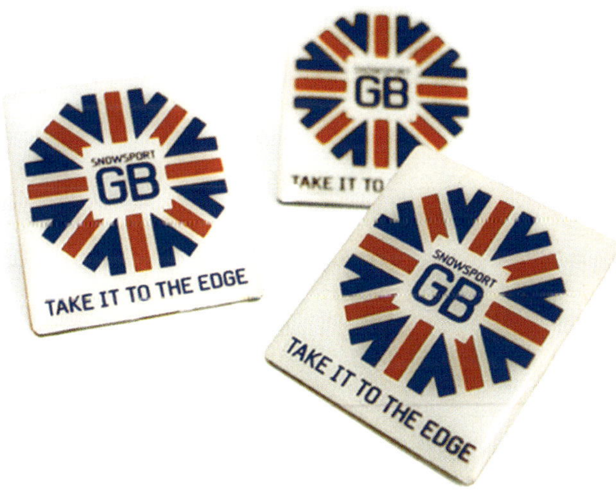

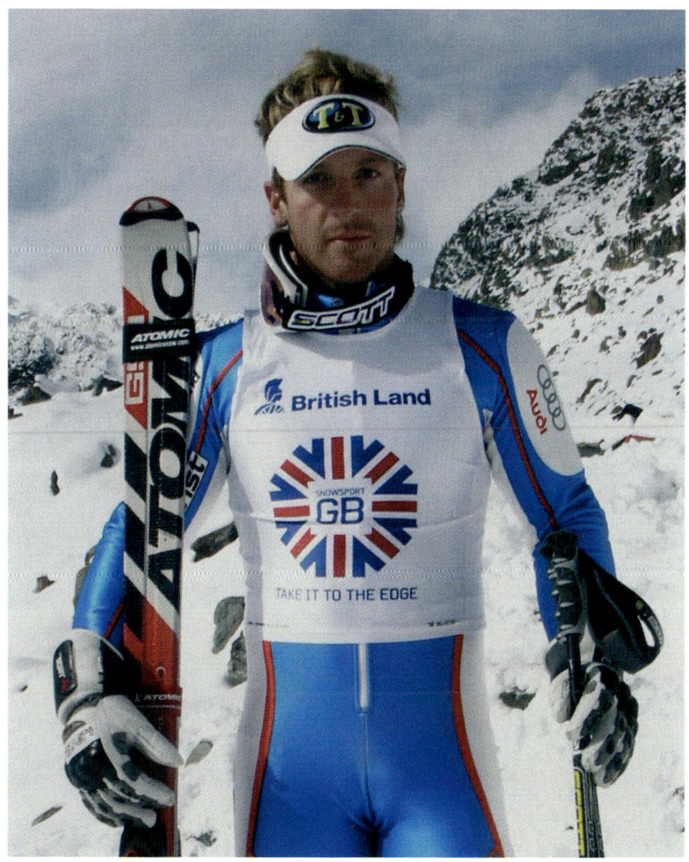

SOUTH AM. ROADS

Client: South America Roads
Studio Design: Rgb/Dg
Designer: Rodrigo Broner
Buenos Aires, Argentina

This brand was conceived for a tourism company that does custom tours in Northern Argentina, providing the freedom of having a personalized journey by 4x4. The first proposals took on the image of the local norteños, plus compasses, wheels, and pre-Columbian times. As the project marched on, the focus narrowed to the synthesis of the wheel and the crosswinds, whose palette recalls Northern landscapes. Then a series of 4 sub-brands were created for each type of journey, which were differentiated along a color scale.

Esta marca fue concebida para una empresa de turismo que realiza tours a medida por el norte de Argentina, brindando la libertad de un recorrido personal en vehículos 4x4. Las primeras propuestas abarcaban el imaginario norteño, las brújulas, la rueda, lo precolombino, el avance del trabajo se centró sobre la una síntesis de la rueda y la cruz de los vientos con una paleta que remite a los paisajes norteños. Se realizó luego una serie de cuatro submarcas por tipo de recorrido diferenciadas por una variable cromática.

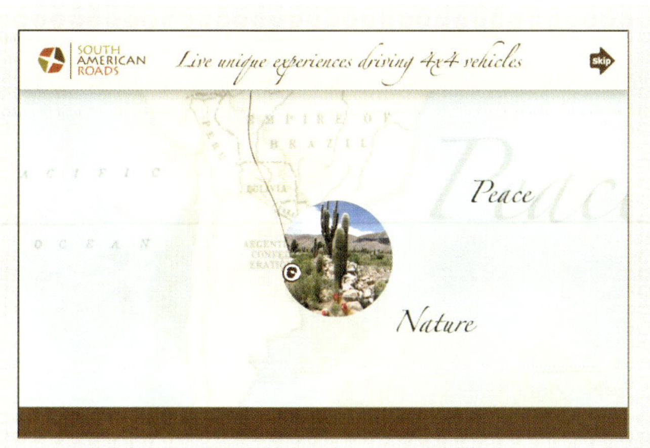
SOUTH
AMERICAN
ROADS
Live unique experiences driving 4x4 vehicles
Skip
Peace
Nature

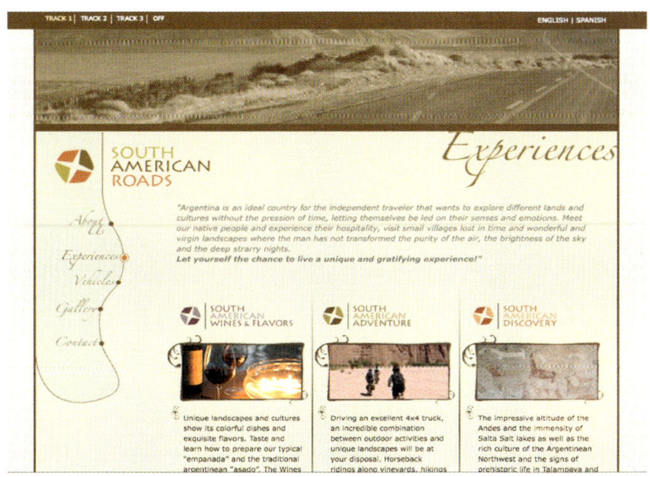
TRACK 1 | TRACK 2 | TRACK 3 | OFF
ENGLISH | SPANISH
SOUTH
AMERICAN
ROADS
Experiences
About Us
Experiences
Vehicles
Gallery
Contact
"Argentina is an ideal country for the independent traveler that wants to explore different lands and cultures without the pression of time, letting themselves be led on their senses and emotions. Meet our native people and experience their hospitality, visit small villages lost in time and wonderful and virgin landscapes where the man has not transformed the purity of the air, the brightness of the sky and the deep strarry nights.
Let yourself the chance to live a unique and gratifying experience!"
SOUTH AMERICAN WINES & FLAVORS
SOUTH AMERICAN ADVENTURE
SOUTH AMERICAN DISCOVERY
Unique landscapes and cultures show its colorful dishes and exquisite flavors. Taste and learn how to prepare our typical "empanada" and the traditional
Driving an excellent 4x4 truck, an incredible combination between outdoor activities and unique landscapes will be at your disposal. Horseback
The impressive altitude of the Andes and the immensity of Salta Salt lakes as well as the rich culture of the Argentinean Northwest and the signs of

FIXE

Client: Fixe
Studio: Gorricho Estudio
Designer: Martín Gorricho, Vanesa Berrutto, Ezequiel Carrasco, Santiago Cueto
Buenos Aires, Argentina

The case of Fixe is one of extreme overhaul, one of those redesigns not at all recommended, except in a handful of exceptions, and this was one of them. The company had been operating in Brazil under the name Mac Service do Brasil and in order to open up new markets and take on new service methods, their identity had to be changed. When an in-depth analysis was undertaken, it ended up pointing towards a complete renovation with an entirely new concept, graphic icons, slogans and even a brand-new name. The studio was commissioned for the entire integrated development and, in the end, even the design of the print applications. The project found its direction when they were able to define the slogan: "You will do better", one that boils down their customers' needs to improve their business performance and the capacity this company has to help them carry out such a task. This idea of surmounting obstacles was presented in several graphic forms, among them an upward-pointing arrow that replaces the dot above the "i", which is then animated into becoming other arrows.

El caso de Fixe es un caso de rediseño extremo; de esos que no se recomienda salvo contadísimas excepciones y esta era una de ellas. La empresa venía operando en Brasil con el nombre de Mac Service do Brasil y la apertura a nuevos mercados y la incorporación de nuevas modalidades de servicio requirieron un cambio en su identidad que, cuando empezaron a analizar en profundidad, termino siendo una reinvención completa, con un nuevo concepto, signos gráficos, lemas y hasta nuevo nombre. El estudio se encargo de todo este desarrollo y al final de todo el diseño de las aplicaciones gráficas. El norte del proyecto apareció cuando se pudo definir el lema "You will do better" que condensa la necesidad de los clientes de mejorar el rendimiento de su negocio, con la capacidad de esta empresa para ayudarlos en esta tarea. Esta idea de superación, se presento en varias formas gráficas, entre ellas la flecha ascendente que reemplaza el punto de la "i" y que se anima y se transforma en otras flechas.

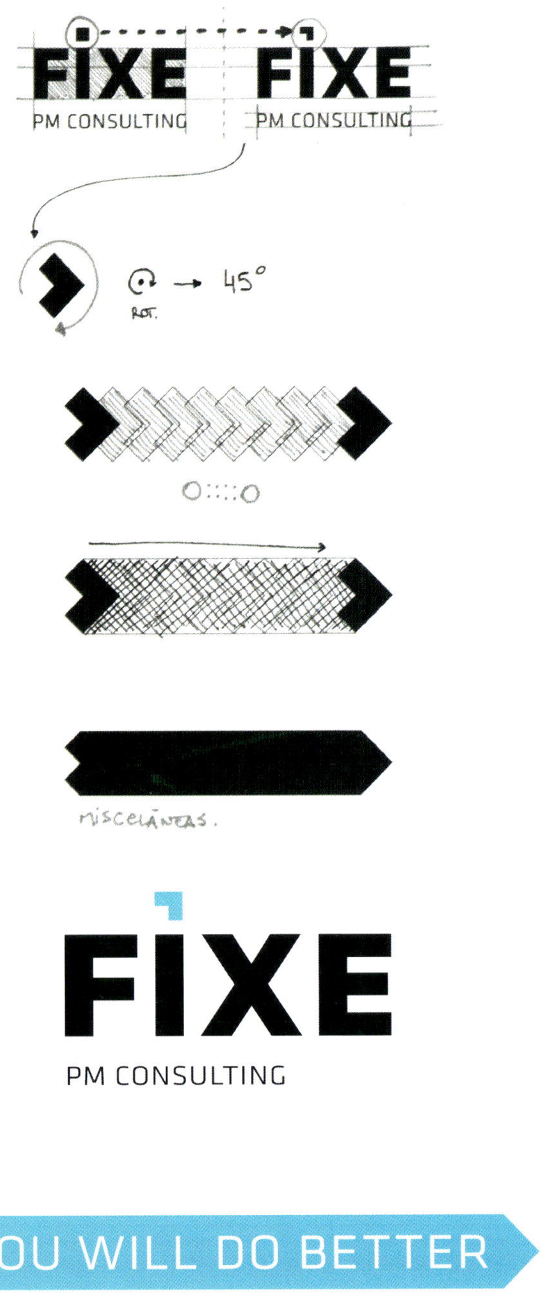

FIXE

YOU WILL DO BETTER

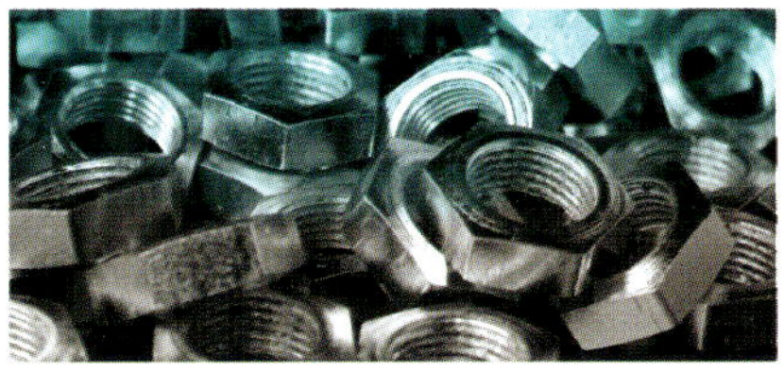

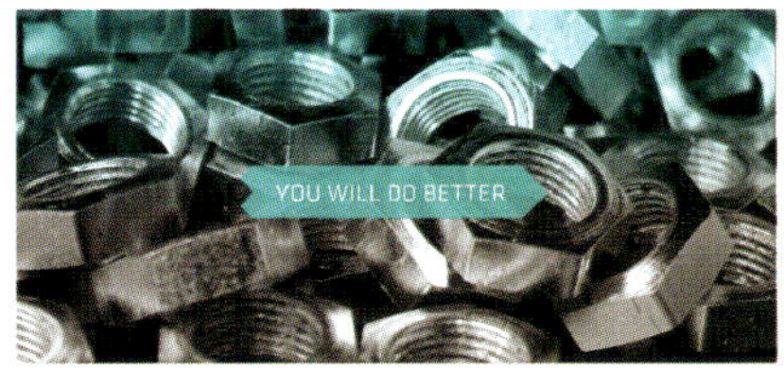

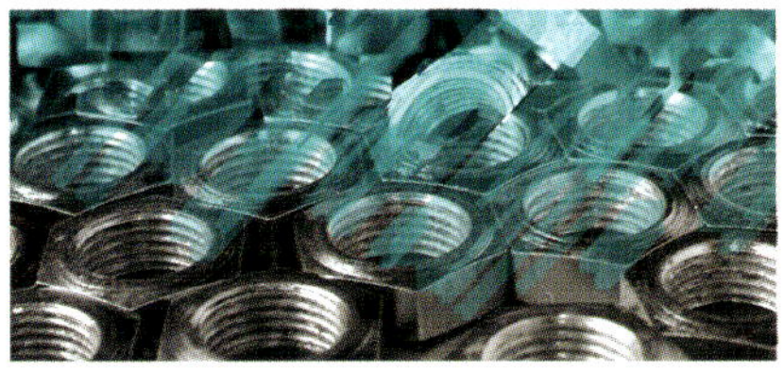

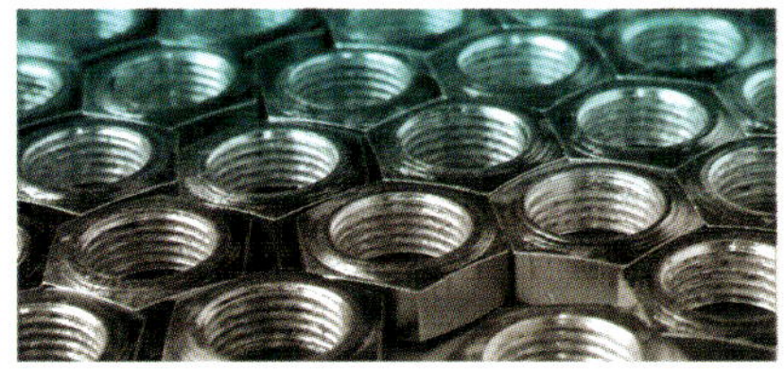

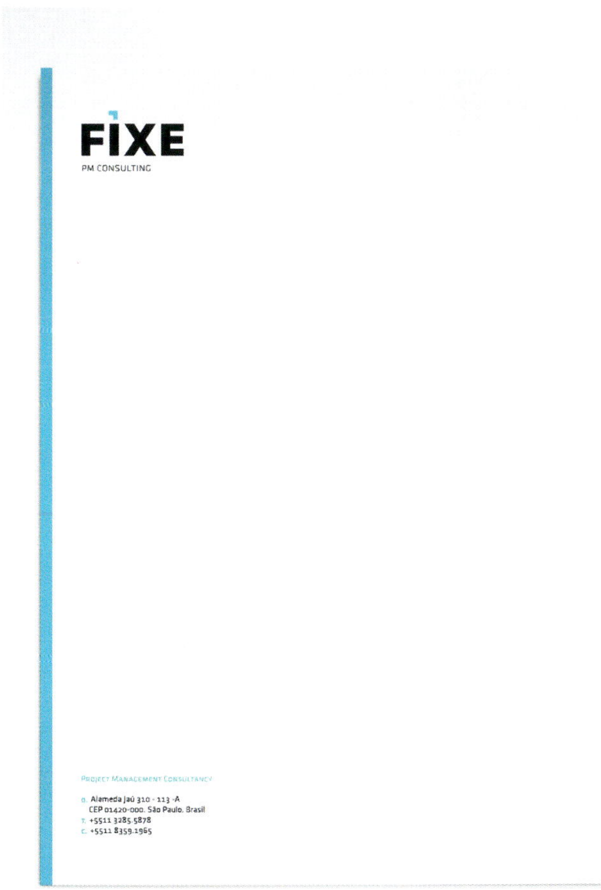

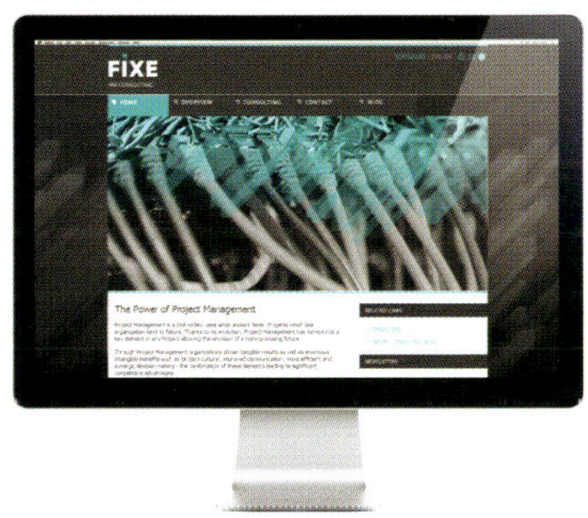

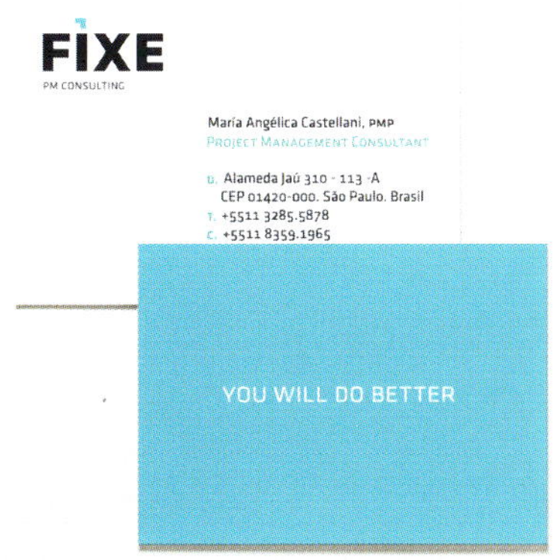

_ART IN LOBBY

Client: _Art in Lobby
Studio: Gorricho Estudio
Designer: Martín Gorricho, Vanesa Berrutto, Ezequiel Carrasco, Santiago Cueto
Buenos Aires, Argentina

The Art in Lobby proposal had to do with bringing art out of the galleries and museums and into the streets, office buildings, and places where people would be caught unawares when passing it by, unexpectedly finding themselves before an artist's vision. It seemed like a good aim was to build a dialogue that was non-binding, informal, a bit daring and above all, entirely scandalous. They imagined artwork arriving at their points of exhibition wrapped in bright colored paper. Banners, leaflets, stationery, and posters where color and text would shed their fear of being corrected by the academics who tend to impose upon the very presence of a piece of artwork. And they proposed that the love of art be the underlying feeling behind everything that was done, especially through the play on words they came up with for the slogan "Art in Lobby, lovin' arts" and calling those related to the project art lovers. And the applications were, in the end, colorful, shocking, and a bit over the top, as it was plain to see that these could not be from any serious or formal art-related institution.

La propuesta de Art in Lobby tenía que ver con el sacar el arte de las galerías y los museos y llevarlos a las calles, los edificios de oficina, los lugares donde la gente desprevenida podría pasar e inesperadamente encontrase con la visión de un artista. les pareció oportuno entonces, apuntar a construir un discurso descontracturado, informal, incluso osado. Y sobre todo estridente. se imaginaban las obras llegando a los lugares de exhibición envueltas en brillantes papeles de colores. Banners, folletos, papelería, afiches, donde los colores y los textos le perderían el miedo a la corrección academistas que suele imponer la presencia de la obra. Y propusieron que el amor por el arte fuera el gran sentido detrás de todo lo que se hiciera, con el juego de las palabras que se inventaron para el lema "Art in Lobby, loviin' arts" y llamando art lovers a quien se vinculara al proyecto. Y las aplicaciones fueron, finalmente, coloridas, estridentes, algo desmesuradas, como se entiende que no deberían ser las piezas de ninguna institución seria y formal vinculada al arte.

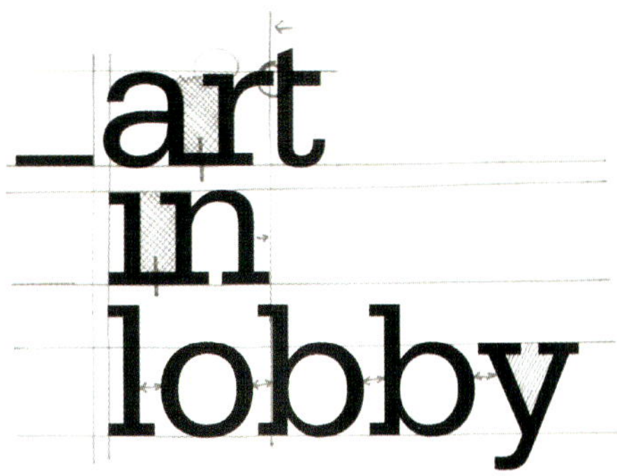

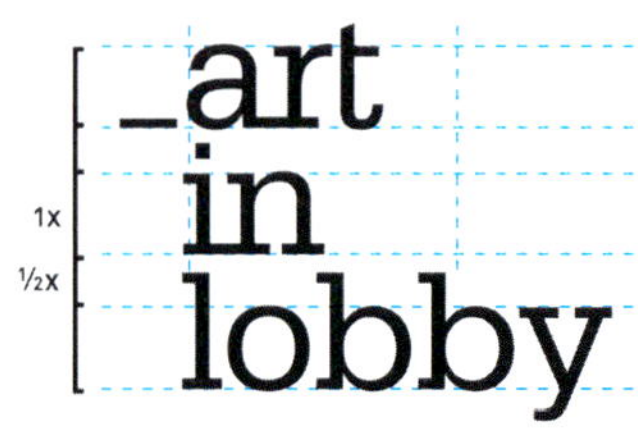

lovin' arts lovin' arts lovin' arts

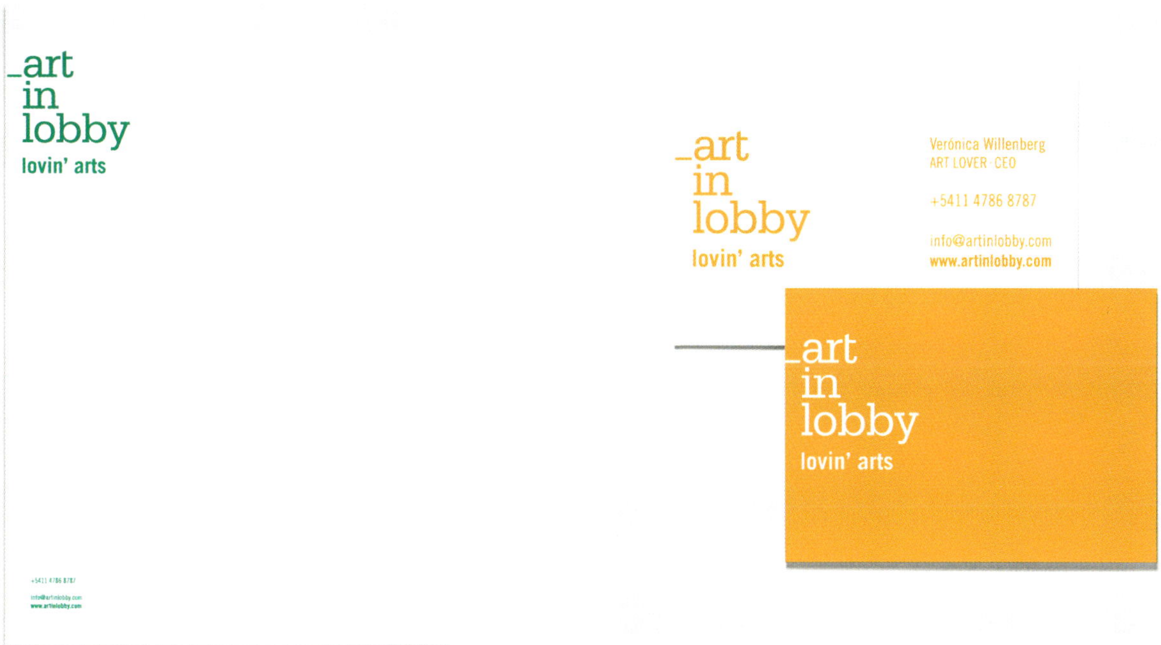

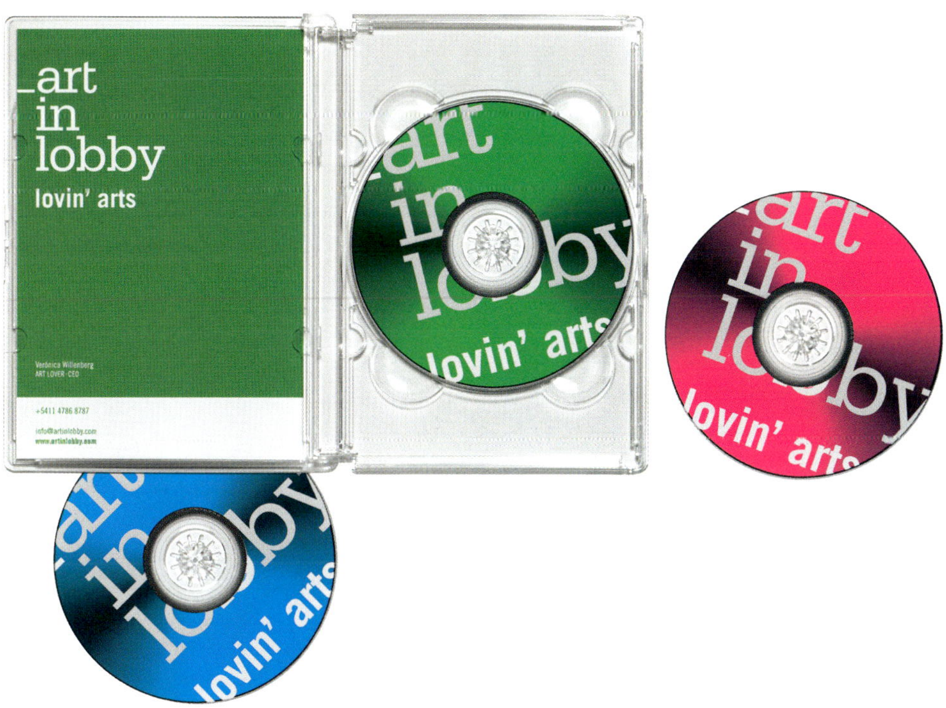

MUNDOS LUMINICOS

Client: Mundos Luminicos
Studio Design: Rgb/Dg
Designer: Rodrigo Broner
Buenos Aires, Argentina

Mundos lumínicos is a product line from Mariela Avendaño, a fine artist who has developed a series of objects whose main feature is their use of LEDs. The path taken to reach the end result was quite simple, as most of the proposals pointed toward the same place; it was just a question of adjusting the form of the isotype until a synthetic and significant result could be found. Then a small leaflet was developed to accompany the product and display.

Mundos lumínicos es una marca de la artista plástica Mariela Avendaño en el que desarrolló una serie objetos donde el led es el principal protagonista. El camino para lograr el resultado final fue muy sencillo ya que la mayor parte de las propuestas apuntaban al mismo lugar, sólo se fue ajustando la forma del isotipo hasta llegar a un resultado sintético y pregnante. Luego se desarrolló un pequeño desplegable que acompañaba a los productos y el sitio.

MUNDOS LUMINICOS

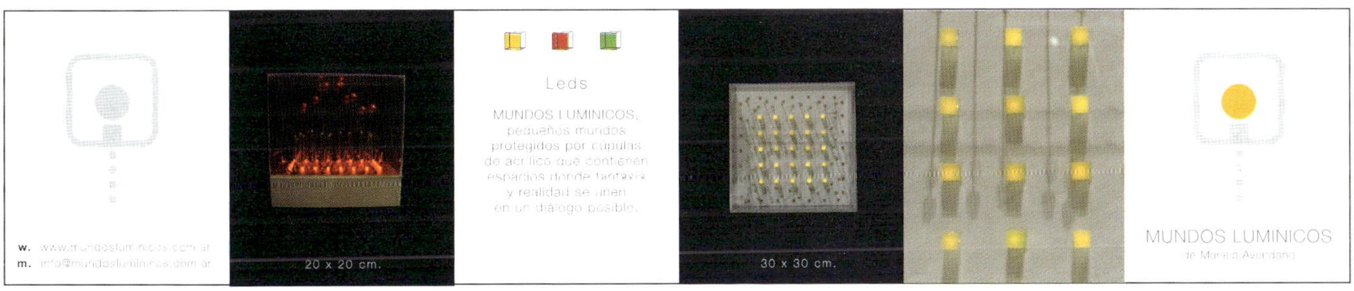

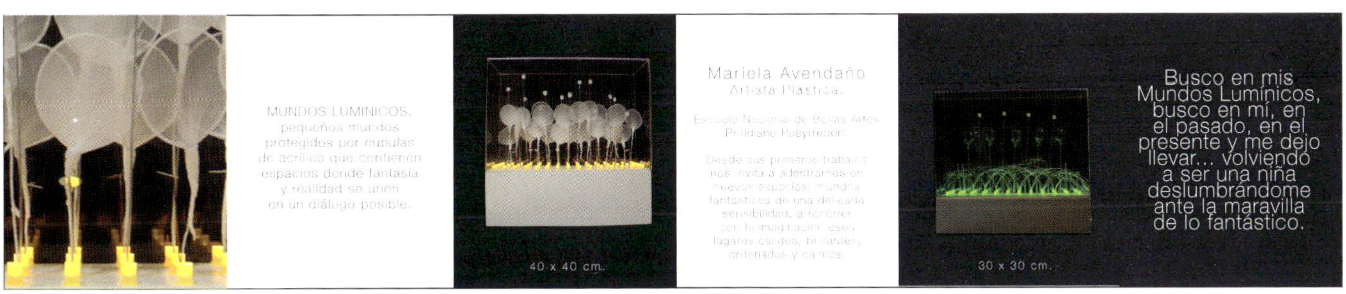

MISTER BRICK

Client: Mister Brick
Studio Design: FK Design
Designer: Federico Frasson
Treviso, Italy

Born into a studio to revive a now obsolete logo is based on a stylization of a wall that ends with a series of bricks: these are precisely the main product of which is thus able to be placed immediately in a specific category. In addition to communicating the company's strength again thanks to the image of the wall (wall = structural strength) also refers to the logo in color on your product and communicate a strong identity which is then declined throughout the communication of Mr. Brick.

Nacido en un estudio para reavivar un logotipo que ha quedado obsoleto. Está basado en la estilización de un muro que termina con una serie de ladrillos: estos son precisamente el producto principal que se puede colocar inmediatamente en una categoría especial. Además de comunicar la fuerza de la empresa gracias a la imagen del muro (muro = fuerza estructural) también hace referencia al logotipo en color en su producto y comunica una fuerte identidad que se va reduciendo en la comunicación de Mr. Brick.

mister brick
LA TRADIZIONE CHE ARREDA

mister brick
la tradizione che arreda

Mister
BRICK
IL MATTONE CHE ARREDA

mister BRICK
LA TRADIZIONE CHE ARREDA

MISTER BRICK

MISTERBRICK

MISTERBRICK
UN GRANDE MATTONE

MISTERBRICK
LA TRADIZIONE CHE ARREDA

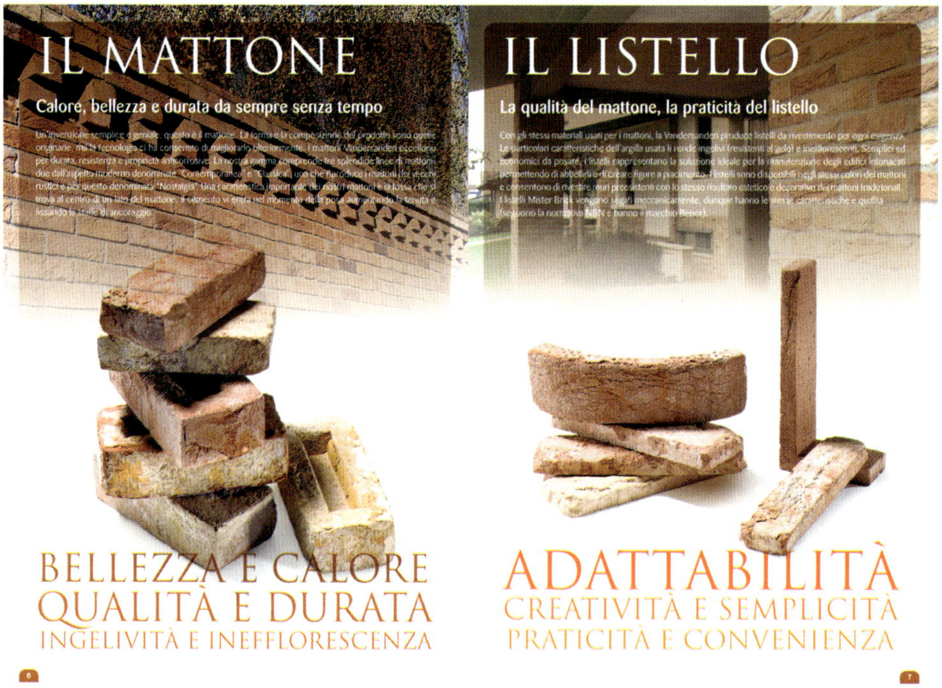
IL MATTONE
Calore, bellezza e durata da sempre senza tempo
IL LISTELLO
La qualità del mattone, la praticità del listello
BELLEZZA E CALORE
QUALITÀ E DURATA
INGELIVITÀ E INEFFLORESCENZA
ADATTABILITÀ
CREATIVITÀ E SEMPLICITÀ
PRATICITÀ E CONVENIENZA

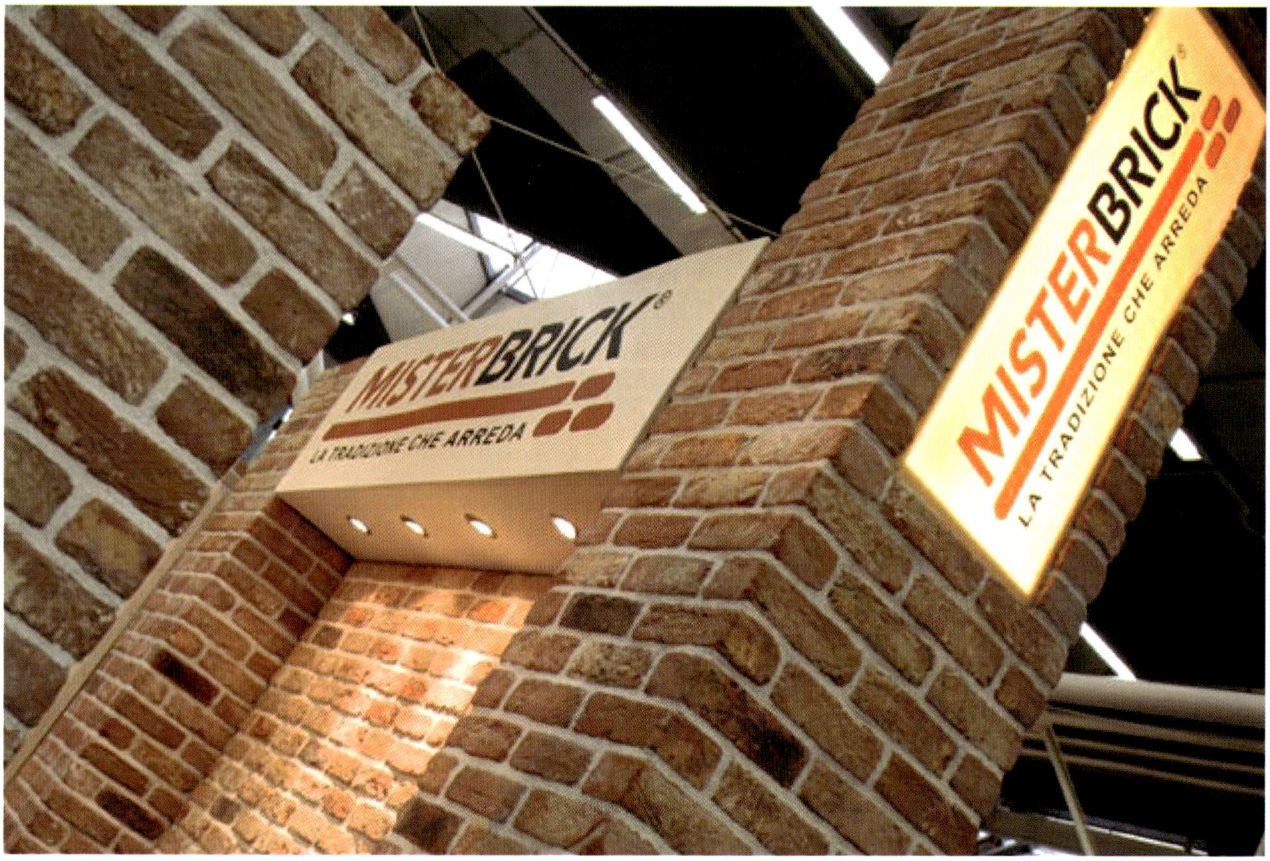
MISTERBRICK®
LA TRADIZIONE CHE ARREDA
MISTERBRICK®
LA TRADIZIONE CHE ARREDA

MISTER BRICK S.r.l.
Via F. Fermi, 2/A • 31030 Castello di Godego • Treviso • Italy · Tel. +39 0423.760589 • Fax +39 0423.1981399 / +39 0423.765869
e.mail: info@misterbrick.com • www.misterbrick.com

800-284819

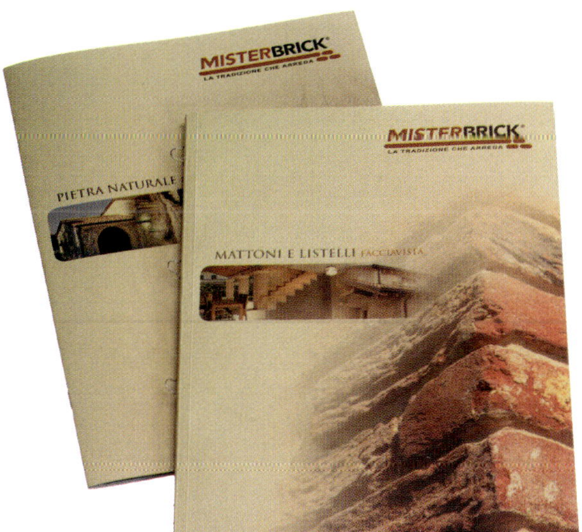

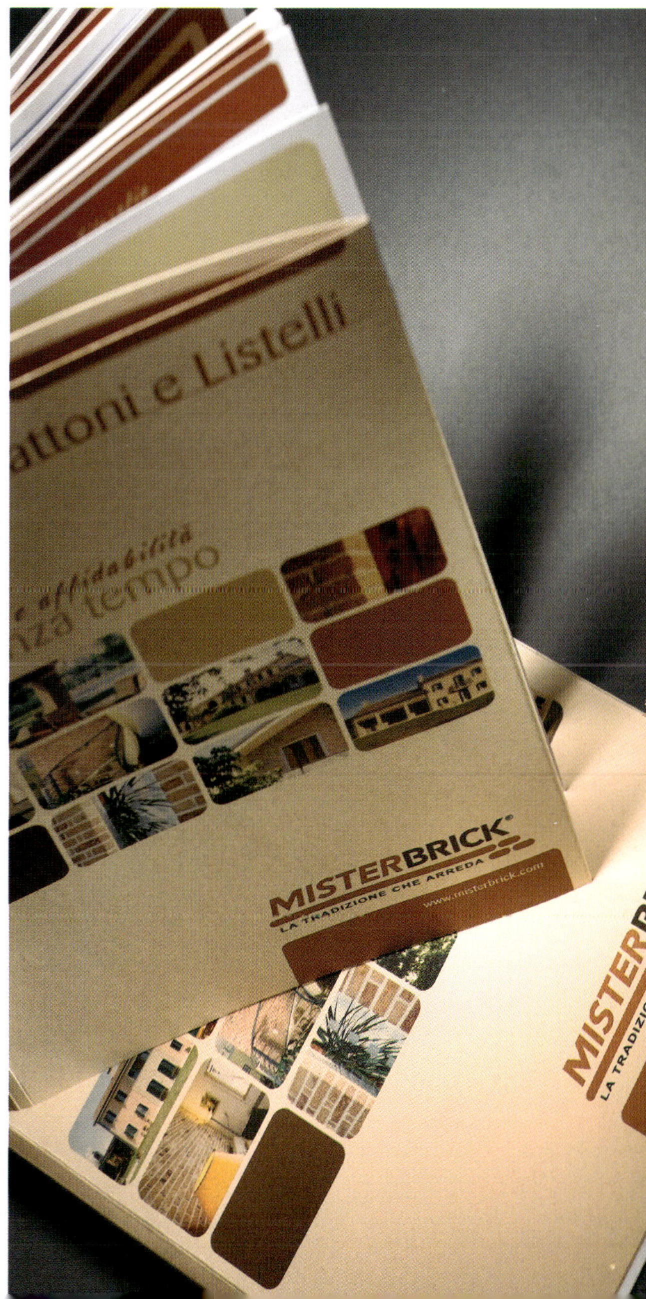

LA NEVATERIA

Client: La Nevateria
Studio Design: Bisgràfic
Designer: Bisgràfic
Vic, Spain

This establishment is a pastry-shop/café that does both activities 50/50. This is why the corporate image is divided equally between brown (symbolizing coffee) and basic colors (symbolizing candy wrappings). The organically shaped logo was inspired by the rounded strokes you often find in cake decorations.

Este establecimiento es una pastelería-cafetería que realiza ambas actividades al 50%. Por este motivo, la imagen corporativa se divide a partes iguales entre marrón (simboliza el café) y colores básicos (simbolizan los envoltorios de los bombones). El logotipo de formas orgánicas, se inspira en los trazos redondeados que a menudo decoran los pasteles.

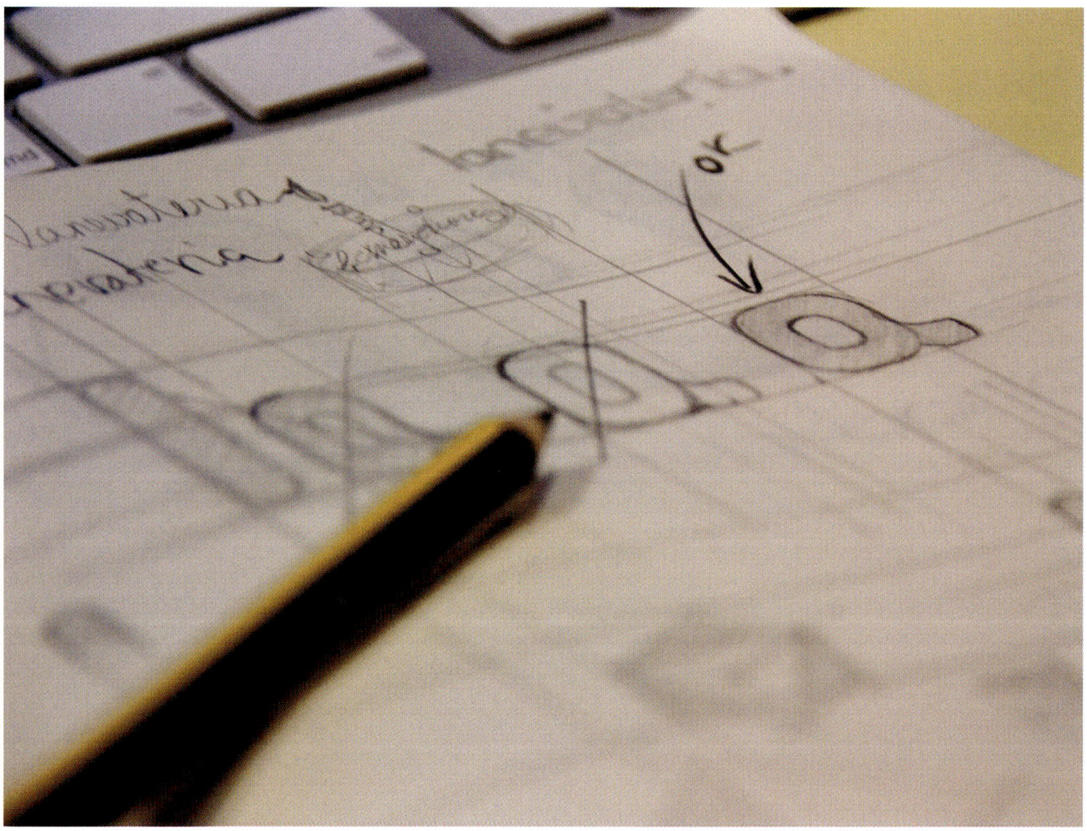

lanevateria.

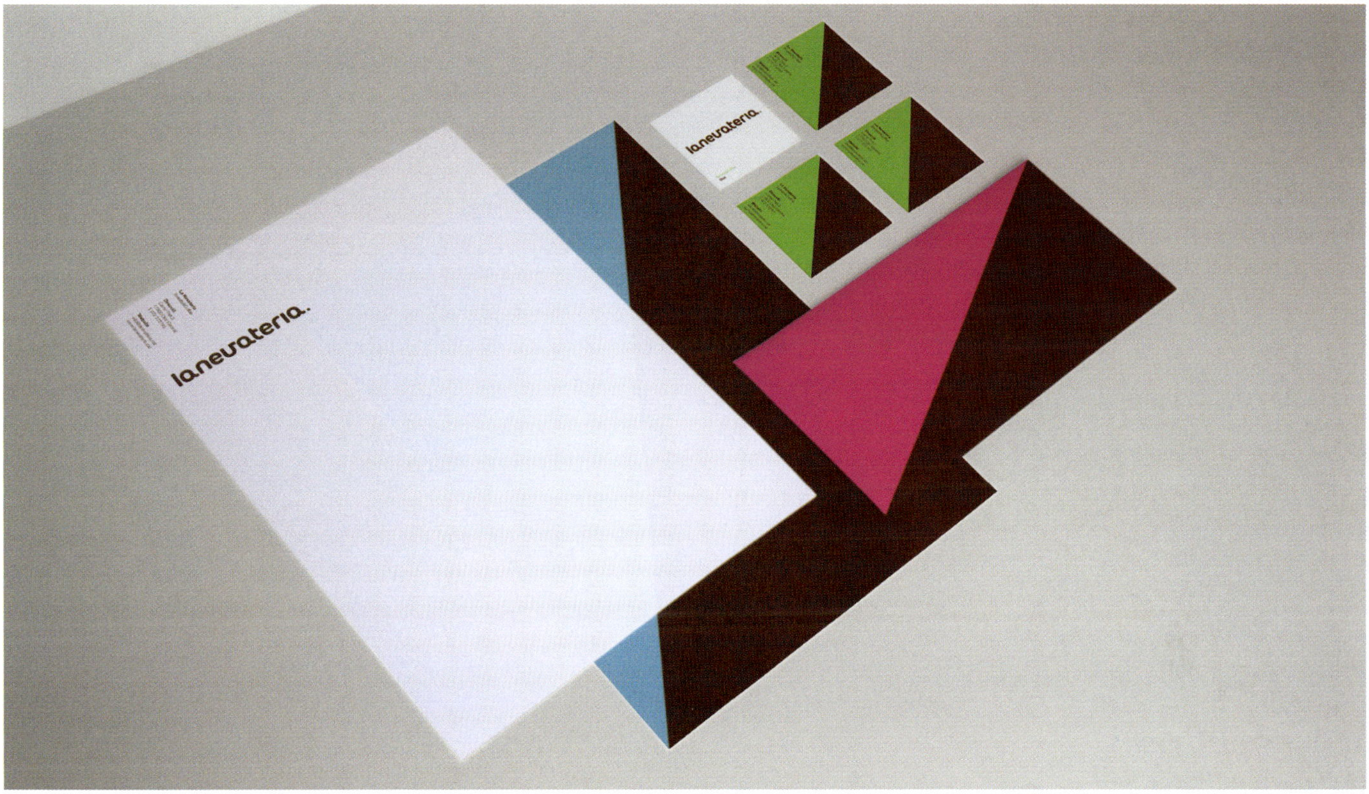

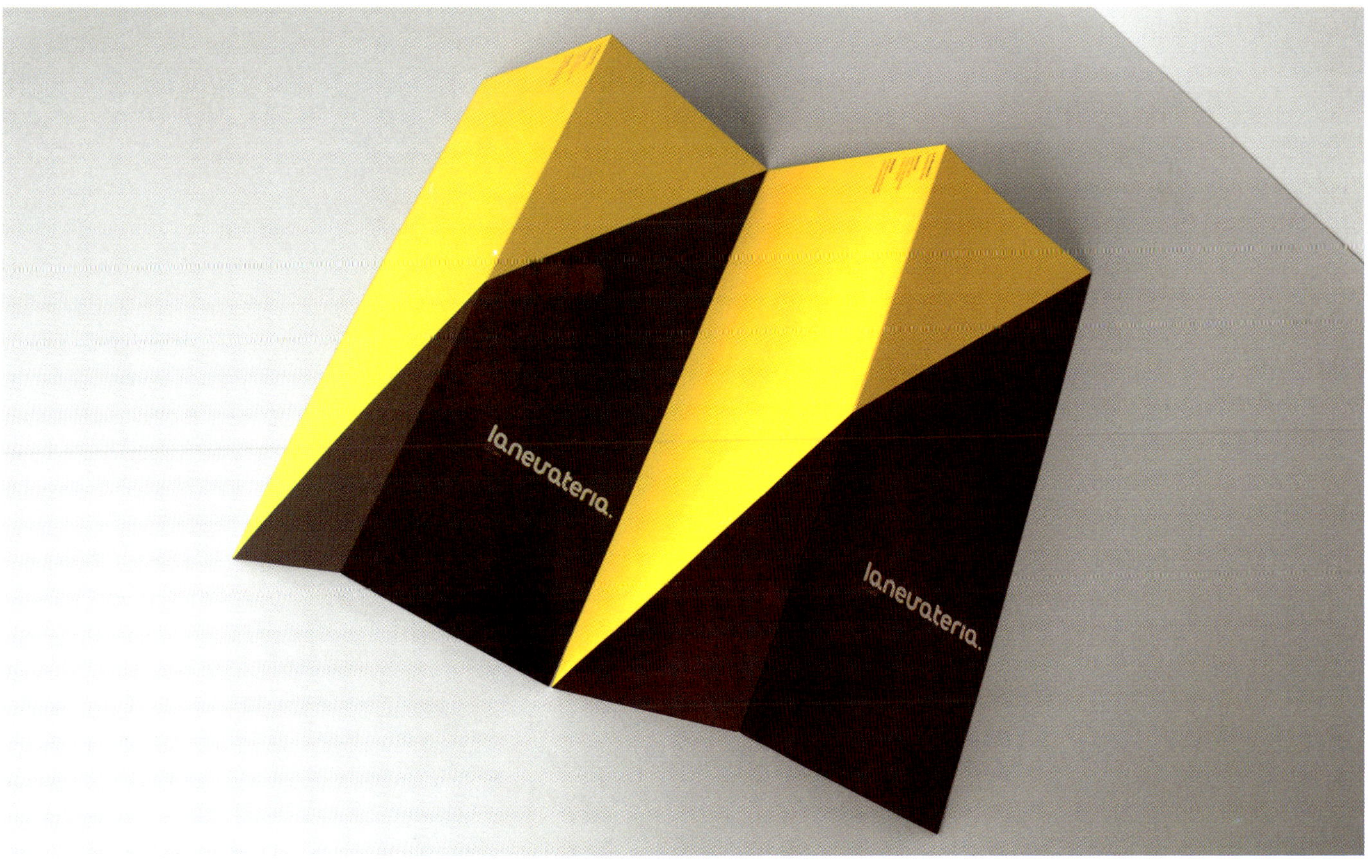

MEDIABOX

Client: Mediabox
Studio Design: Form
Art Direction: Paula Benson, Paul West
Designer: Paula Benson, Paul West, Andy Harvey, Becky Johnson
London, England

Mediabox is a £6m Government-backed fund to enable 13-19 year olds to get their voices heard and learn new skills with media. Grants are available for creative young people to express their opinions, ideas and views using film, television, print, radio or online platforms. They won the pitch for the branding after a 5-way strategy pitch and quickly started work on the name of the organisation in collaboration with youth organisation Liverty. After putting several names out to research the chosen route was developed into the main logo and sub-brands for which they also created a bespoke typeface. The whole identity uses just 2 colours and is therefore economical to print. Name, logo and sub-brand logos, accompanying identity and comprehensive styleguide, printed and digital stationery, exhibition banner and moving image ident. They also created the CMS website in collaboration with technical partners at Rehab studio.

Mediabox es un fondo del gobierno de 6m£ para permitir que los adolescentes de 13-19 años puedan ser escuchados y aprender nuevas habilidades con los medios. Los subsidios están al alcance de jóvenes creativos para expresar sus opiniones, ideas y visiones utilizando películas, televisión, imprenta radio o plataformas online. Ganaron el concurso para el branding después de una presentación de una estrategia en 5 direcciones y rápidamente empezaron a trabajar en el nombre de la organización en colaboración con la organización juvenil Liverty. Después de proponer varios nombres, la ruta escogida se desarrolló para crear el logotipo principal y las submarcas para las cuales también crearon una fuente a medida. Toda la identidad utiliza únicamente 2 colores y por lo tanto su impresión es muy económica. El nombre, el logotipo y los logotipos de las sub-marcas, la identidad acompañante y una guía de estilo comprehensiva, material de oficina impreso y digital, banner para exhibición e identificador de imagen en movimiento. También crearon la página Web de CMS en colaboración con los socios técnicos de Rehab studio.

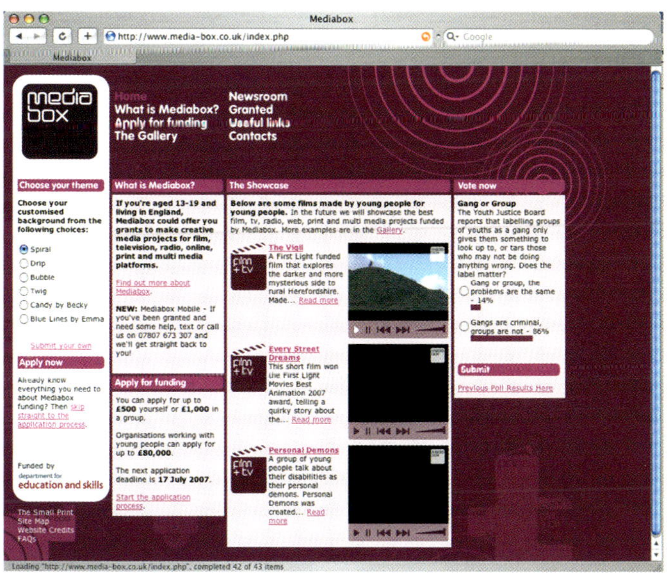
Mediabox
Home
What is Mediabox?
Apply for funding
The Gallery
Newsroom
Granted
Useful links
Contacts
Choose your theme
What is Mediabox?
The Showcase
Vote now
Apply now
Apply for funding
Submit

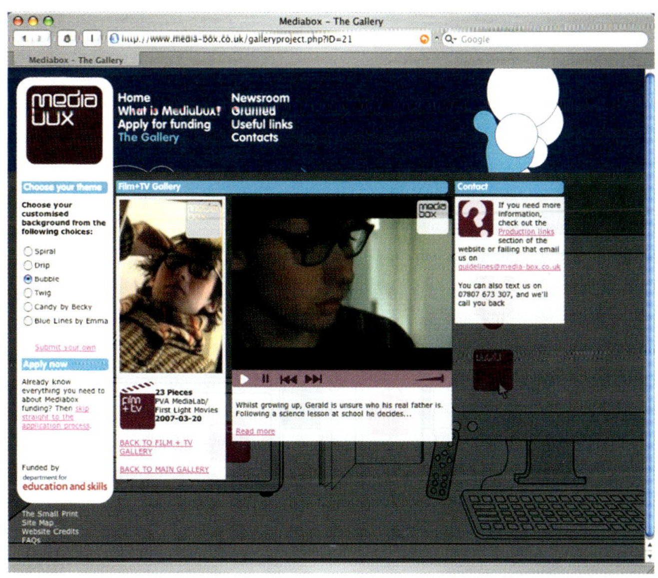
Mediabox - The Gallery
Home
What is Mediabox?
Apply for funding
The Gallery
Newsroom
Granted
Useful links
Contacts
Choose your theme
Film+TV Gallery
Contact
Apply now

THE SCREEN INSTITUTE

Client: The Screen Institute Beirut
Studio: Vit-e Design.
Art Director: Nathalie Fallaha.
Designer: Nathalie Fallaha
Beirut, Lebanon

Founded in 2009 with the aim to support and promote film in all its forms as an important means of expression of cultural, artistic and social values. It seeks to provide advanced level of education and training for creative film and programme makers in the film, broadcasting, educational and new media sectors of the region. Thereby making an effective contribution to the region's socio-economic, cultural and democratic development process and sustainability; to educate and train students and practitioners to create and produce films and programmes to highest technical standards and encourage innovative, creative expression; to make available production funding, physical production resources and professional support for young professionals to allow them to produce films that would otherwise not be realized. The mark is based on an integration of the latin letter 'S' and the Arabic letter 'sheen' into an abstracted representation of a screen. The framing also refers to the viewing angle that film directors mimic using their fingers. The logotype is extruding from the plane, in a manner to show depth.

Fundada en 2009 con el objetivo de apoyar y promocionar el cine en todas sus formas como un importante medio de expresión de valores culturales, artísticos y sociales. Pretende proporcionar un nivel elevado de educación y formación para directores de cine y de programas creativos en los sectores del cine, la difusión, la educación y los nuevos medios de la región. De este modo, se contribuye efectivamente al proceso de desarrollo socioeconómico, cultural y democrático así como a la sostenibilidad de la región; educar y formar estudiantes y profesionales para crear y producir películas y programas a los niveles técnicos más elevados y promover la expresión innovadora y creativa; facilitar el financiamiento , recursos físicos de producción y apoyo profesional para los jóvenes profesionales para que puedan producir películas que de otro modo no se podrían realizar. La marca se basa en una incorporación de la letra latina "S" y la letra arábiga "sheen" en una representación abstracta de la pantalla. El marco también hace referencia al ángulo de visión que los directores de cine imitan utilizando sus dedos. El logotipo sobresale del plano para mostrar profundidad.

SCREEN INSTITUTE BEIRUT مؤسسة الشاشة في بيروت

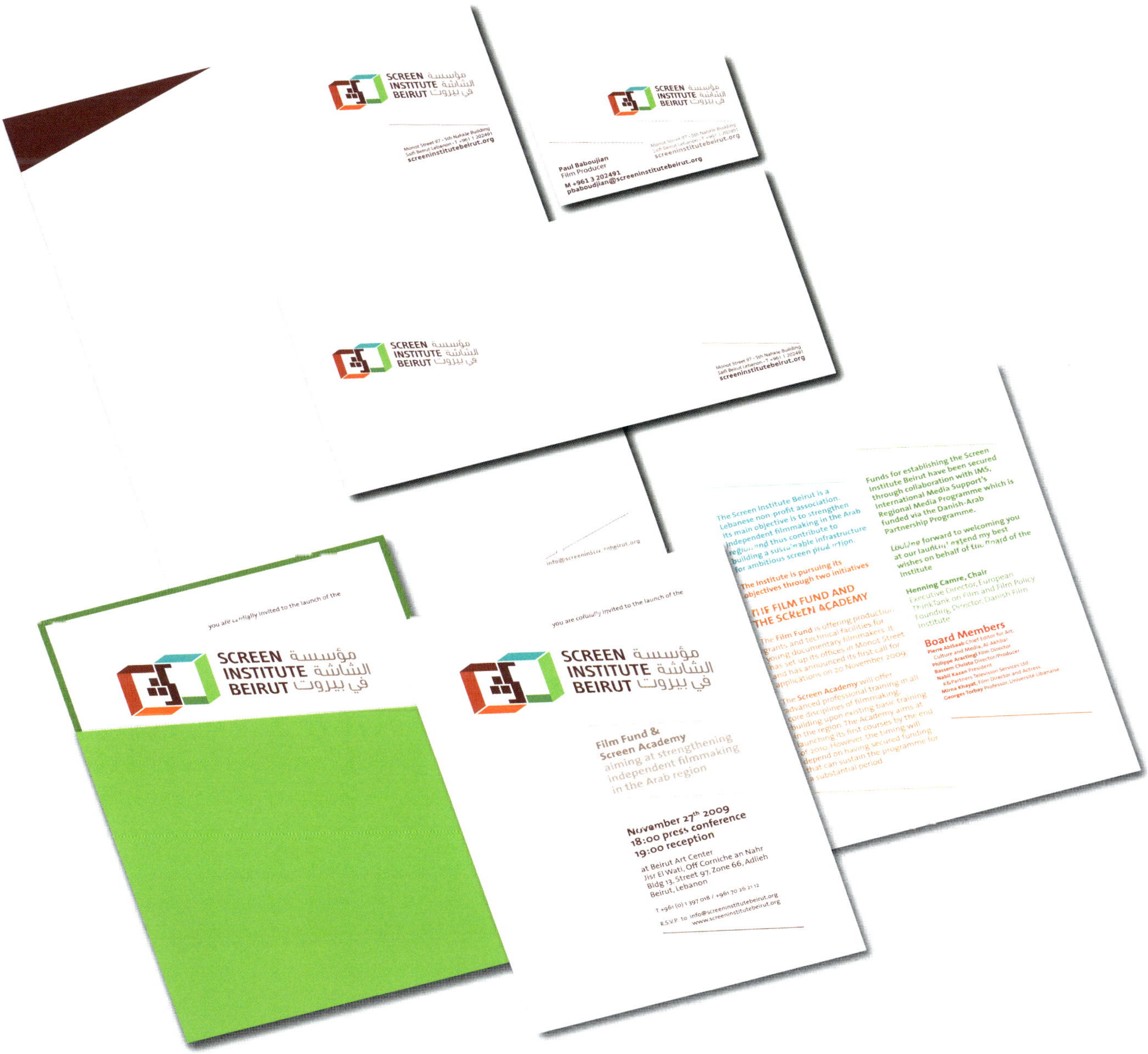

FACETIME

Client: Association of Events Organisers
Studio Design: Form
Art Direction: Paula Benson, Paul West
Designer: Paula Benson, Paul West, Joe Wassell Smith, Matt Le Gallez
London, England

The name and branding were soft-launched at the AEO (Association of Event Organisers) conference on 29th January 2010 and were then launched to the industry at large at International Confex on 23-25 February 2010. They were invited to pitch your credentials for the naming and brand identity project at a presentation in September '09 and were appointed as the branding and design agency by AEO and PR agency Braben soon after. They felt the name should be contemporary and memorable - to act as an all-embracing metaphor for live events and exhibitions - which bring people together in an environment of exchange and connection to sell, buy, learn and develop face-to-face relationships. The name "FaceTime" therefore communicates the value of face-to-face contact in a world where virtual communication has become the norm. The logo needed to have authority but also be open and friendly. After a presentation of several different logo routes and discussions with the board, the chosen version was approved. We developed 'speech bubble' character icons (implying interaction and communication) and injected personality by adding speech mark 'eyes'. We also rounded the edges of the Gotham typeface to feel more accessible, and incorporated a capital 'T' for added legibility and name recall. The primary colour palette of blue and green is fresh and clean. They devised a distinctive visual and copywritten language across all communications to continue the approachable character of the logo: The stationery (both printed and digital) is contemporary and clean; the copywriting is open and personal (eg. the business cards act as a greeting - "Hello, my name is..."); the folder extends the theme of multiple conversations and exchange with overlapping logos which form a lively pattern. The CMS website is clear and easy to navigate, colourful and upbeat. The colour-coded main menu items are housed in speech bubbles and a series of icons represent each section.

El nombre y el desarrollo de marca tuvieron un lanzamiento suave en la conferencia de la AEO (Association of Event Organisers) del 29 de enero de 2010 y luego se lanzaron a la industria de forma general en la International Confex del 23-25 de febrero de 2010. Se les invitó a presentar su acreditación para el proyecto de nombrado e identidad de marca en una presentación en septiembre de 2009 y fueron nombrados como la agencia de branding y diseño por la AEO y la agencia de RP Braben poco tiempo después. Les pareció que el nombre tenía que ser contemporáneo y memorable - actuar como una metáfora global para eventos en vivo y exposiciones - que reúnen a la gente en un entorno de intercambio y conexión para vender, comprar, aprender y desarrollar relaciones cara a cara. El nombre "FaceTime" comunica el valor del contacto cara a cara en un mundo donde la comunicación virtual se ha convertido en la norma. El logotipo tenía que tener autoridad y al mismo tiempo ser abierto y simpático. Tras una presentación de varios logotipos distintos y discusiones con el consejo, la versión escogida fue aprobada. Desarrollamos unos iconos en forma de "globo de diálogo" (insinuando Interacción y comunicación) e inyectó personalidad añadiendo ojos con comillas. También redondeamos los bordes de la fuente Gotham para que parezca más accesible, e incorporamos una "T" mayúscula para aumentar la legibilidad y el recuerdo del nombre. La paleta de colores primarios de azul y verde es fresca y limpia. Idearon un lenguaje visual y de redacción único en todas las comunicaciones para seguir con el carácter accesible del logotipo: los artículos de papelería (tanto impresos como digitales) son contemporáneos y limpios; la redacción es abierta y personal (por ejemplo, las tarjetas de visita actúan como saludo - "Hola, me llamo..."); la carpeta extiende el tema de las conversaciones e intercambios múltiples con logotipos superpuestos que forman un patrón muy vivo. La página Web de CMS es clara y fácil de navegar, colorida y animada. Los artículos del menú principal codificados por colores están alojados en globos de diálogo y una serie de iconos representan a cada una de las secciones.

FACETIME

FACETIME

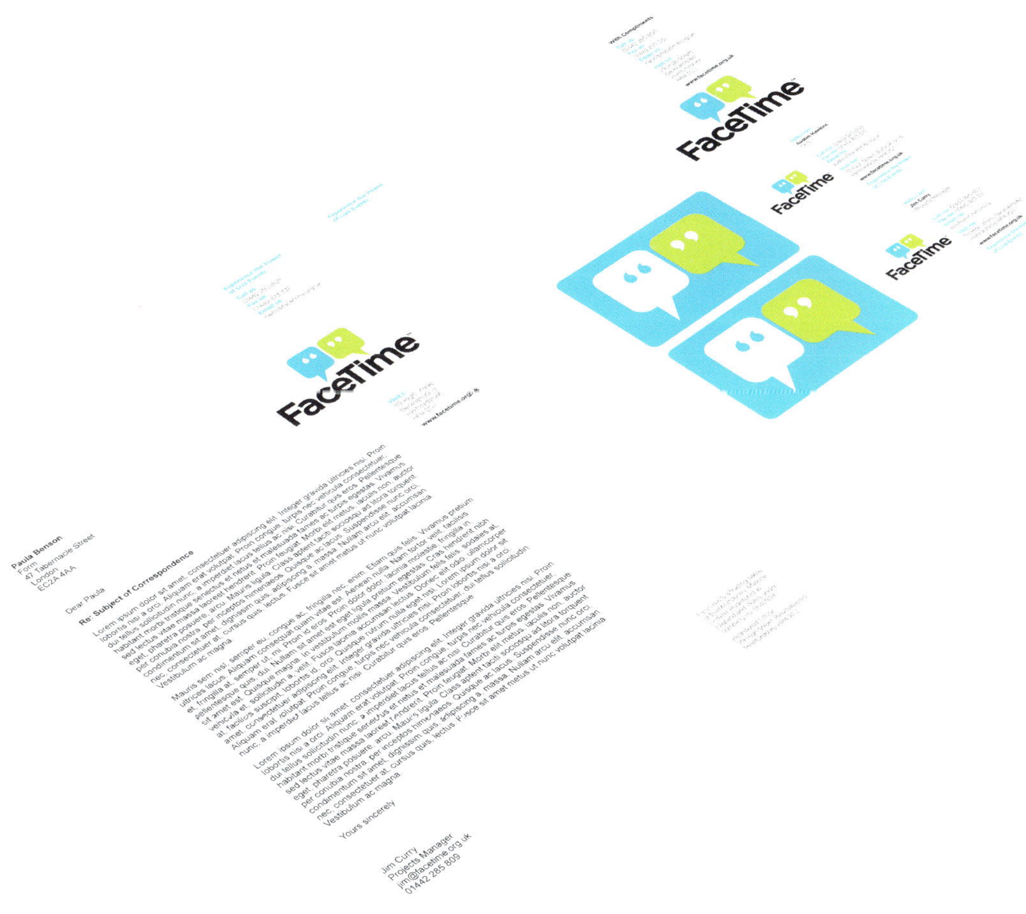

AROMA TOWEL

Client: Aroma Towel
Studio Design: Punto de Fuga
Art Direction: Martín Bastres, Andrea San Martín
Designer: Martín Bastres, Andrea San Martín
Buenos Aires, Argentina

Starting from the simple idea of reflecting a product in a synthetic manner, a search was made for the right shape and viewpoints to attain a clear and above all catchy isologotype, along with a modern non-serif typeface that was perfectly legible. They sought out a logo whose forms reflected the essence of an Orient steeped in the spirit of rituals, one in which we emerge upon seeing the Aroma Towel brand. By invoking such a tradition, diners are invited to clean their hands with hot perfumed towel wipes, permitting nothing less than the opening of your senses.

A partir de la idea simple de reflejar de manera sintética el producto, realizaron una búsqueda de formas y vistas adecuadas para lograr un Isologotipo claro y sobre todo pregnante, acompañado de una tipografía sans serif moderna y perfectamente legible. Buscaron un Logotipo que refleje la esencia de las formas con una reminiscencia oriental devenida del espíritu del ritual al que nos sumerge la marca Aroma Towel. Invocando tal tradición para invitar a los comensales a higienizar sus manos mediante toallitas húmedas calientes y perfumadas, permitiendo no sólo tal fin sino la apertura de todos los sentidos.

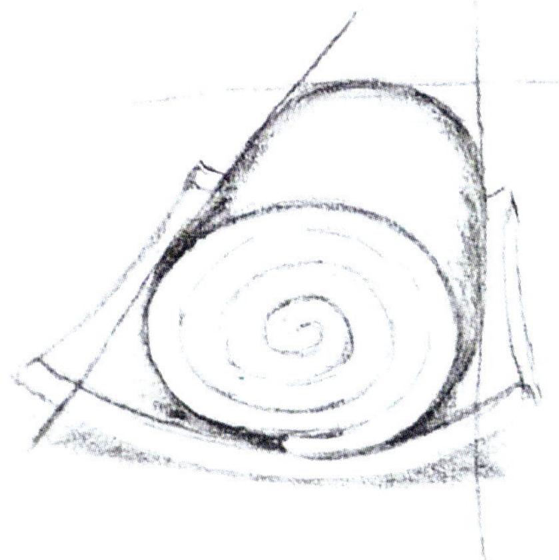

AROMA
TOWEL

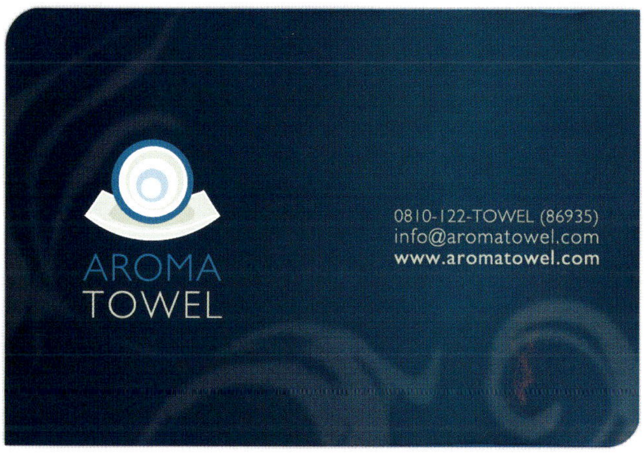
AROMA
TOWEL
0810-122-TOWEL (86935)
info@aromatowel.com
www.aromatowel.com

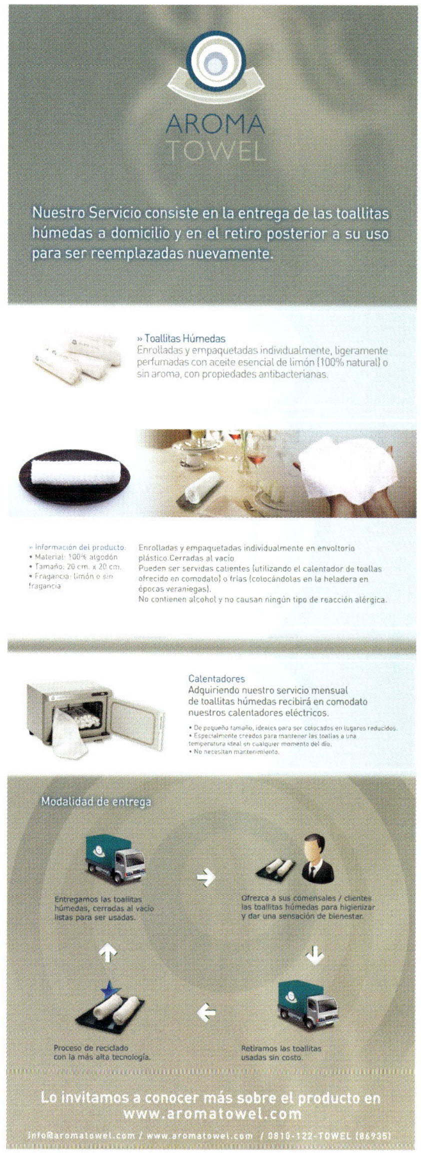
AROMA
TOWEL
Nuestro Servicio consiste en la entrega de las toallitas húmedas a domicilio y en el retiro posterior a su uso para ser reemplazadas nuevamente.
» Toallitas Húmedas
Enrolladas y empaquetadas individualmente, ligeramente perfumadas con aceite esencial de limón (100% natural) o sin aroma, con propiedades antibacterianas.
» Información del producto:
• Material: 100% algodón
• Tamaño: 20 cm. x 20 cm.
• Fragancia: limón o sin fragancia
Enrolladas y empaquetadas individualmente en envoltorio plástico.Cerradas al vacío
Pueden ser servidas calientes (utilizando el calentador de toallas ofrecido en comodato) o frías (colocándolas en la heladera en épocas veraniegas).
No contienen alcohol y no causan ningún tipo de reacción alérgica.
Calentadores
Adquiriendo nuestro servicio mensual de toallitas húmedas recibirá en comodato nuestros calentadores eléctricos.
• De pequeño tamaño, ideales para ser colocados en lugares reducidos.
• Especialmente creados para mantener las toallas a una temperatura ideal en cualquier momento del día.
• No necesitan mantenimiento.
Modalidad de entrega
Entregamos las toallitas húmedas, cerradas al vacío listas para ser usadas.
Ofrezca a sus comensales / clientes las toallitas húmedas para higienizar y dar una sensación de bienestar.
Retiramos las toallitas usadas sin costo.
Proceso de reciclado con la más alta tecnología.
Lo invitamos a conocer más sobre el producto en www.aromatowel.com
info@aromatowel.com / www.aromatowel.com / 0810-122-TOWEL (86935)

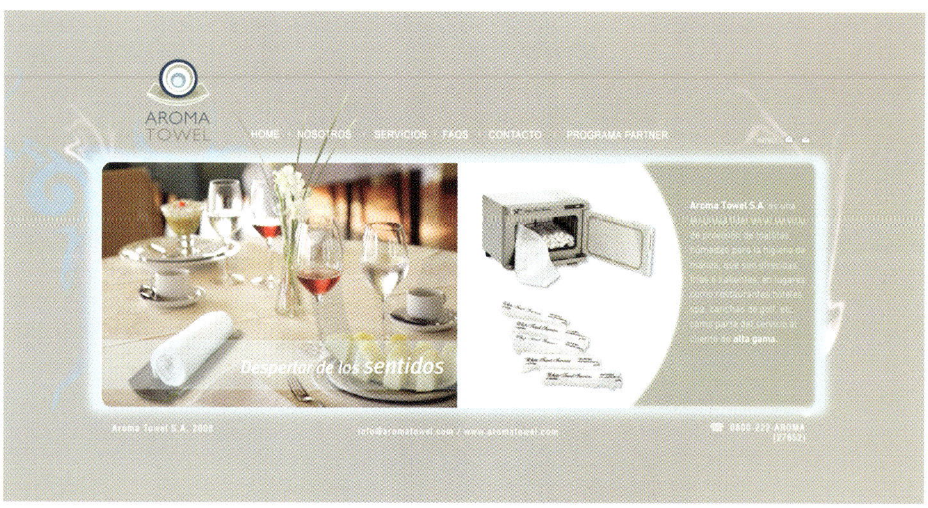
AROMA
TOWEL
HOME
NOSOTROS
SERVICIOS
FAQS
CONTACTO
PROGRAMA PARTNER
Despertar de los sentidos
Aroma Towel S.A.
de provisión de toallitas húmedas para la higiene de manos, que son ofrecidas frías o calientes, en lugares como restaurantes,hoteles, spa, canchas de golf, etc. como parte del servicio al cliente de alta gama.
Aroma Towel S.A. 2008
info@aromatowel.com / www.aromatowel.com
0800-222-AROMA (27662)

CONCA

Client: Conca
Studio Design: Oxigen
Designer: Oxigen
Barcelona, Spain

A proposal for a restricted and remunerated tendering convoked by the Department of Culture of the Generalitat de Catalunya. The CoNCA is an entity in charge of developing culture and the arts in Catalonia from an interdisciplinary and diverse approach. 3 basic geometric shapes were chosen to represent the arts and cultures: a circle, a square and a triangle. The combination of these shapes gives way to other shapes, representing different perspectives. From this point arose the symbol of the CoNCA, who sought a color scheme in consonance with these pure geometric shapes and the result was 3 basic colors: blue, red and yellow, which brought dynamism into the entity's identity, using one color or another according to the issue at hand.

Propuesta para un concurso restringido y remunerado, convocado por la Generalitat de Catalunya, Departament de Cultura. El CoNCA es una entidad encargada de desarrollar la cultura y las artes en Cataluña, desde una perspectiva de interdisciplinariedad y diversidad. Escogieron 3 formas geométricas básicas para representar el arte y la cultura: el círculo, el cuadrado y el triángulo. La combinación de estas formas, da lugar a otras formas representando diferentes perspectivas. De aquí surge el símbolo del CoNCA. Buscaron un cromatismo en consonancia con las formas puras geométricas y el resultado son los 3 colores básicos: azul, rojo y amarillo que aporta dinamismo a la identidad corporativa, utilizándose uno o otro en función de la temática.

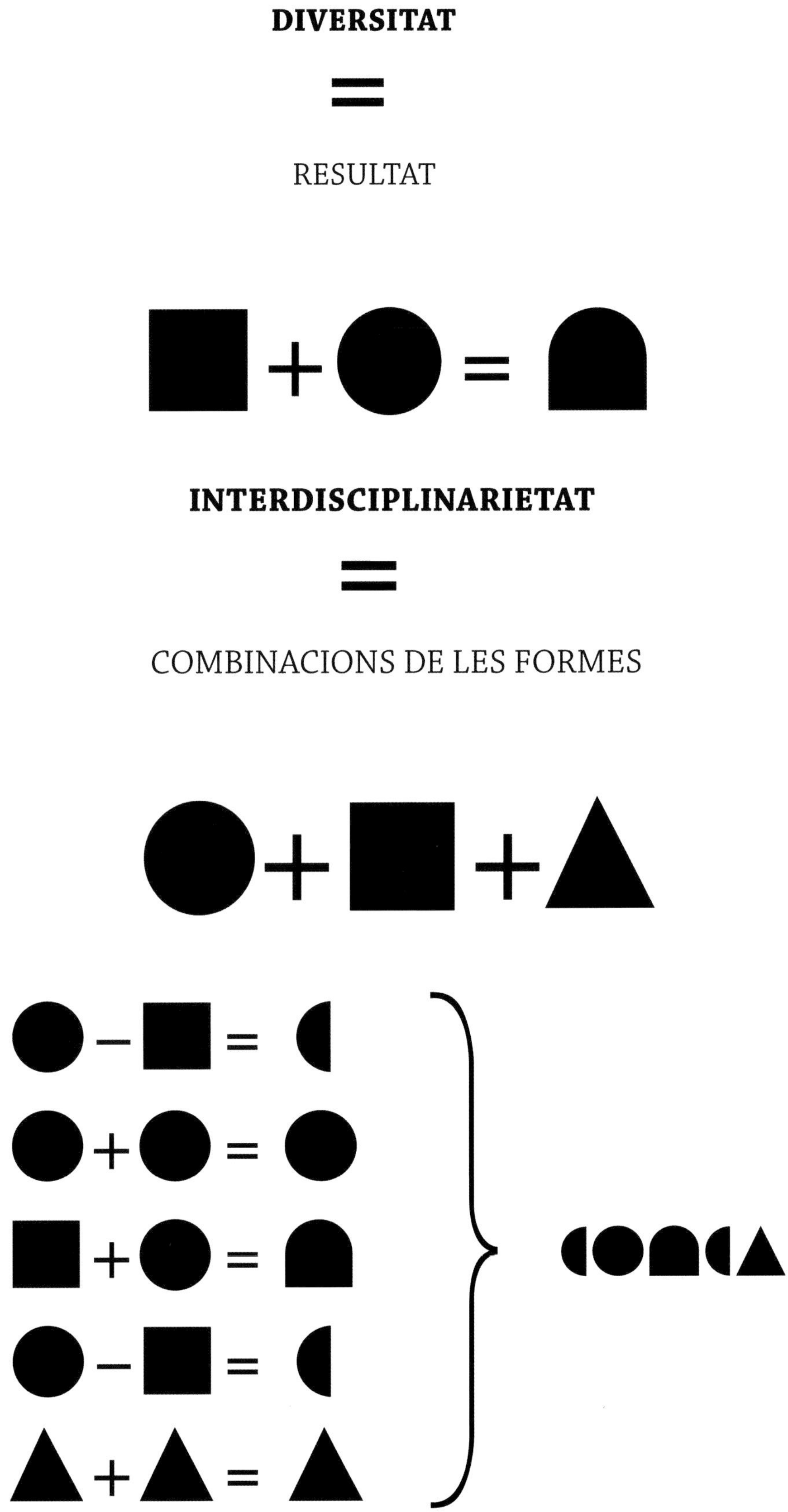

CoNCA Consell Nacional de la Cultura i de les Arts

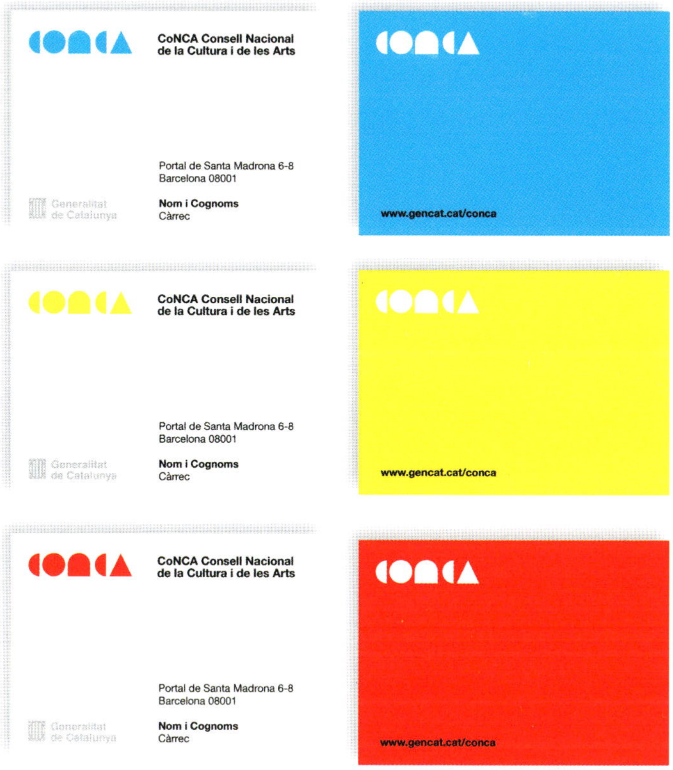

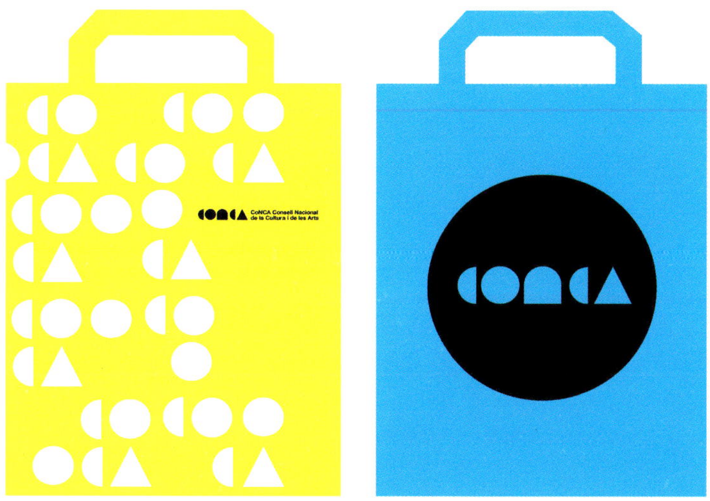

JLA

Client: JLA International Engineering
Studio: Vit-e Design.
Art Director: Nathalie Fallaha.
Designer: Nathalie Fallaha
Beirut, Lebanon

JLA International Engineering offers engineering and planning services for all kinds of projects, from housing to luxurious palaces, hotels, spas, leisure administrative equipments, landscaping and interior design. The company started its activity in Morocco in 1985, then expanded to Abu Dhabi in 2004. With the aim to come up with a distinct sophisticated identity, the logo consists of three contiguous elements that follow each other in an infinite looping movement. The component shapes fit one into the other, the same way the many divisions under the company are orchestrated to perform in harmony. The color combination was chosen to convey a dynamic and bold statement, while remaining memorable and distinct.

JLA International Engineering ofrece servicios de ingeniería y planificación para todo tipo de proyectos, desde viviendas a lujosos palacios, hoteles, spas, equipamientos administrativos, paisajismo y diseño de interiores. La empresa empezó su actividad en Marruecos en 1985, y luego se expandió a Abu Dhabi en 2004. Con el objetivo de encontrar una identidad sofisticada única, el logotipo consiste en tres elementos contiguos que se siguen en un movimiento en bucle infinito. Las formas de los componentes caben una dentro de la otra, del mismo modo que los múltiples departamentos de la empresa están orquestados para funcionar en armonía. La combinación de color se escogió como apuesta dinámica y atrevida, y al mismo tiempo es fácil de recordar y original.

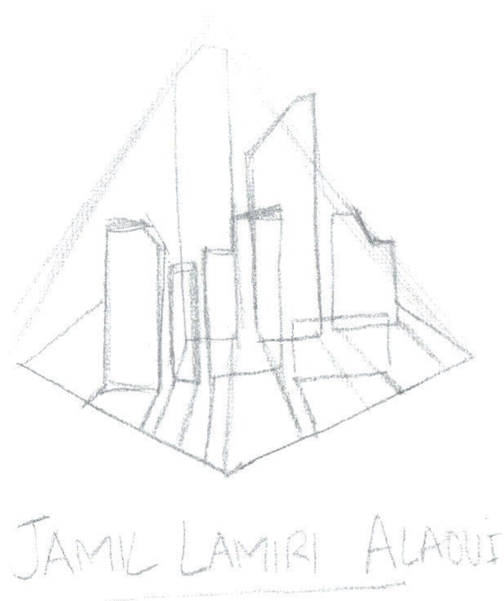

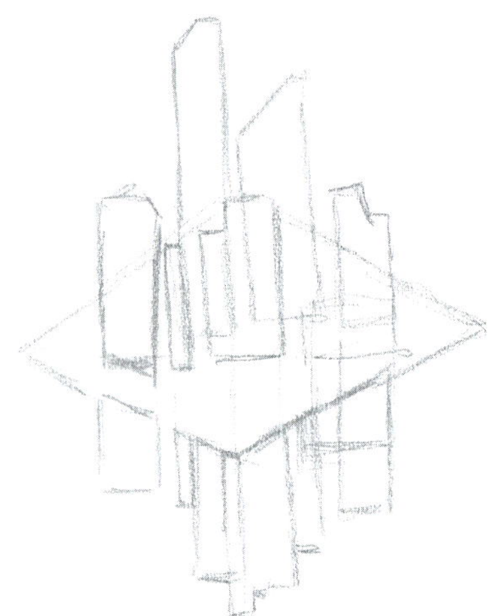

JLA INTERNATIONAL ENGINEERING LLC

JLA INTERNATIONAL ENGINEERING LLC

JAMAL LAMIRI ALAOUI®
INTERNATIONAL ENGINEERING

International Engineering
JAMAL LAMIRI ALAOUI

JAMAL LAMIRI ALAOUI
International Engineering

JLA INTERNATIONAL ENGINEERING LLC

JLA International Engineering LLC

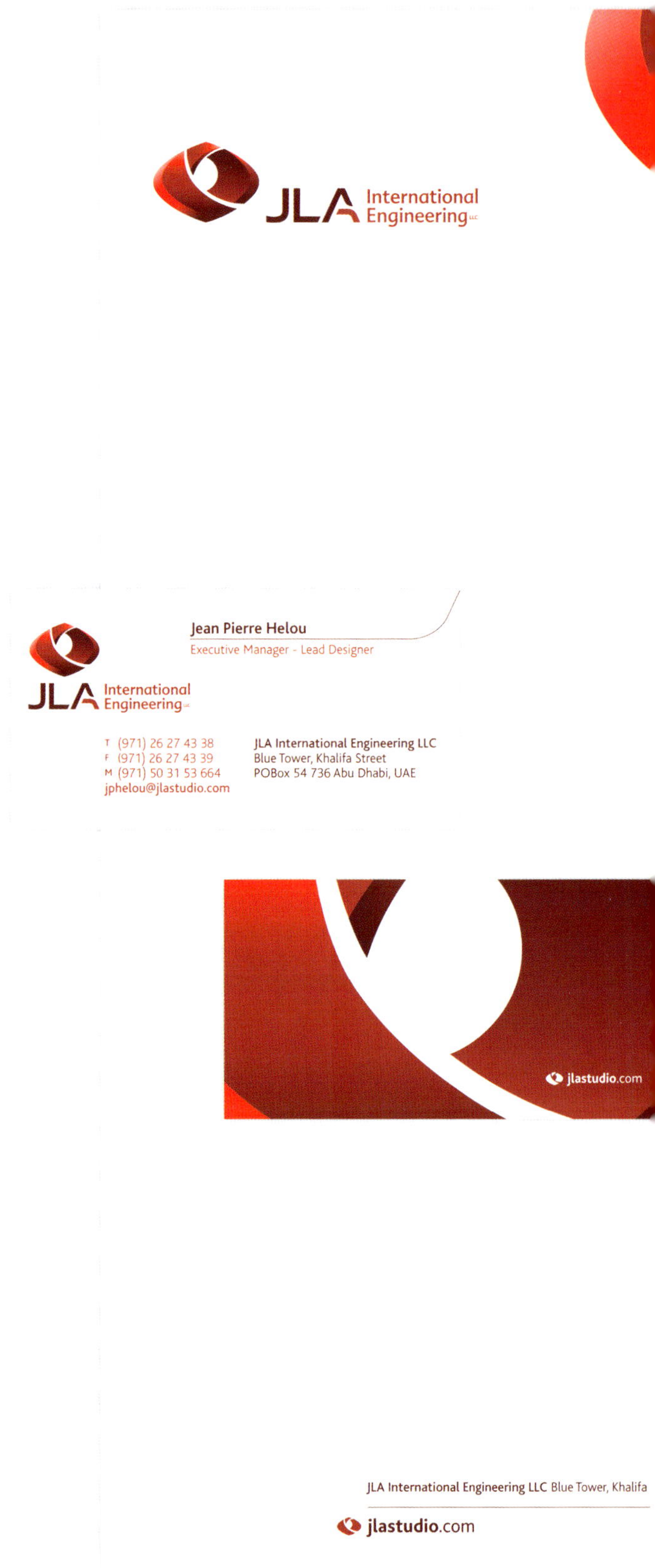

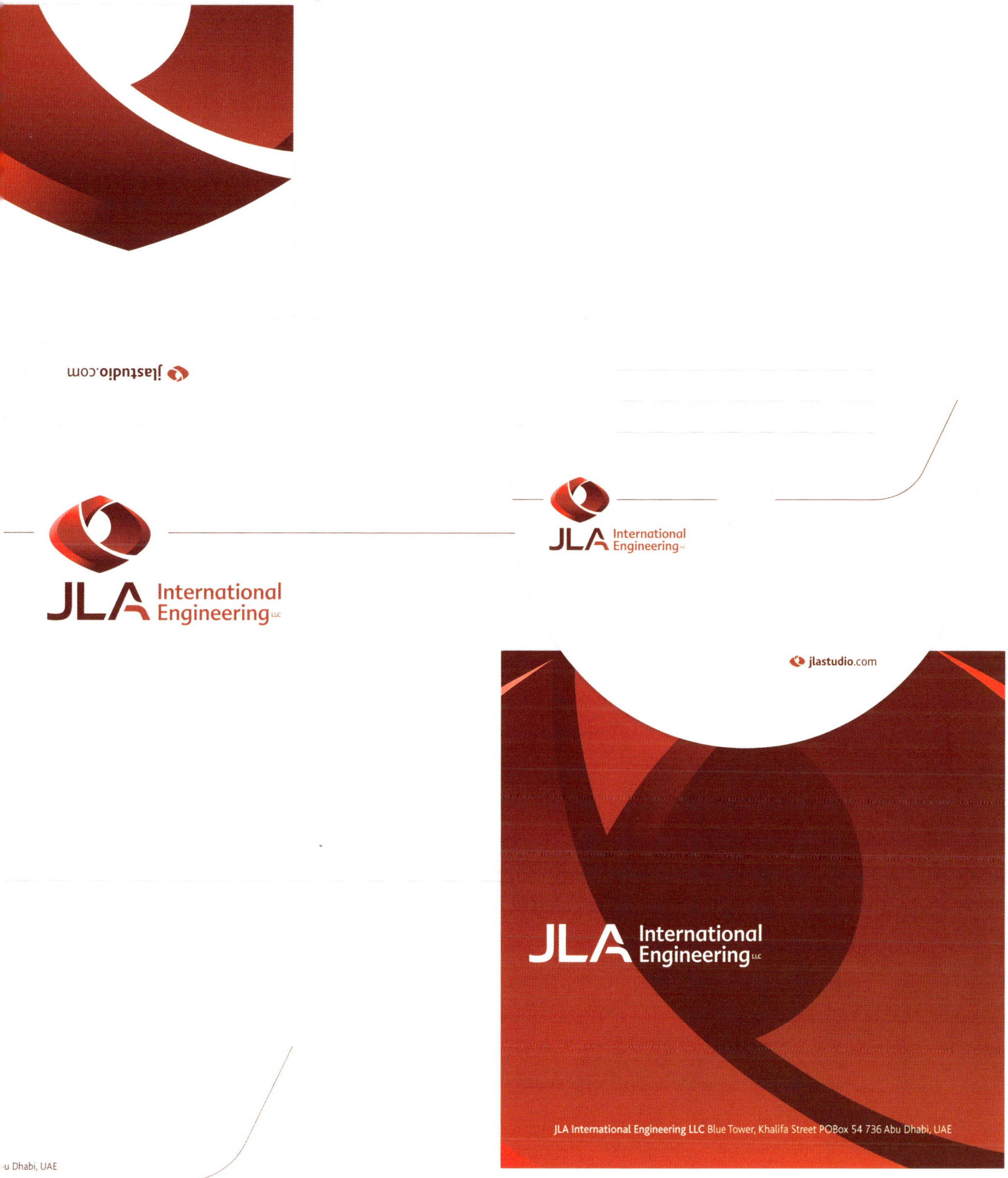
jlastudio.com
JLA International Engineering LLC
u Dhabi, UAE
JLA International Engineering LLC
jlastudio.com
JLA International Engineering LLC
JLA International Engineering LLC Blue Tower, Khalifa Street POBox 54 736 Abu Dhabi, UAE

CLUB CULTURAL MATIENZO

Client: CCM
Studio: Gorricho Estudio
Designer: Martín Gorricho, Vanesa Berrutto, Ezequiel Carrasco, Santiago Cueto
Buenos Aires, Argentina

The profile of the client transformed this project into a challenge: a "cultural club" that was, at the same time, a space for art and entertainment. Courses, exhibitions, theater and contemporary music, literary gatherings and film festivals take place among the parties, meals or cocktails out on the terrace. The solution was an exercise in syntactic precision. We developed an entire system of cross-linked visual signs to resolve the different moments of communication. This was a system that allowed the club to be festive for festivals and artsy in artistic events. The different instances of communications were visible in a single promotional piece that was compatible with different insignias from participating organizations, or singular and active when confronting multiple communications to present. The logo was developed as a schematization and systemization of the morphology of the name itself.

El perfil del cliente transformaba a este proyecto en un desafío: un "club cultural" que era, a la vez, espacio para el arte y para la diversión. Cursos, exhibiciones, teatro y música de vanguardia, encuentros literarios o ciclos de cine tenían lugar entre fiestas, comidas o tragos en la terraza. La solución fue un ejercicio de precisión sintáctica. Desarrollamos todo un sistema de signos visuales articulables para resolver las distintas instancias de comunicación. Un sistema que permitía comunicar la posibilidad de ser festivos en la fiesta y cultos durante el evento artístico. Diferentes instancias de comunicación fueron visibles en las piezas promocionales, o compatibles con los diversos signos de las organizaciones co-participantes, o singulares y vigentes ante las múltiples comunicaciones a afrontar. El logotipo se desarrolló como una esquematización y sistematización de la propia morfología del nombre.

CCM

TM
CLUB CULTURAL Matienzo

4x
1x
TM
CLUB CULTURAL Matienzo

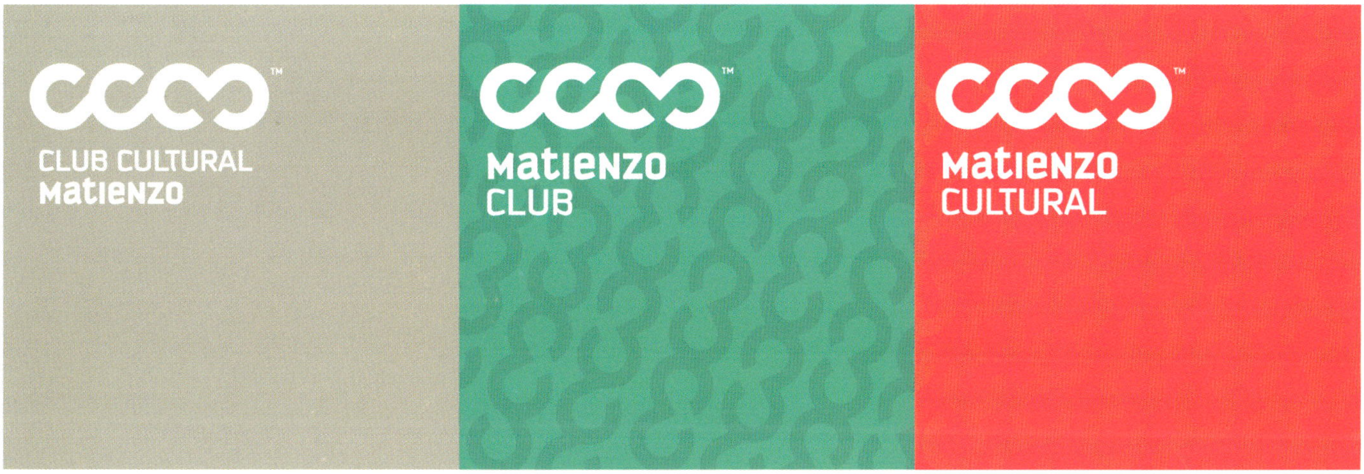
CLUB CULTURAL
Matienzo
Matienzo
CLUB
Matienzo
CULTURAL

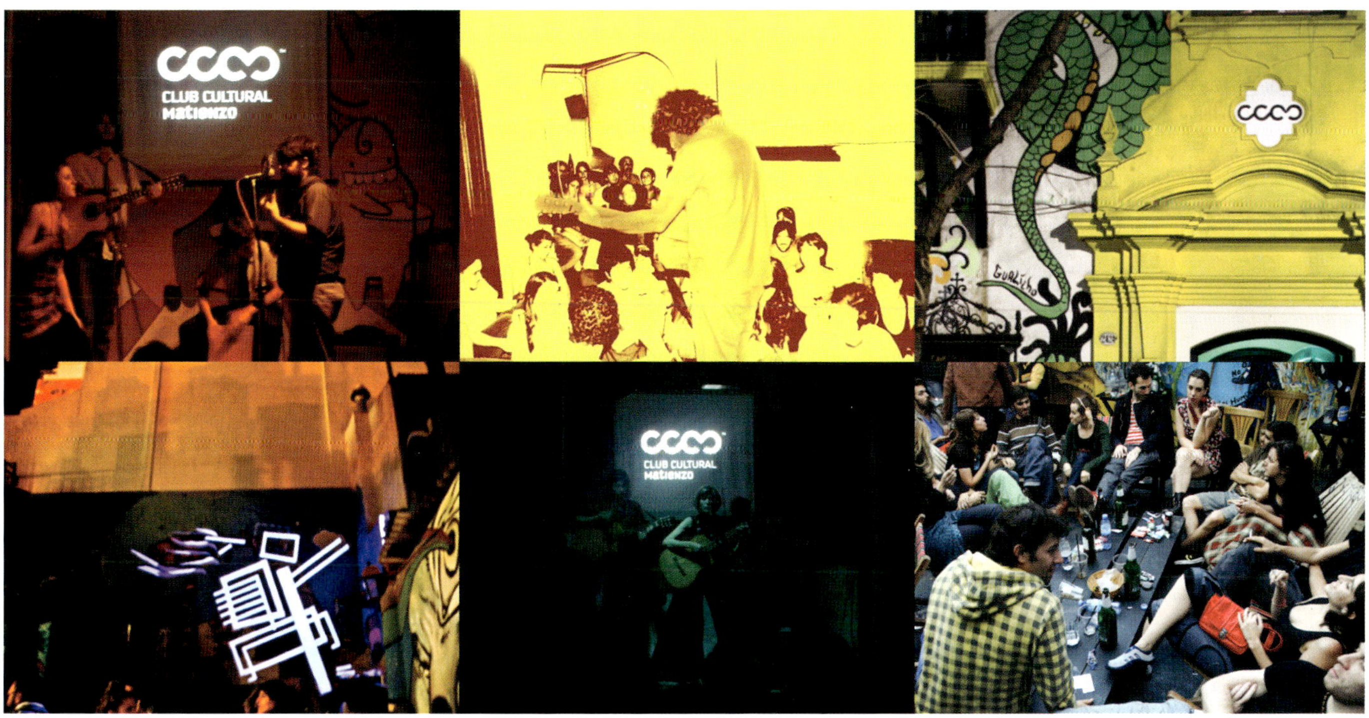
CLUB CULTURAL
Matienzo

ESCENA SUR

Client: Escena Sur
Studio: Gorricho Estudio
Designer: Martín Gorricho, Vanesa Berrutto, Ezequiel Carrasco, Santiago Cueto
Buenos Aires, Argentina

When the client contacted them, the project was a vision that had neither form nor content, and hardly looked like a good idea. This is why the identity and project were constructed at the same time. The morphology of visual trademarks became defined along with the service package. The design evolved towards very simple forms. We sought a way that could make these forms cross-linked in different ways, according to what was needed, and function as a symbol or a structure, acting either in an isolated manner or as a system. We discarded logotypes and hyper-developed symbols to make the brand identification responsible for a broad set of trademarks. The color, photographic and especially typographic treatment defined the true identifiers of the brand, far beyond the basic signs that were cleaner and simpler.

Cuando el cliente se puso en contacto con ellos, el proyecto era apenas una buena idea, una visión que no tenía forma ni contenido. Por eso, la identidad y el proyecto se fueron construyendo a la par. La morfología de los signos visuales se fue definiendo junto con la oferta de servicios. El diseño evolucionó hacia formas muy simples. Buscamos que estas formas pudieran articularse de distinta manera y, según se requiriese, funcionar a modo de símbolo o trama, actuar aisladamente o como sistema. Desestimaron los logotipos y los símbolos híper-desarrollados para hacer responsable de la identificación de la marca a un conjunto amplio y diverso de signos. El color, el tratamiento fotográfico y, especialmente, el uso tipográfico definieron los verdaderos identificadores de la marca, por encima de los signos básicos más netos y simples.

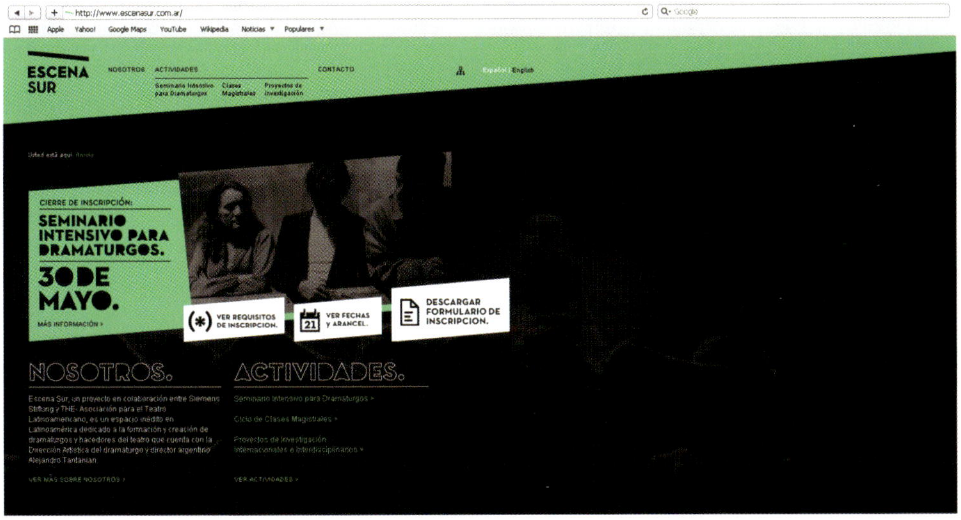
http://www.escenasur.com.ar/
ESCENA SUR
NOSOTROS
ACTIVIDADES
CONTACTO
CIERRE DE INSCRIPCIÓN:
SEMINARIO INTENSIVO PARA DRAMATURGOS.
30 DE MAYO.
MÁS INFORMACIÓN
VER REQUISITOS DE INSCRIPCION.
VER FECHAS Y ARANCEL.
DESCARGAR FORMULARIO DE INSCRIPCION.
NOSOTROS.
ACTIVIDADES.

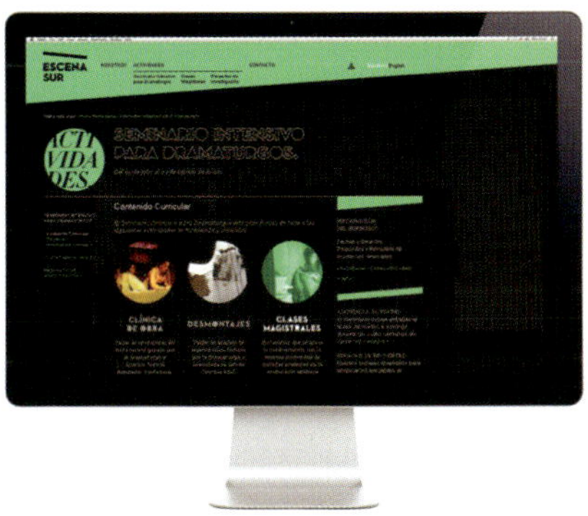

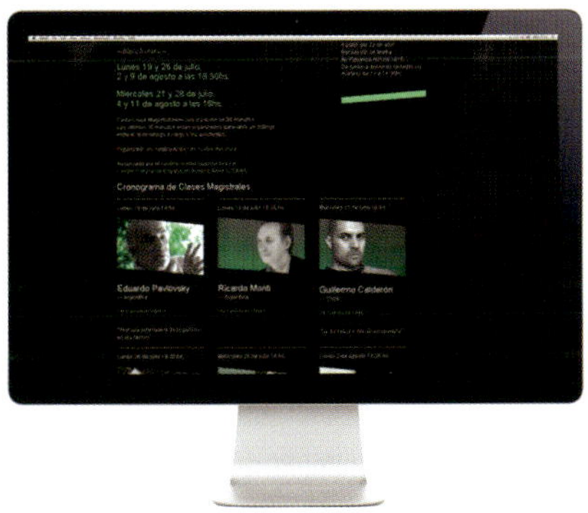

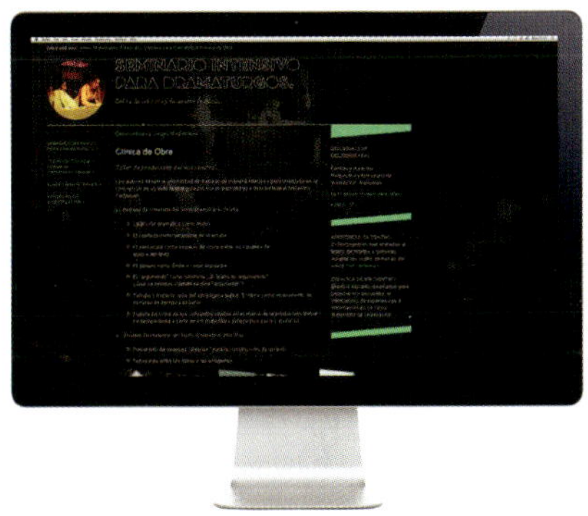

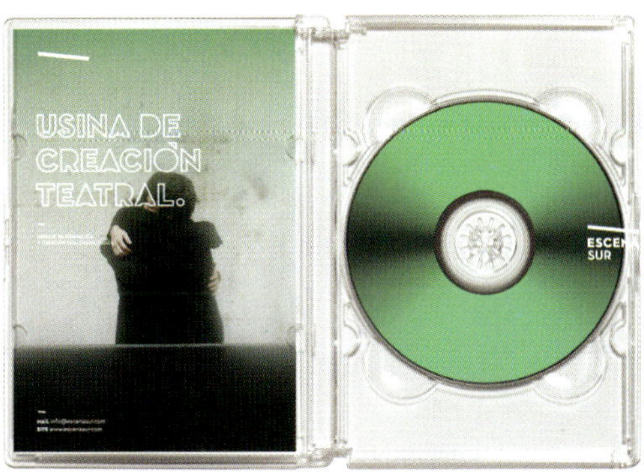
USINA DE CREACIÓN TEATRAL.

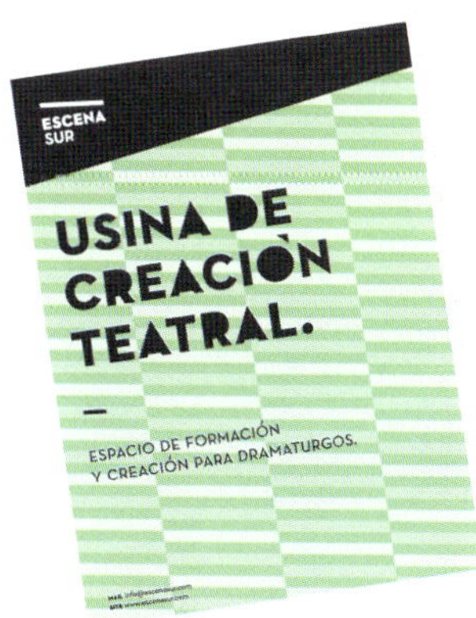
ESCENA SUR
USINA DE CREACIÓN TEATRAL.
ESPACIO DE FORMACIÓN Y CREACIÓN PARA DRAMATURGOS.

FITZ

Client: Fitz Footage
Studio: Gorricho Estudio
Designer: Martín Gorricho, Vanesa Berrutto, Ezequiel Carrasco, Santiago Cueto
Buenos Aires, Argentina

One peculiarity of this project was the sign that the client was looking for their brand, one that would not be a mere identifier – an arbitrary element which separates it from the universe of well-known brands – but an indicator, a trademark with strong informative content responsible for communicating a highly defined and delimited service. The challenge was to find a symbol that was dissociated from the logo, in other words, a type of symbol that would always function by interacting with elements of the context: a profile of a mountain that, in applications, becomes an edge, an outcropping or penetrations which, when integrated, modifies each element. The slogan, "Video reserve", defined nearly at the project's end, ended up providing the unity and direction to the graphics proposal.

Una singularidad del proyecto fue que el signo que el cliente buscaba para su marca debía ser no tanto un identificador -un elemento arbitrario que lo separe del universo de marcas conocidas-, como un indicador -un signo con fuerte carga informativa, responsable de comunicar un servicio muy definido y acotado. El desafío fue lograr una marca singular, versátil y pregnante, aún cuando el punto de partida fuera esa necesidad de volverla evidente e icónica. La solución fue un símbolo desasociado del logotipo, es decir, un tipo de símbolo que siempre funciona al interactuar con los elementos del contexto: un perfil de montaña que, en las aplicaciones, es un borde, una saliente o un calado que, al integrarse, modifica cada elemento. El lema, "Video reserve", definido casi al final del proyecto, terminó de dar unidad y sentido a la propuesta gráfica.

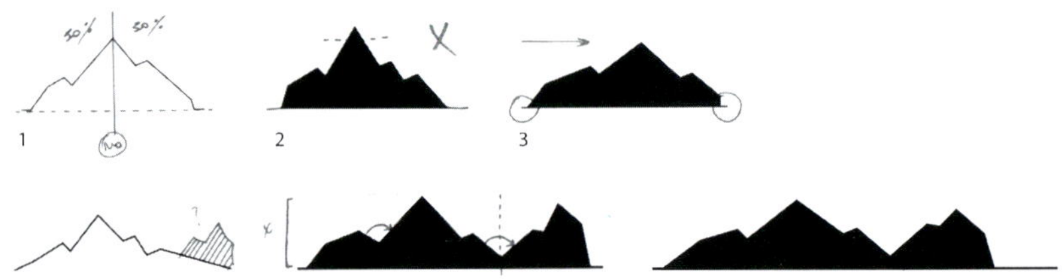

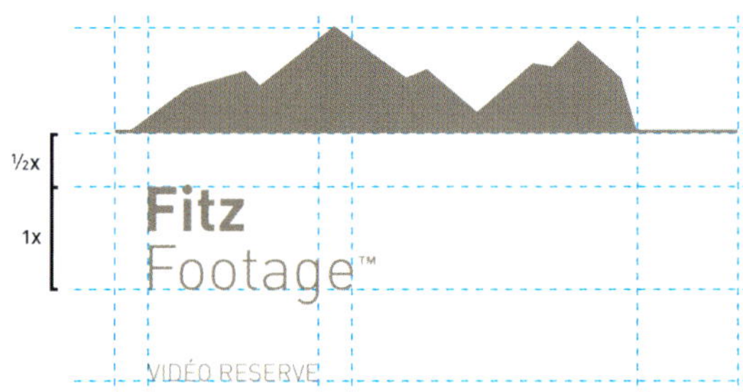

Fitz
Footage™

VIDÉO RESERVE

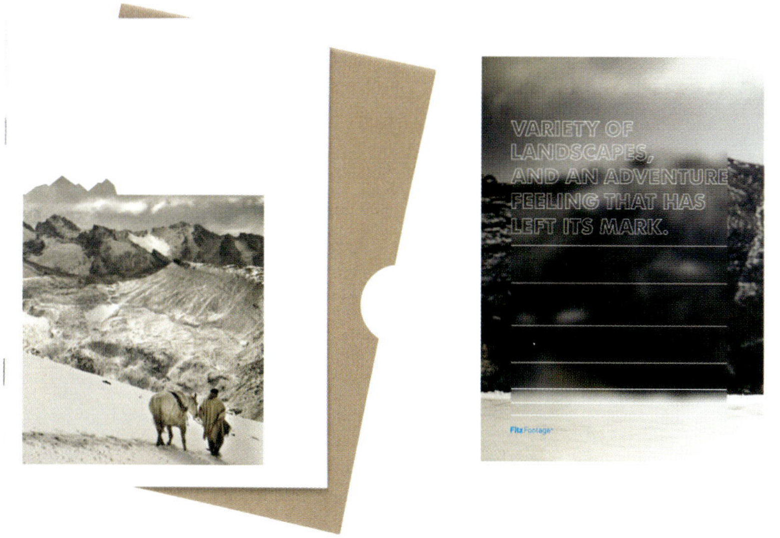
VARIETY OF
LANDSCAPES,
AND AN ADVENTURE
FEELING THAT HAS
LEFT ITS MARK.
Fitz Footage

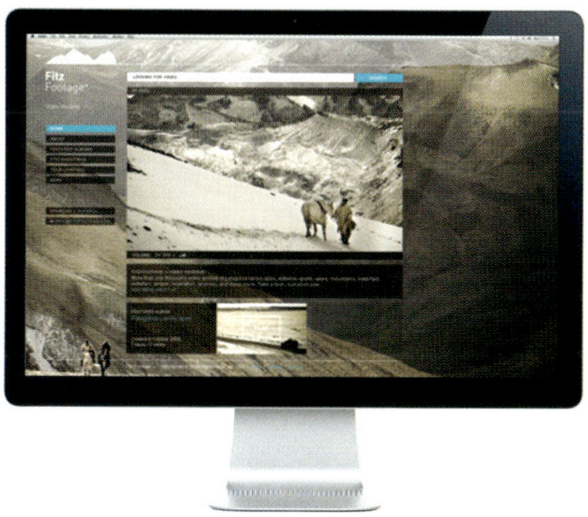
Fitz
Footage

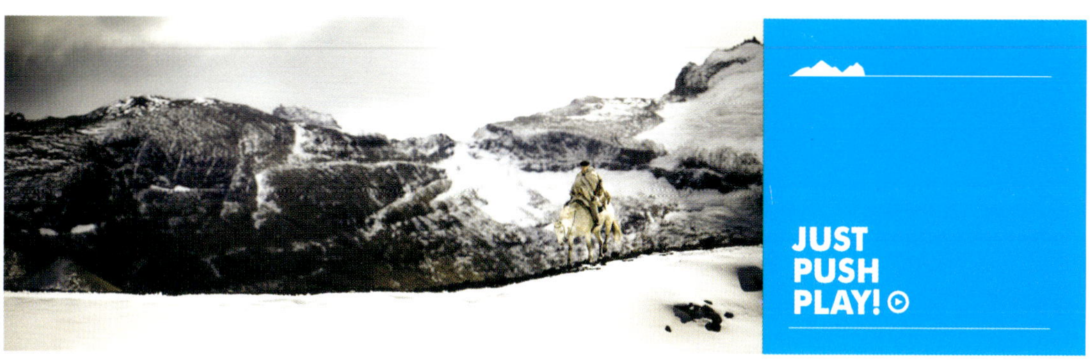
JUST
PUSH
PLAY!

VIOKO

Client: Vioko
Studio: Gorricho Estudio
Designer: Martín Gorricho, Vanesa Berrutto, Ezequiel Carrasco, Santiago Cueto
Buenos Aires, Argentina

The premise was to develop a unique brand with a strong and sophisticated image for a new chain of shops selling ice cream and top-of-the-line chocolates. The proposal was essentially conceptual: create a funky, elegant, capricious and modern brand which would take its place alongside pleasure, one celebrating diversity and good taste. The studio was commissioned for the entire brand development: name, logo, symbol, slogans, text, signage, containers, interior design and audiovisual. The process was highly conceptual; first the tone and semantic universe of the brand was defined, and later what direction to take and how it would be done were determined. With these definitions in hand, the ideas were moved forward into the verbal (text, slogans, names) and visual aspects (photographs, colors, textures). It was not until the entire system made sense that the basic trademarks were produced: the clean classic look of the logo and the unexpected stag.

La premisa fue desarrollar una imagen de marca singular, fuerte y sofisticada para una nueva cadena de tiendas de venta de helados y chocolates de alta gama. La propuesta fue esencialmente conceptual: crear una marca funky, elegante, caprichosa y moderna, que se instalara en el lugar del placer, que celebrara la diversidad y el gusto. El estudio se encargó de desarrollar la marca en forma integral: nombre, logotipo, símbolo, lemas, textos, avisos, envases, interiorismo y audiovisuales. El proceso fue muy conceptual. Primero se definieron el tono y el universo semántico de la marca, y después se determinó qué sentido construirían y de qué manera lo harían. Con estas definiciones, se avanzó sobre las ideas, los enunciados verbales (textos, lemas, nombres) y las imágenes (fotografías, colores, texturas). No fue sino hasta que el sistema entero cobró sentido que se produjeron los signos básicos: el clasicismo neto del logotipo y el inesperado ciervo.

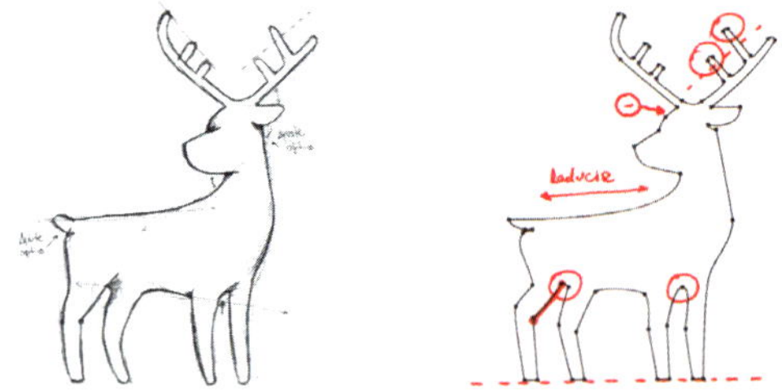

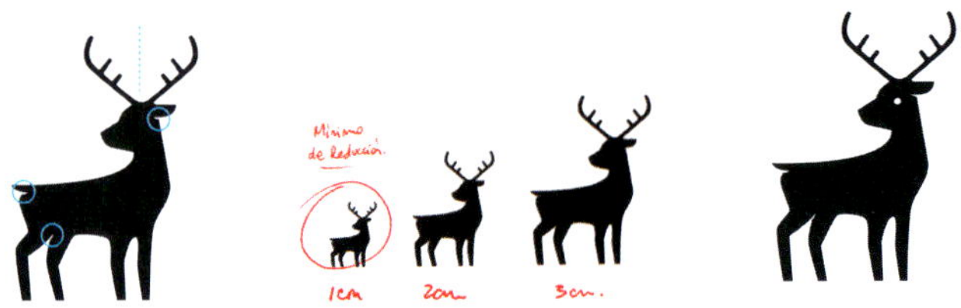

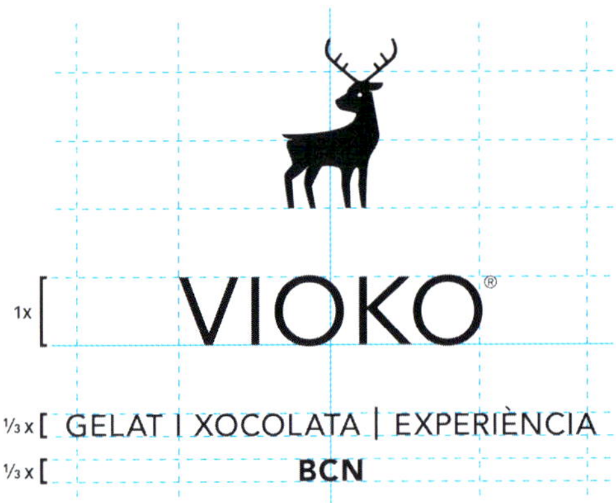

VIOKO®

GELAT I XOCOLATA | EXPERIÈNCIA

BCN

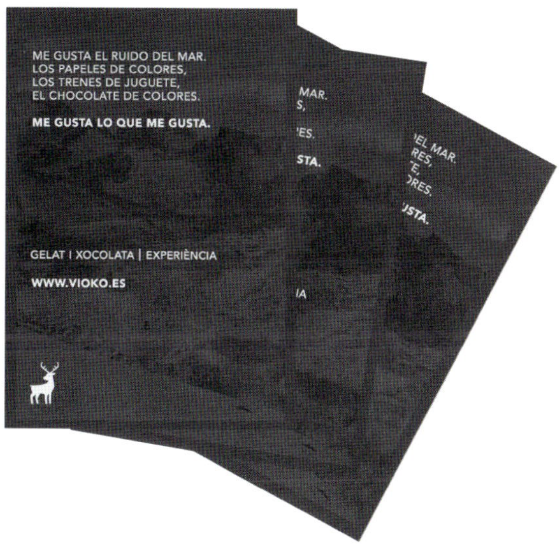
ME GUSTA EL RUIDO DEL MAR.
LOS PAPELES DE COLORES,
LOS TRENES DE JUGUETE,
EL CHOCOLATE DE COLORES.
ME GUSTA LO QUE ME GUSTA.
GELAT I XOCOLATA | EXPERIÈNCIA
WWW.VIOKO.ES

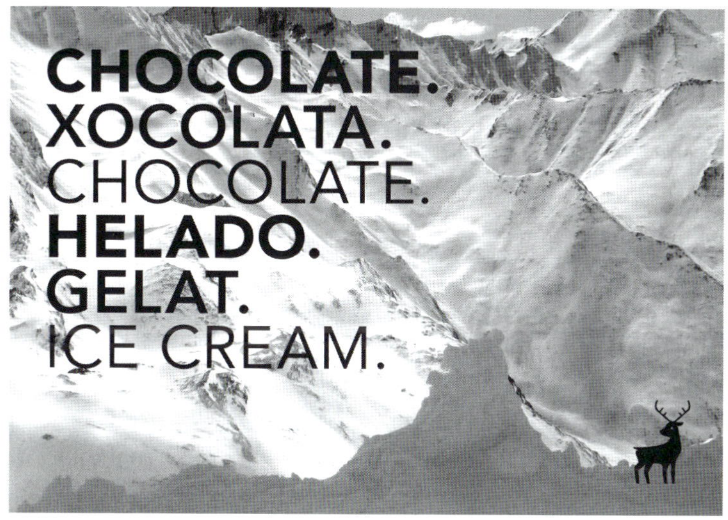
CHOCOLATE.
XOCOLATA.
CHOCOLATE.
HELADO.
GELAT.
ICE CREAM.

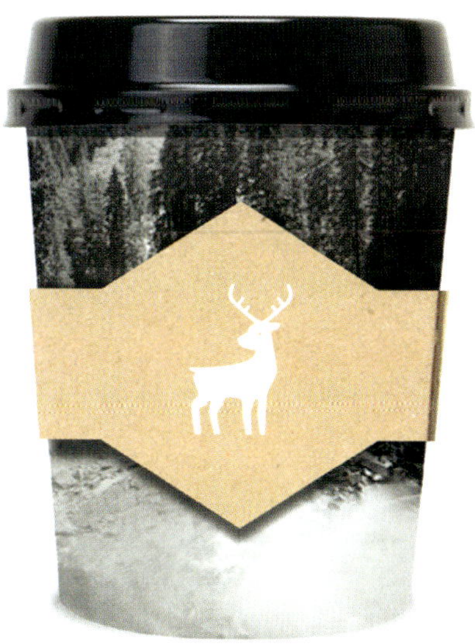

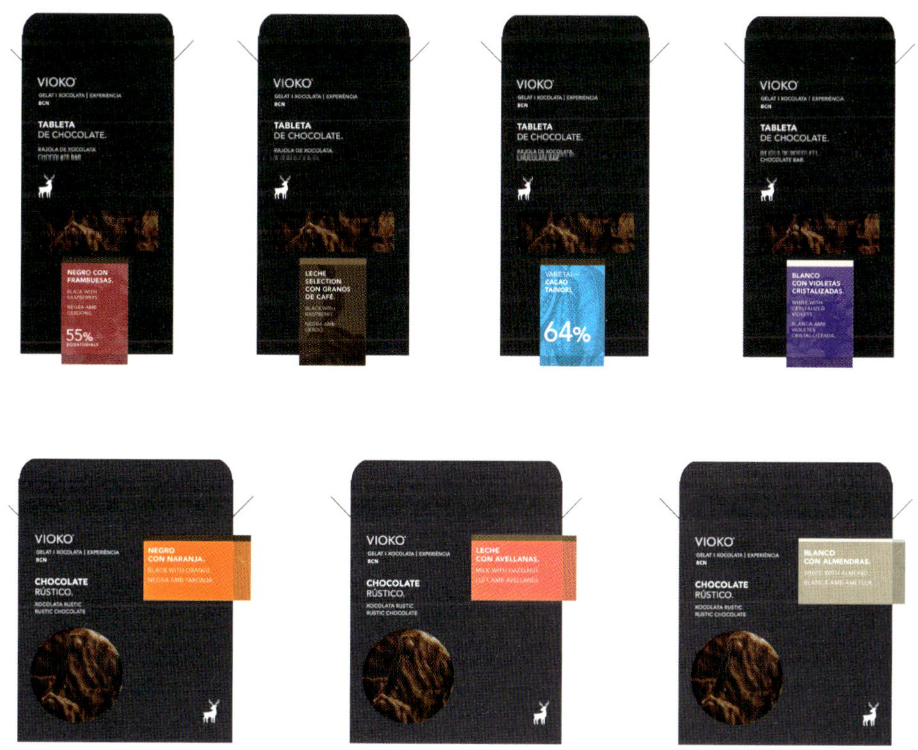
VIOKO
TABLETA
DE CHOCOLATE.
NEGRO CON FRAMBUESAS.
55%
LECHE SELECTION CON GRANOS DE CAFÉ.
64%
BLANCO CON VIOLETAS CRISTALIZADAS.
CHOCOLATE
RÚSTICO.
NEGRO CON NARANJA.
LECHE CON AVELLANAS.
BLANCO CON ALMENDRAS.

KLEER

Client: Kleer
Studio: Gorricho Estudio
Designer: Martín Gorricho, Vanesa Berrutto, Ezequiel Carrasco, Santiago Cueto
Buenos Aires, Argentina

To truly understand the project's characteristics, those in the studio underwent a complete implementation process with an agile methodology and, with the client, carried out all the workshops, meetings and dynamic proposals. Despite the fact the project consisted of a business service related to the streamlining of production systems, a fun-filled and very human universe was discovered full of role-playing games and colored paper. The development of the proposal did not consist as much in thinking up something "new" as in reusing existing elements by reorganizing them and giving them new significance. The colors, materiality, and words that would later form the brand had already been in the client's world. The task was to find them, rescue them and give them the right shape. The entire design of the brand was developed, including the name, slogans, logos, illustrations and print applications.

Para entender realmente las características del proyecto, en el estudio atravesaron el proceso completo de implantación de una metodología ágil y, con el cliente, realizaron todos los workshops, encuentros y dinámicas propuestos. A pesar de que el proyecto consiste en un servicio empresarial, relacionado con la optimización de sistemas de producción, se encontraron con un universo muy lúdico y humano, lleno de juegos de rol y papeles de colores. El desarrollo de la propuesta no consistió tanto en pensar algo "nuevo" como en recopilar los elementos existentes, reorganizarlos y resinificarlos. Los colores, las materialidades y las palabras que luego formaron la marca ya estaban en el mundo del cliente. La tarea fue encontrarlas, rescatarlas y darles la forma adecuada. Desarrollaron el diseño integral de la marca, incluidos el nombre, los lemas, los logotipos, las ilustraciones y las aplicaciones gráficas.

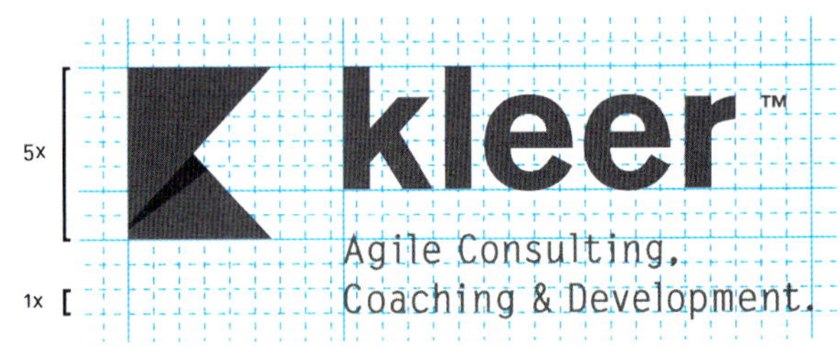

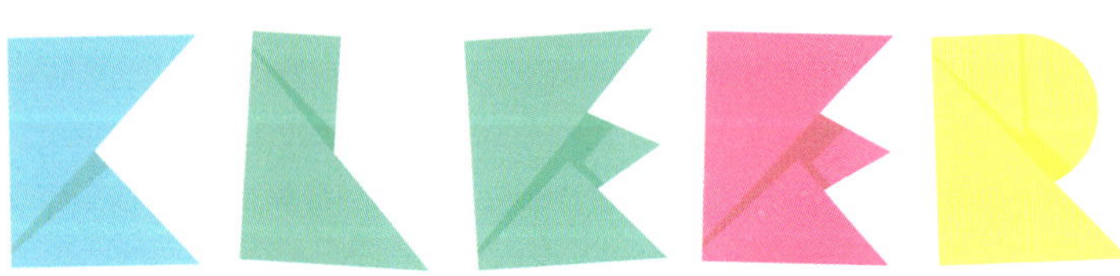

kleer™

Agile Consulting,
Coaching & Development.

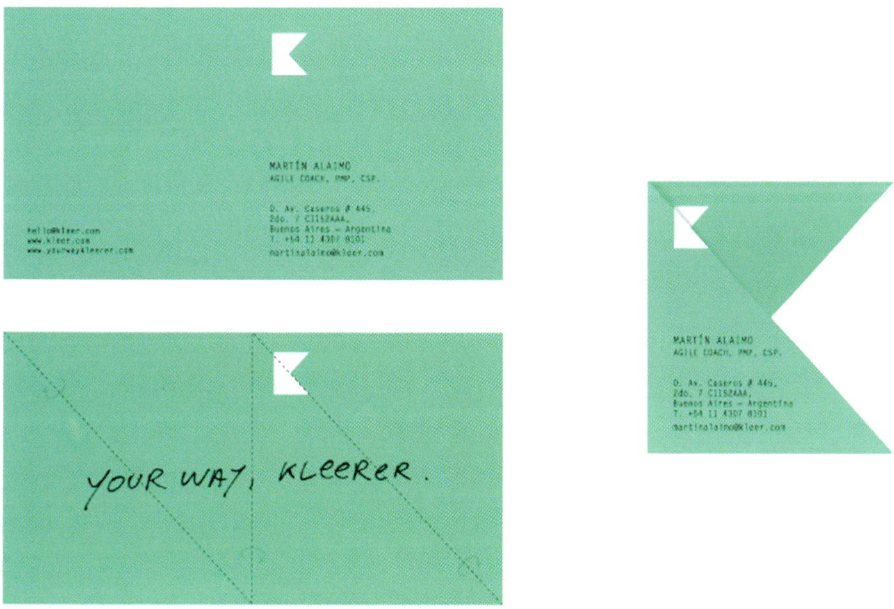

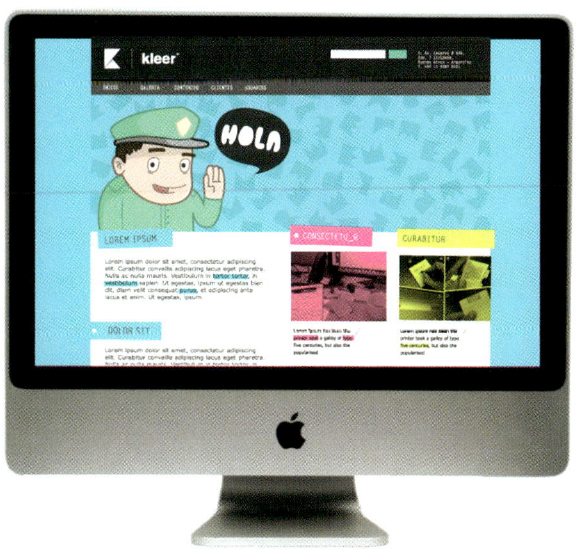

IMAGIN

Client: Imagin
Studio: Vit-e Design Studio
Art Director: Nathalie Fallaha
Designer: Nathalie Fallaha
Beirut, Lebanon

Specialized in image consulting, imagin is a company that offers different services such as make-overs, wardrobe consultation, public appearance recommendations... for people in the media, in politics, or simply regular men and women who need to look their best at all times. Another important service proposed by the company covers the corporate world, in areas such as business etiquette, dress code as practiced by a business, ... A typographic logo featuring a quotation mark as the place for dialogue between the customer and the consultant. The name it self is an interplay between the word 'image' and the words 'imagine' and 'in'.

Especializada en asesoramiento de imagen, imagin es una empresa que ofrece distintos servicios, como por ejemplo cambios de imagen, consultas sobre el armario, recomendaciones para apariciones públicas, etc. para personas que aparecen en los medios, políticos, o simplemente hombres y mujeres corrientes que necesitan mostrar una mejor apariencia en todo momento. Otro servicio importante propuesto por la empresa cubre el mundo empresarial, en áreas como el protocolo empresarial, el código de vestuario en los negocios, etc. Un logotipo tipográfico que presenta una comilla como el lugar para el diálogo entre el cliente y el asesor. El nombre mismo es un juego entre la palabra "image" y las palabras "imagine" e "in".

imagin
IMAGE CONSULTANTS

imagin
IMAGE CONSULTANTS

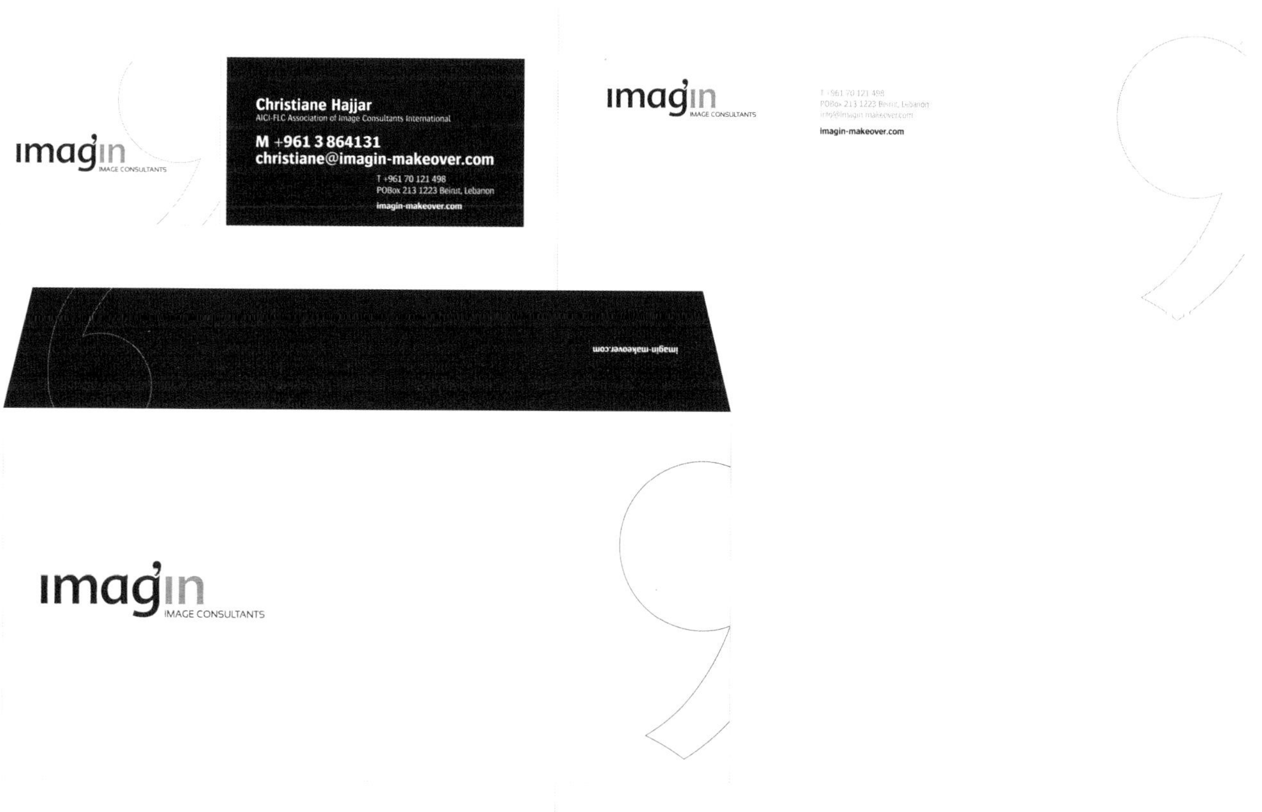

SLYFIELD

Client: Slyfield
Studio: Vit-e Design Studio
Art Director: Nathalie Fallaha
Designer: Nathalie Fallaha
Beirut, Lebanon

A publishing house, Slyfield Publishing was born with the idea of proposing commercially viable publications to the Lebanese market, such as coupon books. A reference to the meaning of the word 'sly', which is a secretive person, the letter S is partially hiding behind the book pages. The logo is a literal translation of the meaning, with the aim of being very accessible at first glance. The result is a visual metaphor of the meaning of the word 'sly', combined with the initial 'S' of the company name.

La editorial Slyfield Publishing nació con la idea de proponer publicaciones comercialmente viables al mercado libanés, como por ejemplo libros de cupones. Una referencia al significado de la palabra "sly" (sigiloso), que es una persona que se comporta con secretismo, la letra S se esconde parcialmente detrás de las páginas del libro. El logotipo es una traducción literal del significado, con el objetivo de ser muy accesible a primera vista. El resultado es una metáfora visual del significado de la palabra "sly", combinado con la inicial "S" del nombre de la empresa.

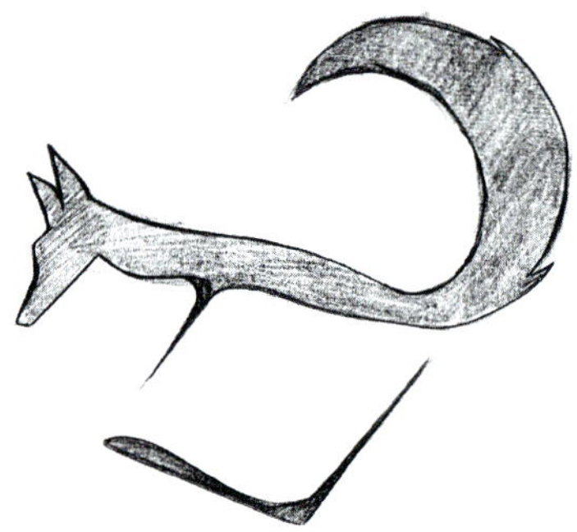

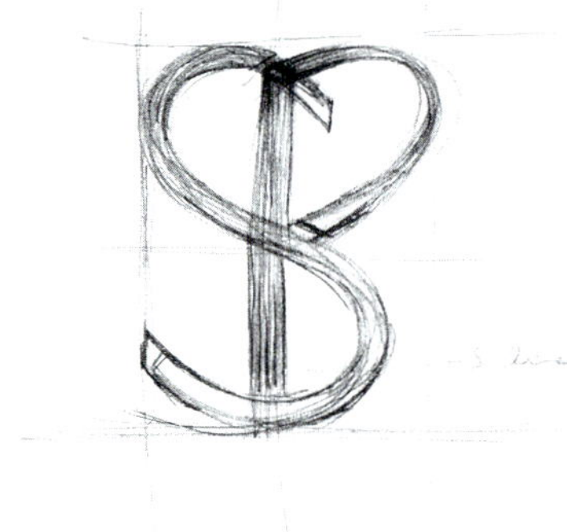

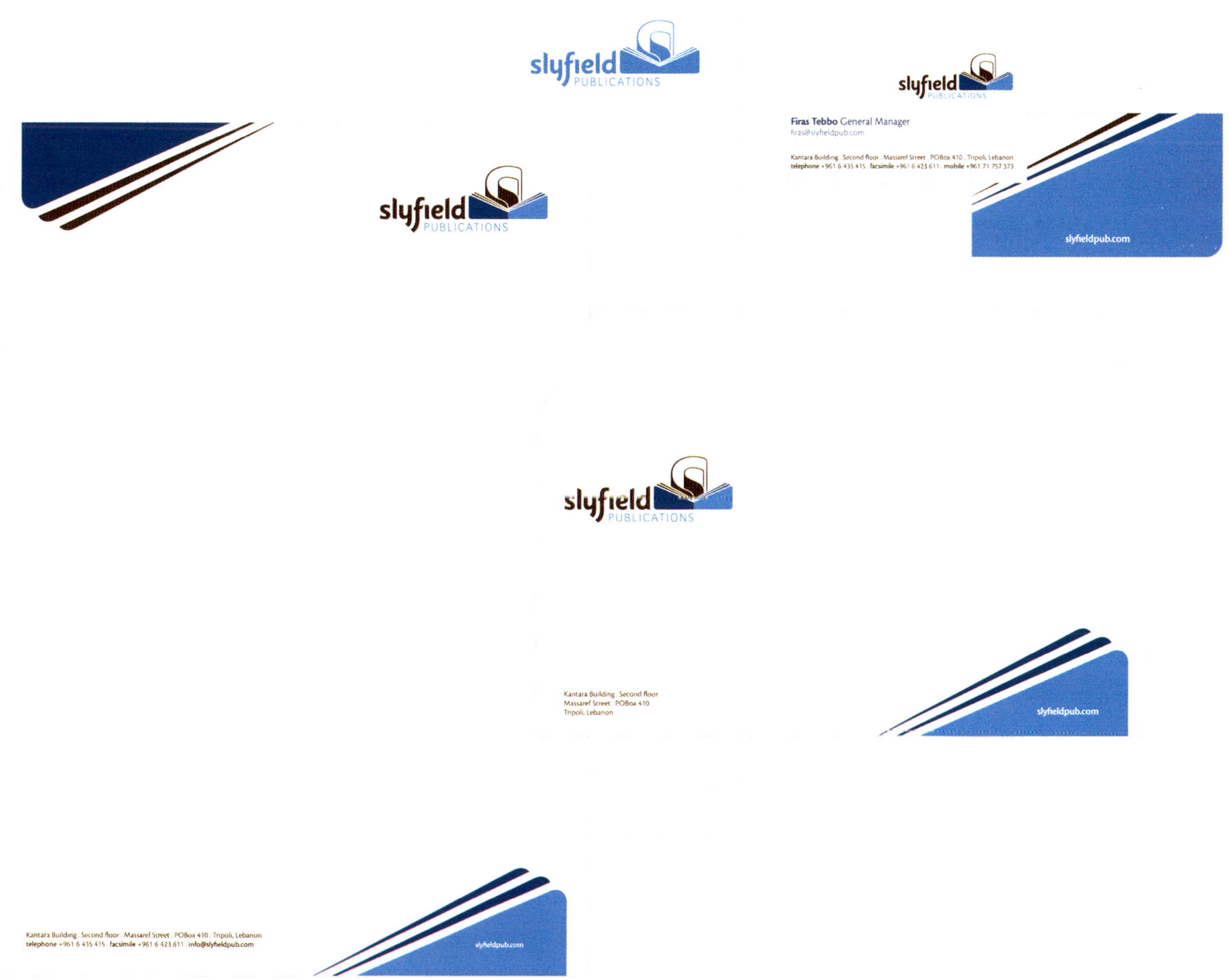
slyfield
PUBLICATIONS
slyfield
PUBLICATIONS
slyfield
PUBLICATIONS
Firas Tebbo General Manager
firas@slyfieldpub.com
Kantara Building . Second floor . Massaref Street . POBox 410 . Tripoli, Lebanon
telephone +961 6 435 415 . facsimile +961 6 423 611 . mobile +961 71 757 373
slyfieldpub.com
slyfield
PUBLICATIONS
Kantara Building . Second floor
Massaref Street . POBox 410
Tripoli, Lebanon
slyfieldpub.com
Kantara Building . Second floor . Massaref Street . POBox 410 . Tripoli, Lebanon
telephone +961 6 435 415 . facsimile +961 6 423 611 . info@slyfieldpub.com
slyfieldpub.com

L'INDIÀ

Client: L'indià
Studio: Bisgràfic
Designer: Bisgràfic
Vic, Spain

In order to redesign the corporate image of this coffee shop, they began with an old logo in which appeared an indiano having a coffee, a Spanish colonist who returned home after making a fortune overseas. The first step was to create a new typographic logo and situate it within the black tablet symbolizing the world of coffee. Gradually, the image of the indiano began to disappear and the logo gained protagonism to be applied separately.

Para el rediseño de la imagen corporativa de esta tienda de cafés se partió de un antiguo logotipo en el que aparecía la imagen de un indiano tomando café. El primer paso fue crear un nuevo logo tipográfico y situarlo dentro de una pastilla negra que simboliza el mundo del café. De forma gradual, la imagen del indiano ha ido desapareciendo y el logotipo ha ganado protagonismo para su aplicación individual.

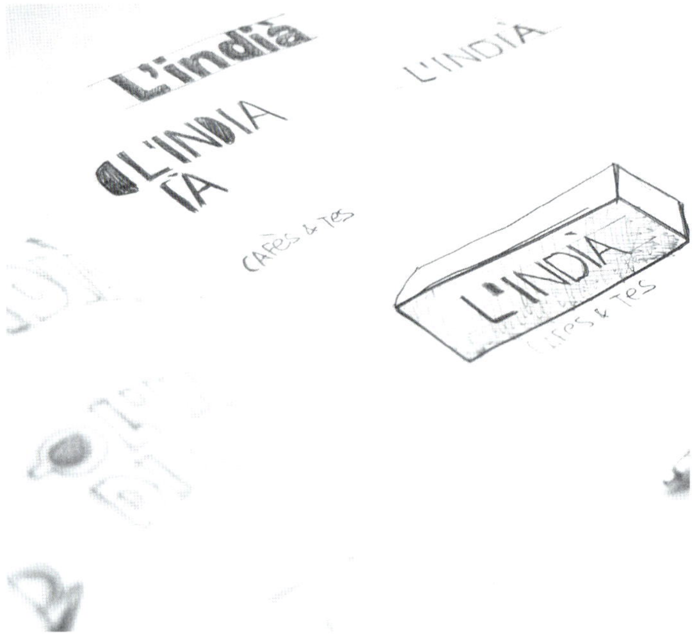

L'INDIÀ

L'INDIÀ
CAFÈS&TES

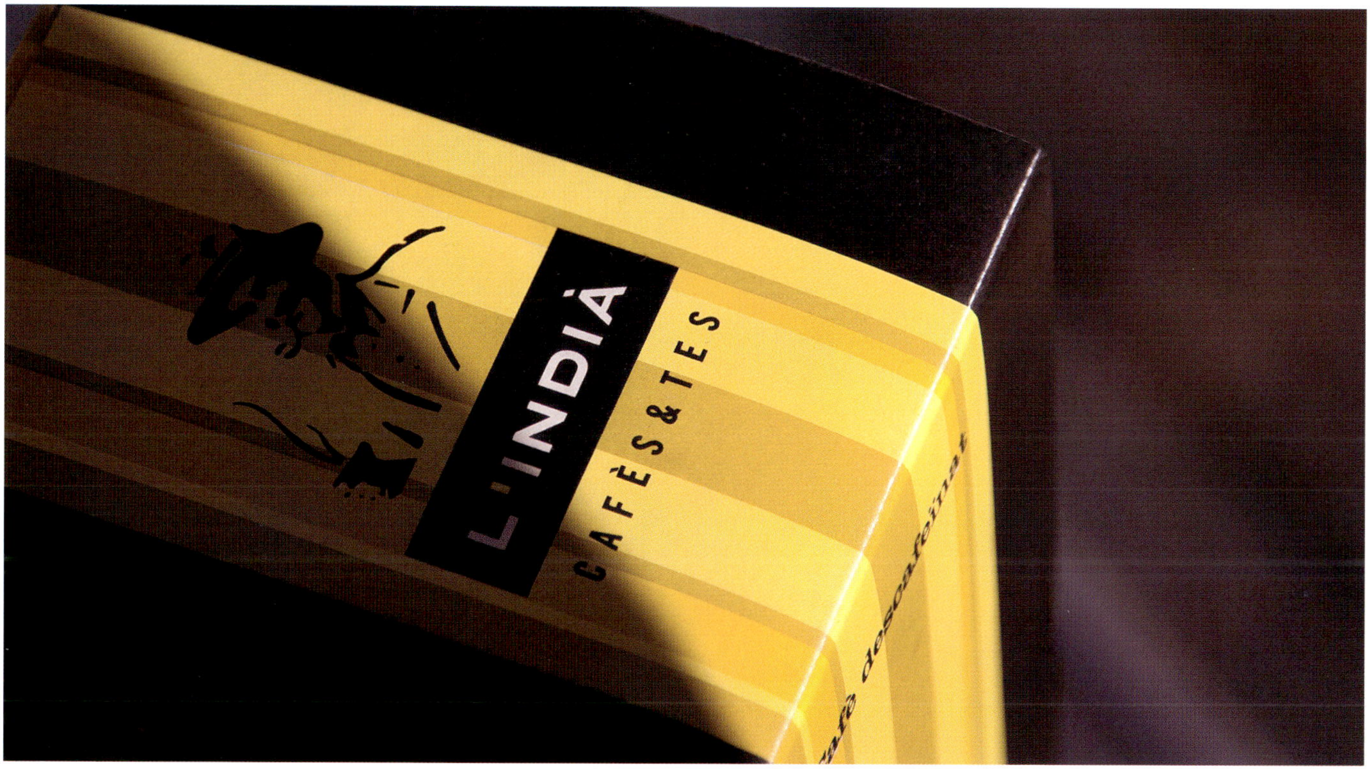
L'INDIÀ
CAFÈS&TES

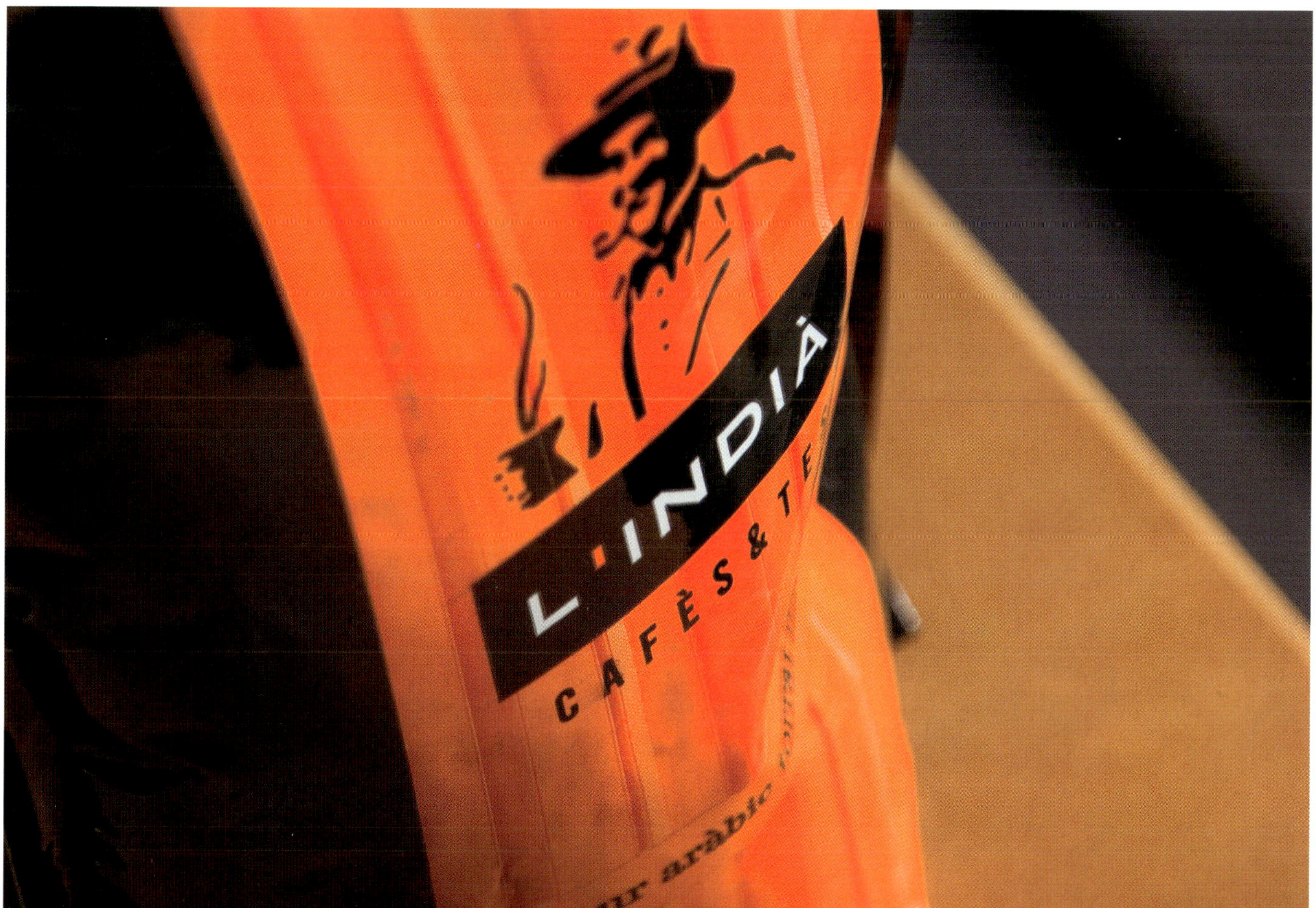
L'INDIÀ

ZONADIESEL

Client: Guilleries Cuina i Serveis SL
Studio: Bisgràfic
Designer: Bisgràfic
Vic, Spain

This roadside restaurant and bar fuses the two concepts that are defined in a single logo: the location trademark used by Google (the bar is a meeting point) and a pan with a fried egg inside (to communicate the quality of its cooking).

Este bar restaurante de carretera fusiona en su logotipo los dos conceptos que lo definen: el signo de ubicación utilizado por Google (el bar es un punto de encuentro) y una paella con un huevo frito (comunica la calidad gastronómica de su cocina).

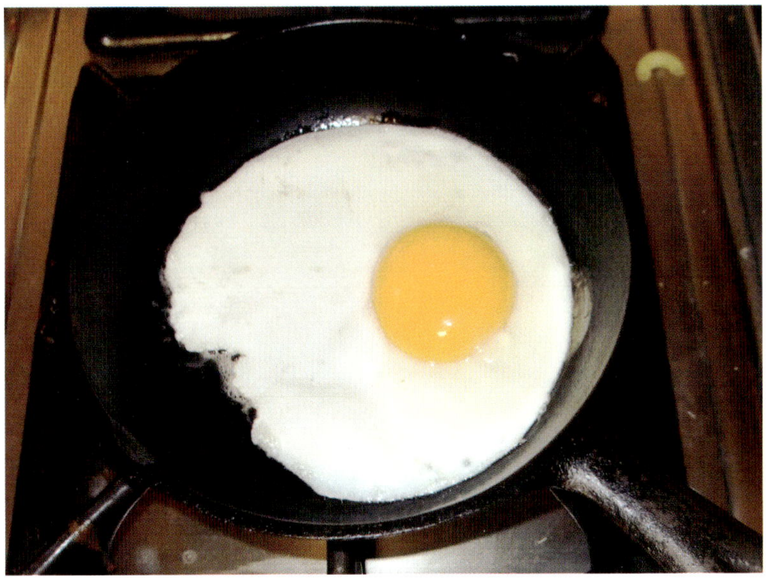

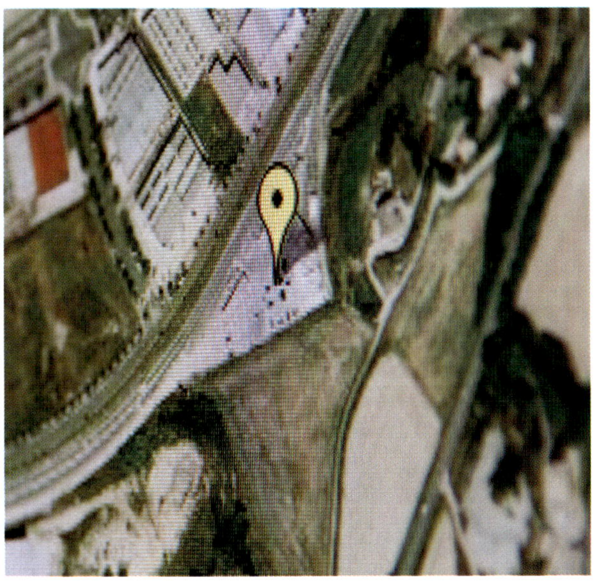

zonadiesel
bar&restaurant

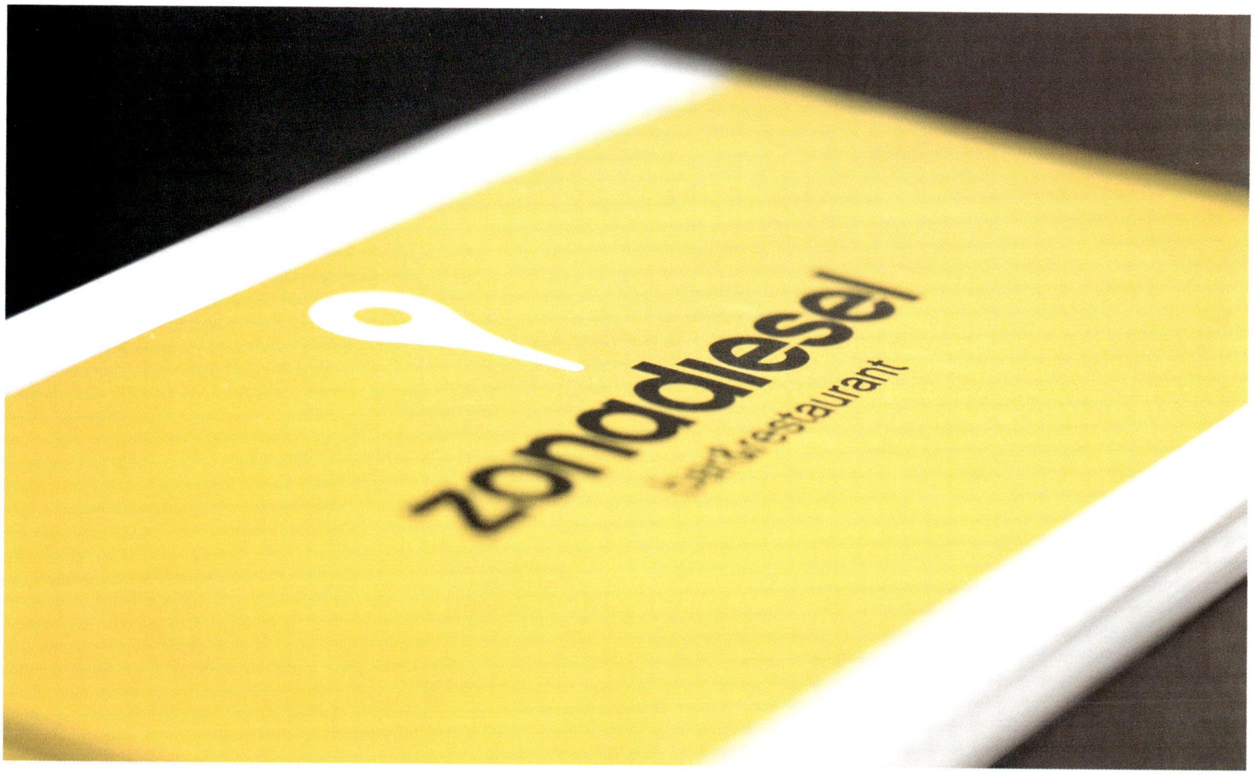
zonadiesel
bar&restaurant

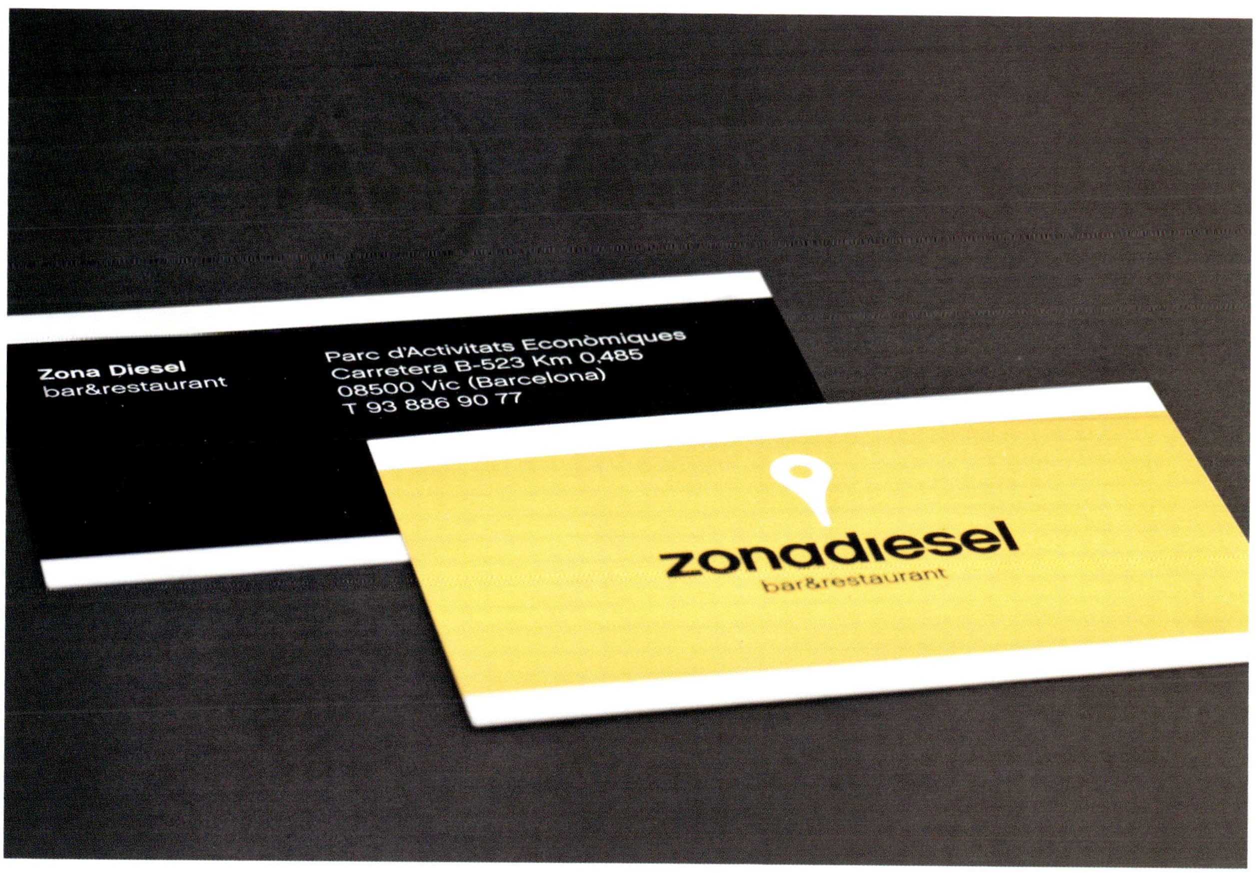
Zona Diesel
bar&restaurant
Parc d'Activitats Econòmiques
Carretera B-523 Km 0,485
08500 Vic (Barcelona)
T 93 886 90 77
zonadiesel
bar&restaurant

SUMMERLAND

Client: Summerland
Studio: Vit-e Design Studio
Art Director: Nathalie Fallaha
Designer: Nathalie Fallaha
Beirut, Lebanon

The Summerland hotel, a legacy and landmark in the Lebanese leisure and resort entities, was a new concept of luxury and recreation, activity and relaxation combined with the advances of modern times. We were asked to propose a new logo for the hotel and resort, keeping in mind how engrained the original identity of it was in people's minds. We came up with an uplifting of the original logo, which was an illustration of the sea, sand, boat an sun, by reworking the same subjects in a more contemporary and visually bold graphic solution. Colors used are very refreshing and saturated.

El hotel Summerland, un legado y punto de referencia de las entidades de ocio y centros turísticos de Líbano, era un nuevo concepto de lujo y ocio, actividad y relajación, combinado con los avances de la época moderna. Nos pidieron que propusiéramos un nuevo logotipo para el hotel y el Resort, teniendo en cuenta cómo estaba de arraigada la identidad original en la mente de la gente. Finalmente reforzamos el logotipo original, que era una ilustración del mar, la arena, un barco y el sol, trabajando en los mismos sujetos pero con una solución gráfica más contemporánea y visualmente llamativa. Los colores utilizados son muy refrescantes y saturados.

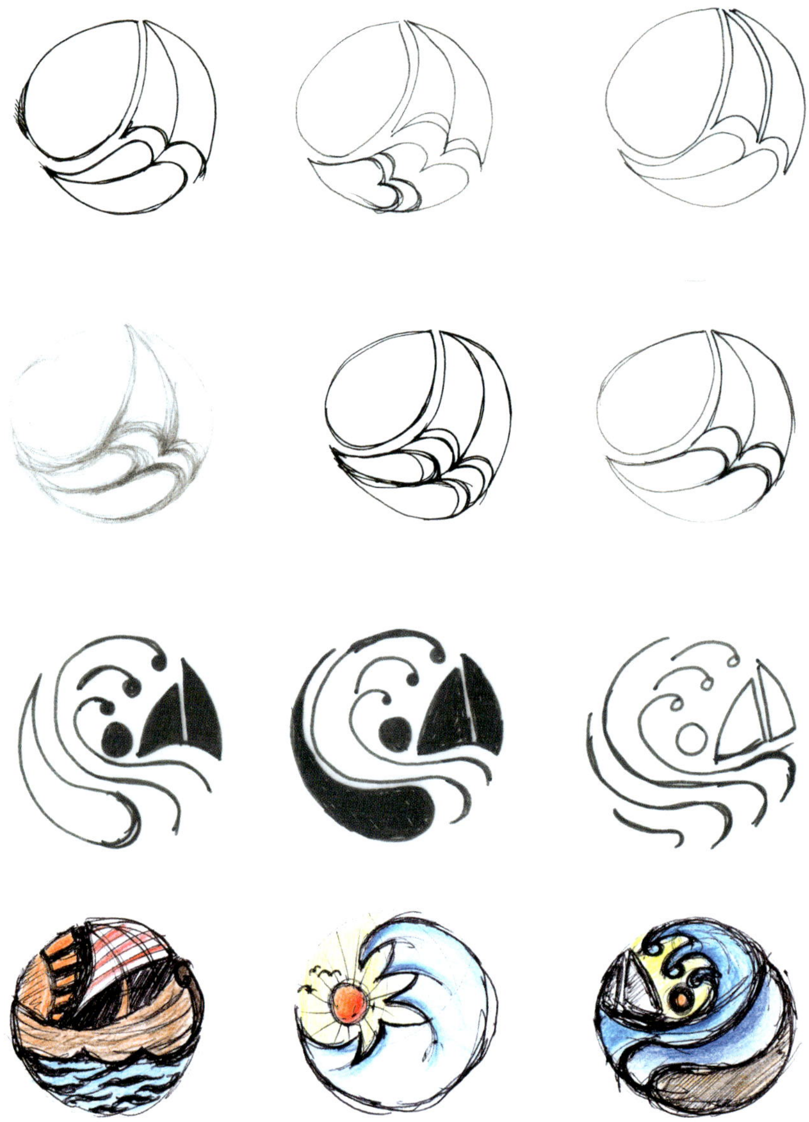

Summerland

HOTEL & RESORT

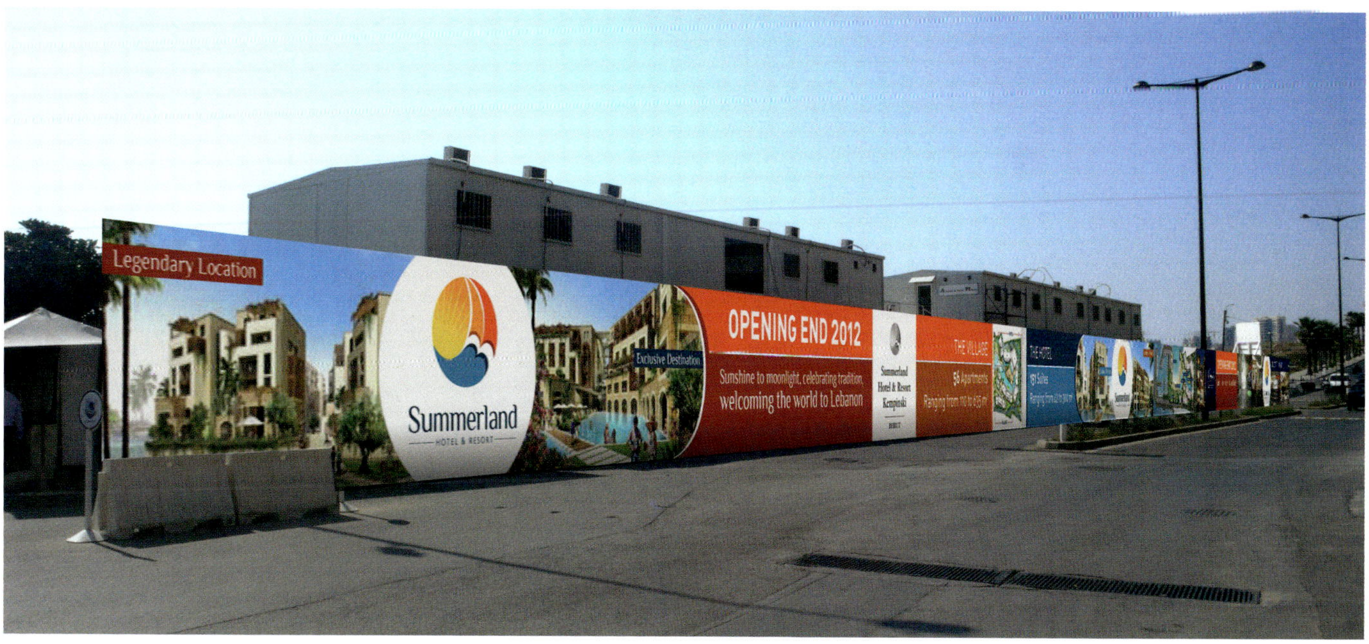

BEIRUT ART CENTER

Client: Beirut Art Center
Studio: Vit-e Design Studio
Art Director: Nathalie Fallaha
Designer: Nathalie Fallaha
Beirut, Lebanon

The first contemporary art center in Lebanon, Beirut Art Center is a non-profit cultural and art space. An open competition selected vit-e as the branding partner for the establishment of the visual identity of this unique place. Not too oriental, not too occidental, the minimalist image had to convey a very fine balance between East and West, while avoiding any affiliation be it cultural, political, or other, apart from being a contemporary art hub for the city and the region at large. The logo embodies the balance between both the latin and arabic alphabet, being read simultaneously as the latin letter 'b' and the arabic letter 'ba'. A memorable color code was implemented for the different segments of representations and shows, and a witty signage system was adopted for ease of circulation.

El Centro de Arte de Beirut, que fue el primer centro de arte contemporáneo de Líbano, es un espacio cultural y artístico sin ánimo de lucro. Un concurso abierto seleccionó a vit-e como socio de branding para el desarrollo de la identidad visual de este lugar único. Ni demasiado oriental, ni demasiado occidental, la imagen minimalista tenía que transmitir un equilibrio muy fino entre Este y Oeste, y evitar cualquier afiliación, ya sea cultural, política o de otro tipo, a parte de ser un centro de arte contemporáneo para la ciudad y la región en general. El logotipo plasma el equilibrio entre el alfabeto latino y el arábigo, y se lee simultáneamente como la letra latina "b" y la letra arábiga "ba". Se incorporó un código de color llamativo para los distintos segmentos de representaciones y exhibiciones, y se adoptó un ingenioso sistema de señalización para facilitarla circulación.

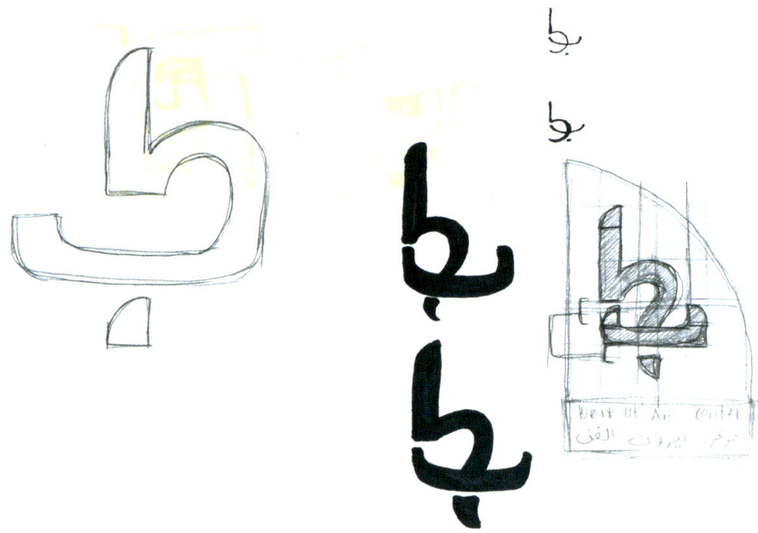

BEIRUT ART CENTER
مركز بيروت للفن

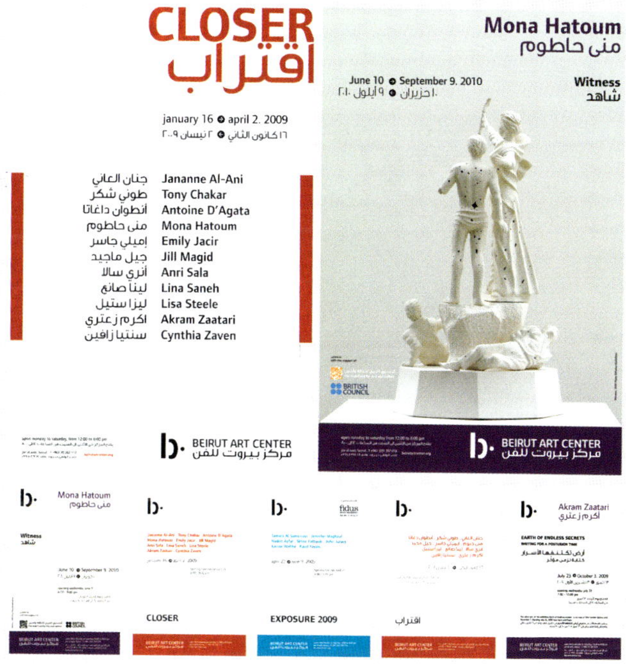
CLOSER
اقتراب
january 16 april 2. 2009
Jananne Al-Ani
Tony Chakar
Antoine D'Agata
Mona Hatoum
Emily Jacir
Jill Magid
Anri Sala
Lina Saneh
Lisa Steele
Akram Zaatari
Cynthia Zaven
جنان العاني
طوني شكر
أنطوان داغاتا
منى حاطوم
إميلي جاسر
جيل ماجيد
أنري سالا
لينا صانع
ليزا ستيل
اكرم زعتري
سنتيا زافين
BEIRUT ART CENTER
مركز بيروت للفن
Mona Hatoum
منى حاطوم
June 10 September 9. 2010
Witness
شاهد
BRITISH COUNCIL
Akram Zaatari
اكرم زعتري
CLOSER
EXPOSURE 2009
اقتراب

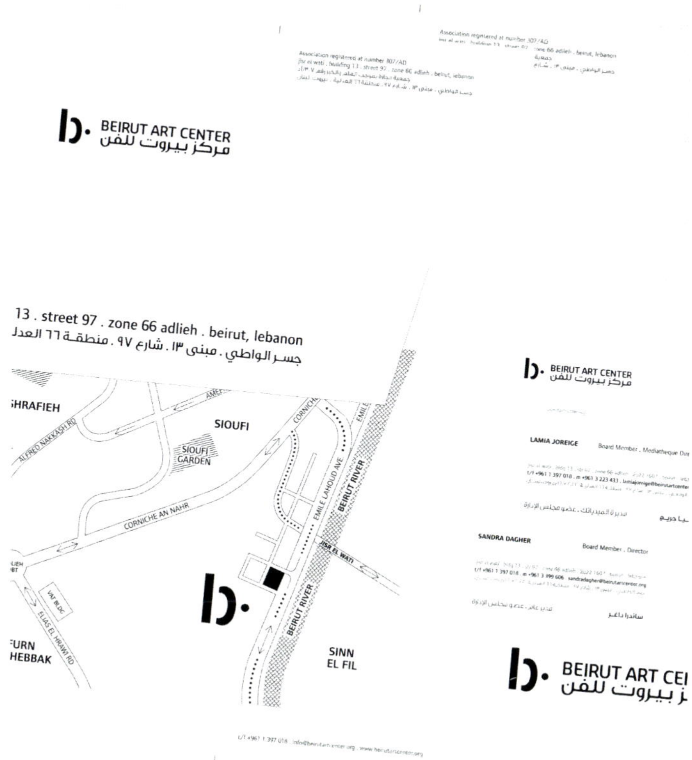
BEIRUT ART CENTER
مركز بيروت للفن
13 . street 97 . zone 66 adlieh . beirut, lebanon
جسر الواطي . مبنى ١٣ . شارع ٩٧ . منطقة ٦٦ العدلية
SIOUFI
SIOUFI GARDEN
CORNICHE AN NAHR
EMILE LAHOUD AVE
BEIRUT RIVER
JISR EL WATI
SINN EL FIL
LAMIA JOREIGE
Board Member . Mediatheque Director
SANDRA DAGHER
Board Member . Director

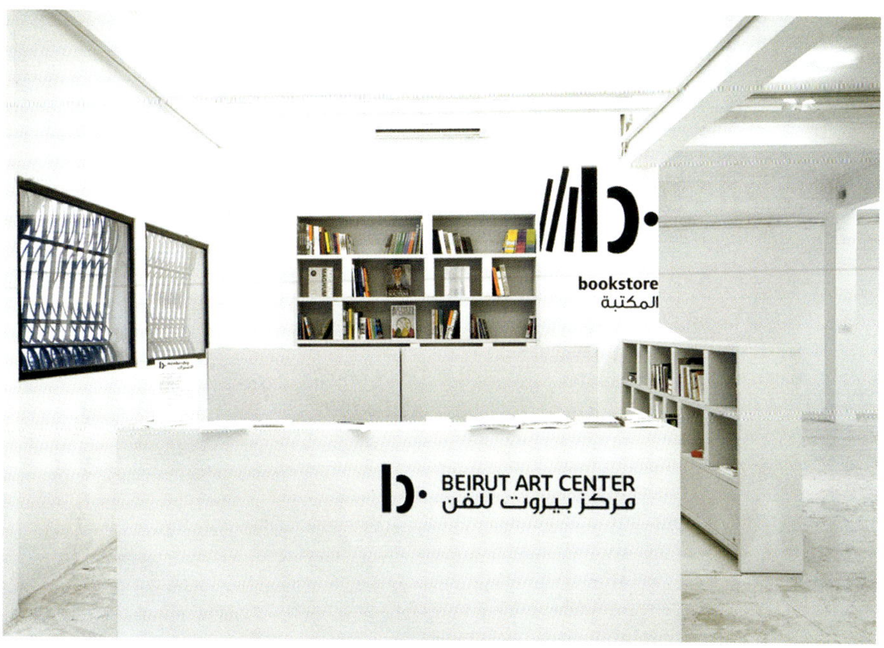
bookstore
المكتبة
BEIRUT ART CENTER
مركز بيروت للفن

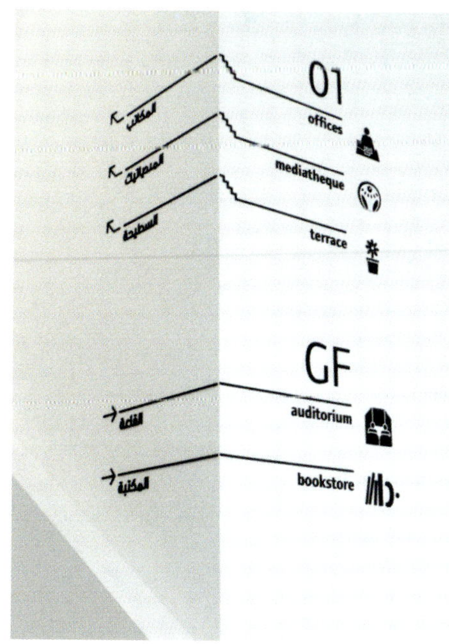
01
offices
mediatheque
terrace
GF
auditorium
bookstore

SUR AMERICA

Client: Ropa Sur
Studio: Cienfuegos
Designer: Gustavo Borges Revilla
Caracas, Venezuela

Suramérica is a logo created to be printed on a line of hip-hop T-shirts in Venezuela. The concept of the T-shirt line is to revindicate the historic resistance of South America and establish through phrases and slogans the date that colonization began, which was the year 1492. This required positioning the name of the "Sur" logo but with an additional complement. It was decided to use the word "America" and join these two words using a typographic treatment that played with some text lines around them. The same typeface was used for the brand slogan, "Resistencia since 1492", placing it below the main element and joining them together with these same text lines. On a third plane, there are also two five-pointed stars that close the open spaces between the lines of text on the top and bottom. Throughout the design and test presentation processes, different types of text lines were used and different locations for them as well. The location of the main typographic phrase had always been defined, thus making the rest of the process of closing the logo easier with the previously mentioned text lines. For budget reasons, they were limited to two colors: black was chosen for all elements related to the logo, considering its application in other single-color media, while green was chosen for the pattern, the filling and contours around the text lines, and the entire logo itself. In this way a complete and enclosed design had been created with different print resources such as typefaces and text lines that are well balanced off each other.

SurAmerica es un logo creado para ser estampado en una línea de Franelas de HipHop en Venezuela. El concepto de la marca de franelas es Reivindicar la resistencia histórica de la América del sur y ubicar mediante frases y slogans la fecha de inicio de la colonización que fue el año 1492. Se requería posicionar el nombre de la Marca "Sur" pero con algún complemento adicional. Se optó por usar la palabra "América" y unir estos dos elementos con un tratamiento tipográfico que permitiera el juego con algunos filetes a su alrededor. Se usó la misma tipografía para el Slogan de la Marca. "Resistencia since 1492". ubicándose debajo del elemento principal y uniéndose a el con el mismo uso de filetes. También se incluyeron en tercer plano dos estrellas de cinco puntas para cerrar los espacios abiertos entre los filetes de la parte superior y posterior. A lo largo de todo el proceso de diseño y presentación de pruebas se usaron distintos tipos de filetes y varió también su ubicación. Siempre estuvo definida la ubicación de la Frase Tipográfica principal facilitando así todo el proceso de cierre del logo con los ya mencionados filetes. Por razones de presupuesto el límite de colores a usar fueron dos. Se decidió por el negro para todos los elementos del logo pensando en su aplicación para otros soportes de un solo color y para la estampa se optó por el Verde y se usó para el relleno y contorneo de los filetes y del logo en su totalidad. De esta manera se obtuvo un Diseño completo y cerrado con distintos recursos gráficos como Tipografías y Filetes muy equilibrados entre sí.

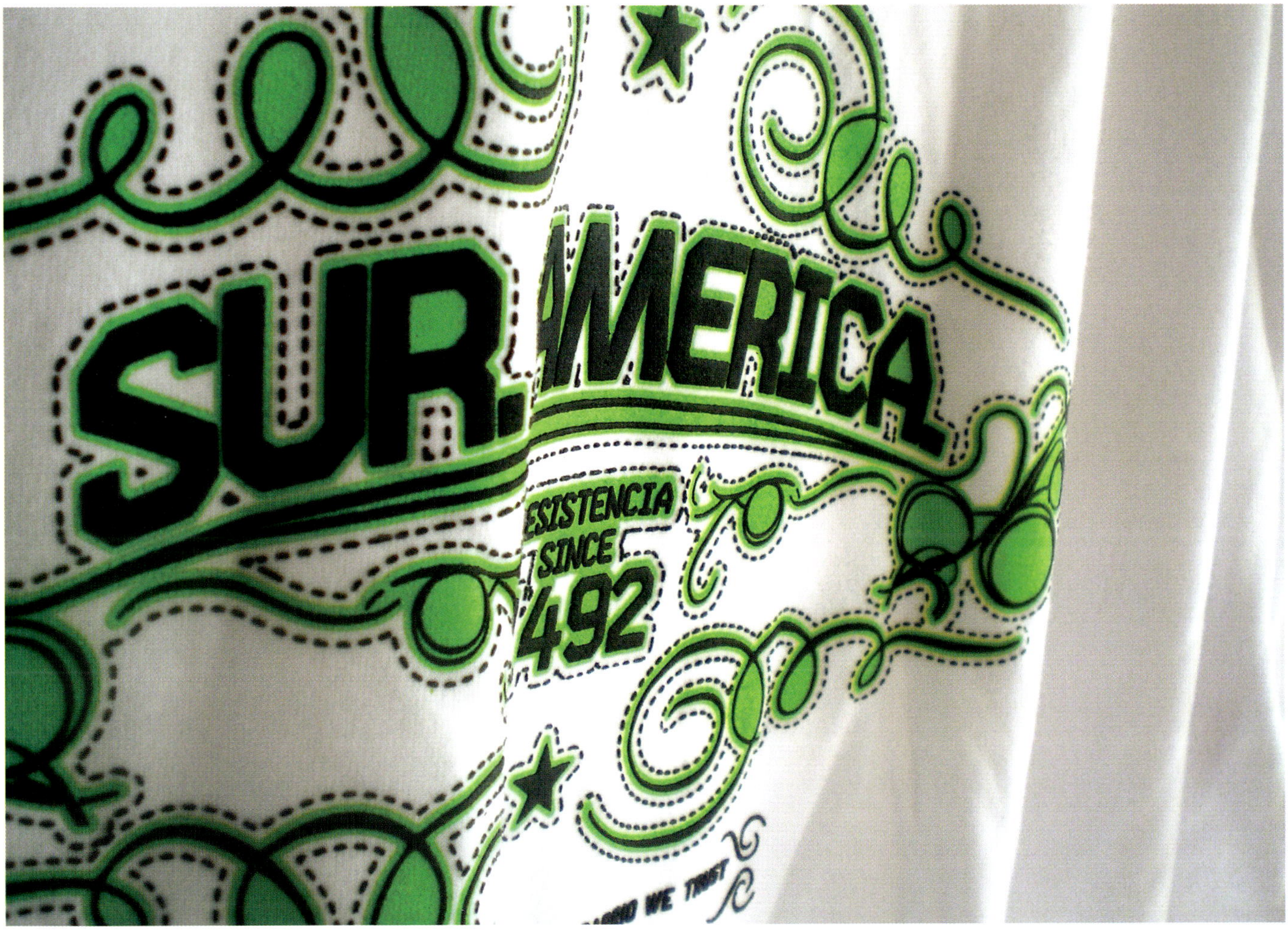
SUR. AMERICA
ESISTENCIA
SINCE
492

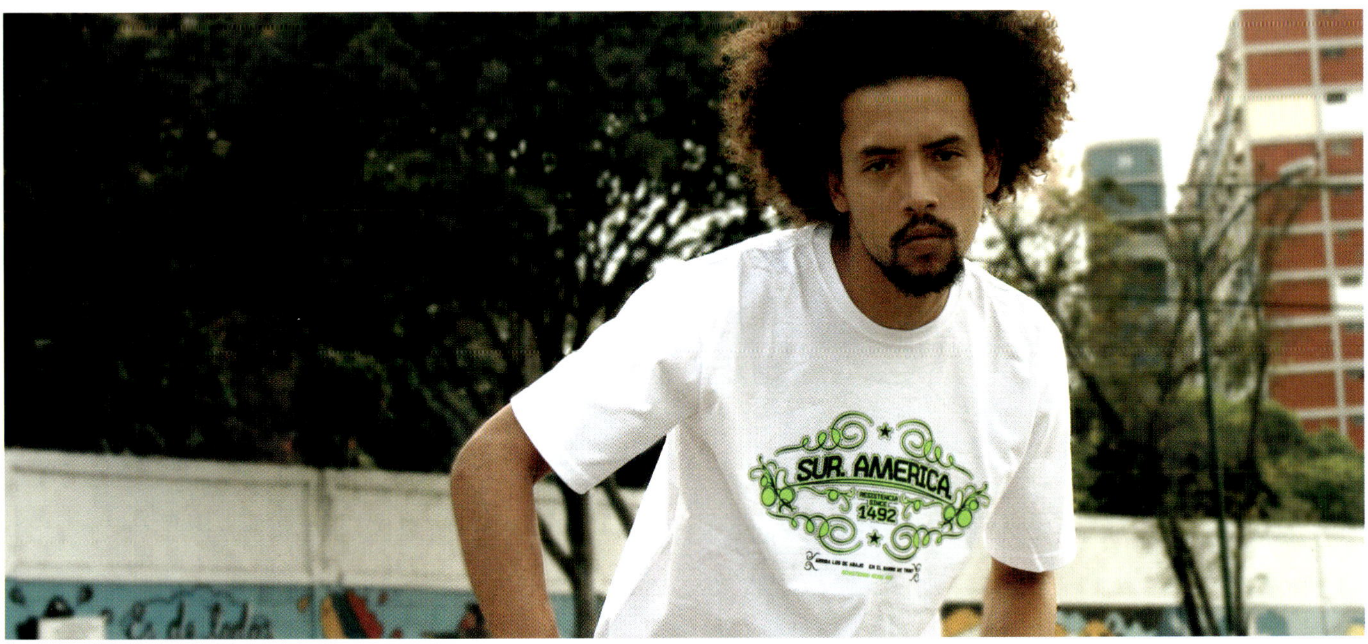
SUR. AMERICA
RESISTENCIA
SINCE
1492

LA CASA DE LOS CRISTALES

Client: La Casa de los Cristales
Studio: Dfcl Studio
Art Director: Ariel Ireneo Chavez
Designer: Romina Lardies
Buenos Aires, Argentina

La Casa de Los Cristales is one of the most important window distribution companies in Argentina. Being a company with a market presence of over 30 years, it had never changed its print and institutional image. The studio was convoked precisely to carry out this task, which implied institutional communications and typographic implementation, not to mention the development of the company's website. Continuing with a project began for La Casa de Los Cristales, the studio was offered the possibility of working on an integrated proposal with all the company's sub-brands, using the same aesthetics but in different tones to generate a sense of harmonic communication between them. Taking inspiration in the idea of a network, but also in the function the company had of a nucleus, a logo was elaborated through the contemplation of the concepts of union and the group, employing synthetic and geometric elements which were colored in neutral tones to respect these sensations.

La casa de los cristales es una de las empresas más importantes de Argentina en la distribución de vidrios. Siendo una compañía con una presencia de 30 años en el mercado, nunca habían cambiado su gráfica e imagen institucional. Fueron justamente convocados para realizar esta tarea que implicaba la comunicación institucional e implementación tipográfica, además del desarrollo de su sitio web. Continuando con el proyecto comenzado para La Casa de Los Cristales, se les brindó la posibilidad de trabajar en una propuesta integral con todas las submarcas, con una misma estética pero con distintos tonos, para finalmente generar una comunicación armónica entre todas. Por lo que inspirados en la idea de red, pero también en la función de núcleo que tiene esta empresa, en la elaboración del logo se contemplaron los conceptos de unión y de agrupación, empleando para ello elementos sintéticos, geométricos, los cuales se colorearon con tonos neutros para que respetaran estas sensaciones.

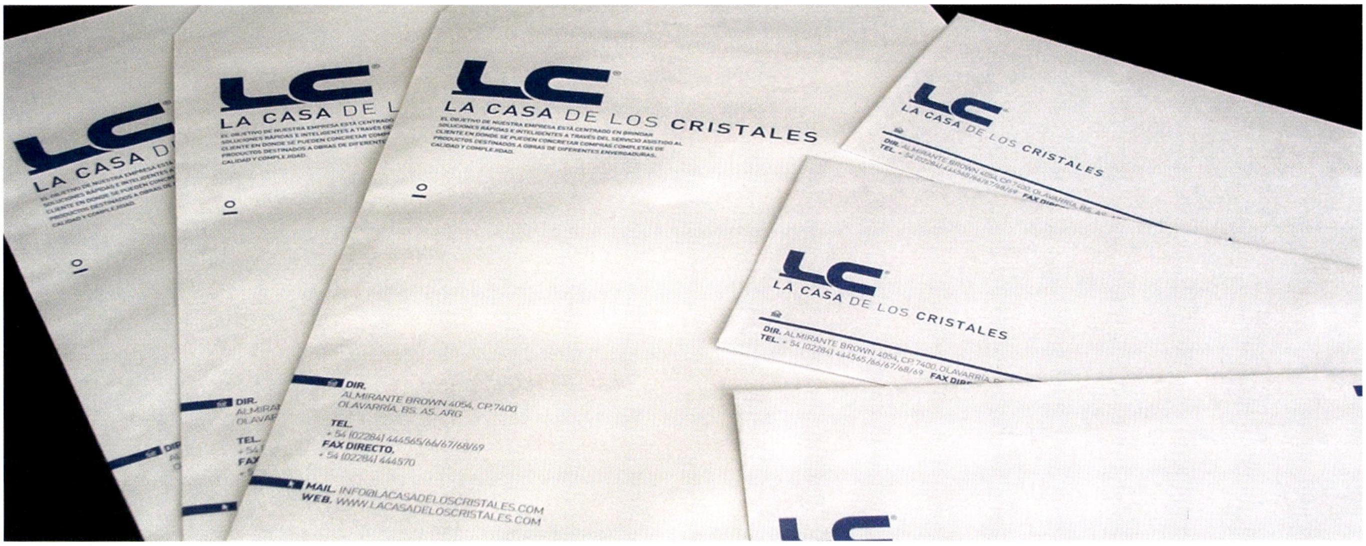
LC
LA CASA DE LOS CRISTALES
DIR.
ALMIRANTE BROWN 4054, CP.7400
OLAVARRÍA, BS. AS. ARG
TEL.
+54 (02284) 444565/66/67/68/69
FAX DIRECTO.
+54 (02284) 444570
MAIL. INFO@LACASADELOSCRISTALES.COM
WEB. WWW.LACASADELOSCRISTALES.COM

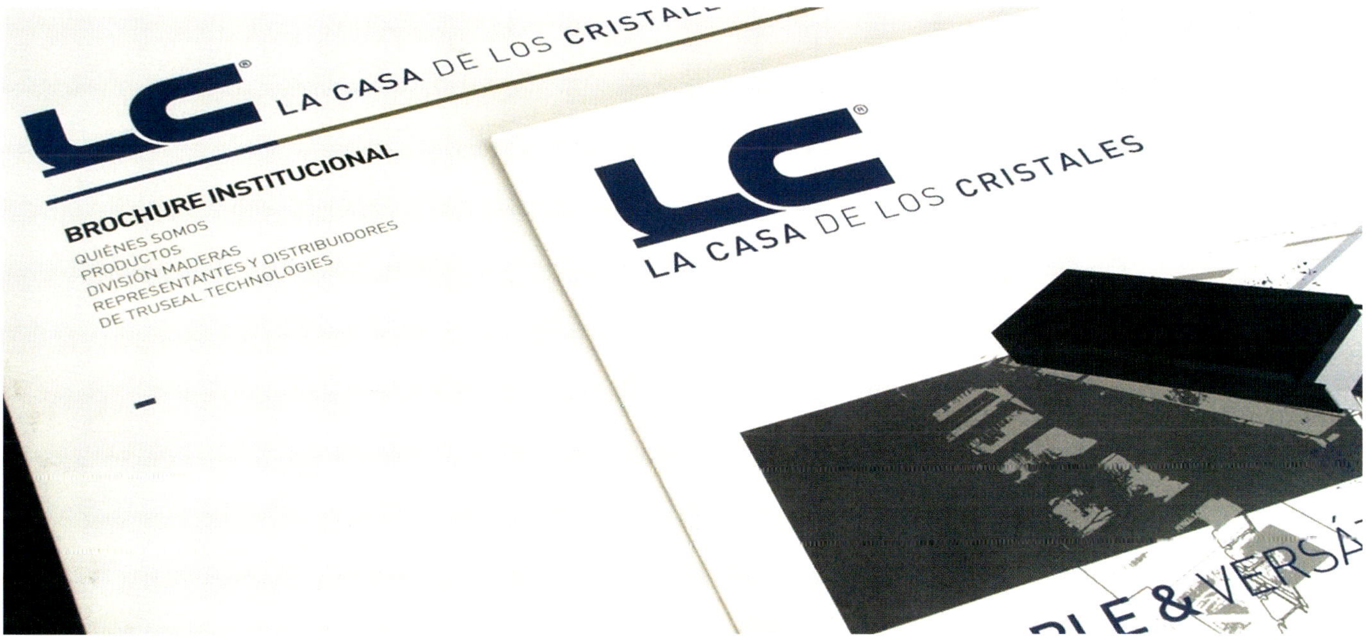
LC LA CASA DE LOS CRISTALES
BROCHURE INSTITUCIONAL
QUIÉNES SOMOS
PRODUCTOS
DIVISIÓN MADERAS
REPRESENTANTES Y DISTRIBUIDORES
DE TRUSEAL TECHNOLOGIES
LC
LA CASA DE LOS CRISTALES

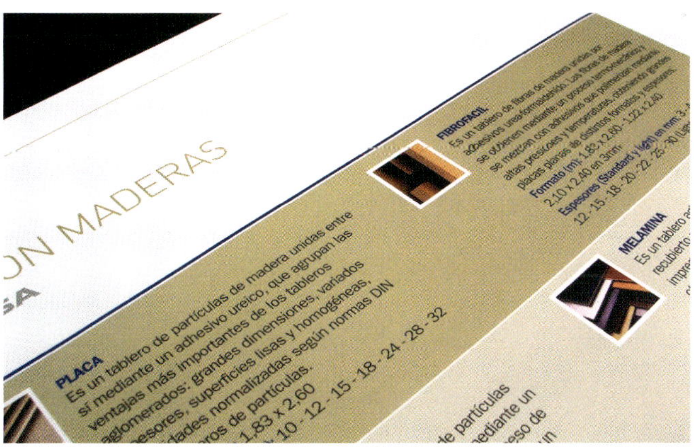
ON MADERAS
PLACA
FIBROFACIL
MELAMINA

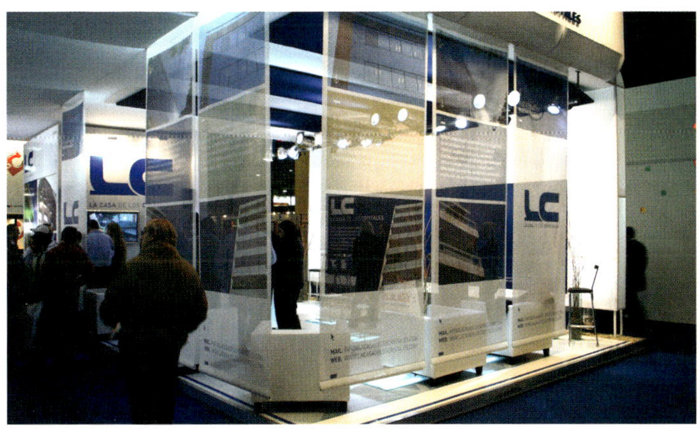

RUHAAK

Client: Ruhaak
Studio Design: Tnop Design
Design: Tnop Wangsillapakun
Chicago, EUA

Ruhaak is Christina Ruhaak's textile and rug designs company based out of Chicago. The company is specialized in custom design rugs with a high level of hand-done quality. The main challenge is to create the logo and identity that reflect Christina Ruhaak's design aesthetic and her process of thinking and working. The custom type on the logo came from the word "weave" and "thread" which represents textile and rug making very well. The logo represents the thread line of process that going through Christina Ruhaak's design. The color scheme used in the identity was taken from one of Christina Ruhaak signature color combinations.

Ruhaak es la empresa de diseños textiles y de alfombras de Christina Ruhaak basada en Chicago. La empresa está especializada en alfombras diseñadas a medida con una gran calidad artesanal. El reto principal es crear el logotipo y la identidad que refleje la estética de diseño de Christina Ruhaak y su modo de pensar y trabajar. La fuente hecha a medida del logotipo proviene de la palabra "tejer" e "hilo" que representan muy bien el concepto de textil y de fabricación de alfombras. El logotipo representa el hilo del proceso por el que pasa en el diseño de Christina Ruhaak. El esquema de color utilizado en la identidad se tomó de una de las combinaciones de color característica de Christina Ruhaak.

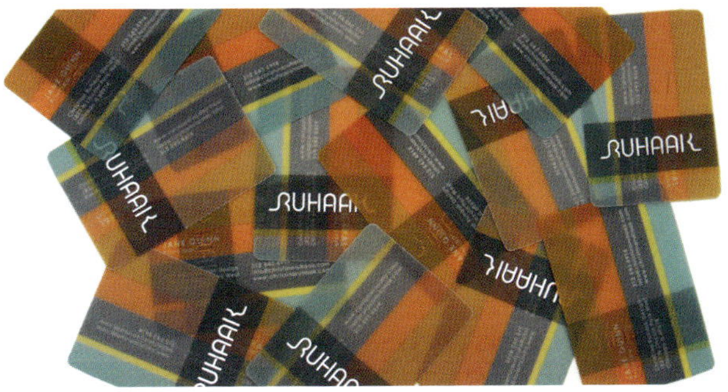

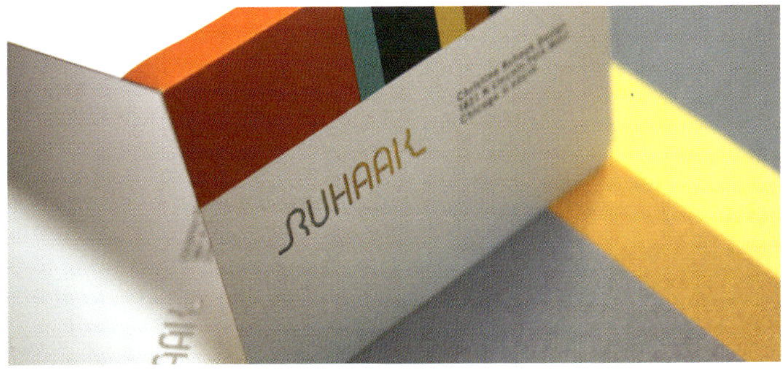

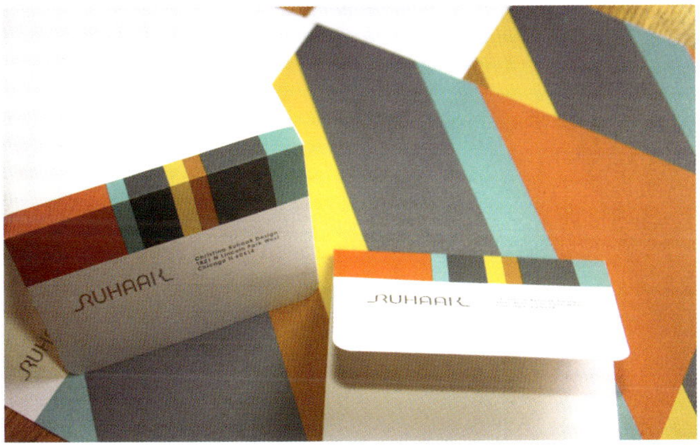

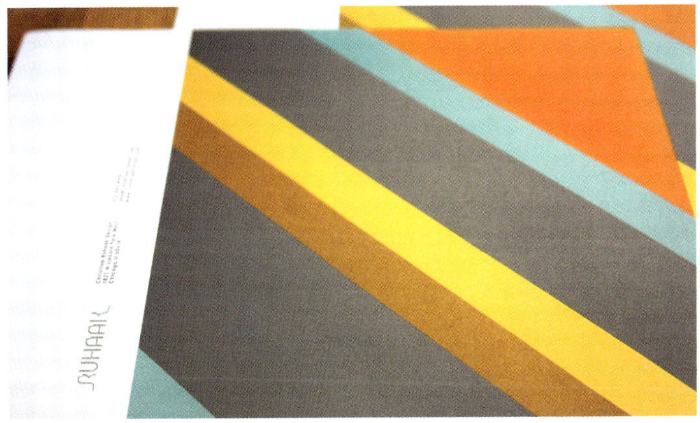

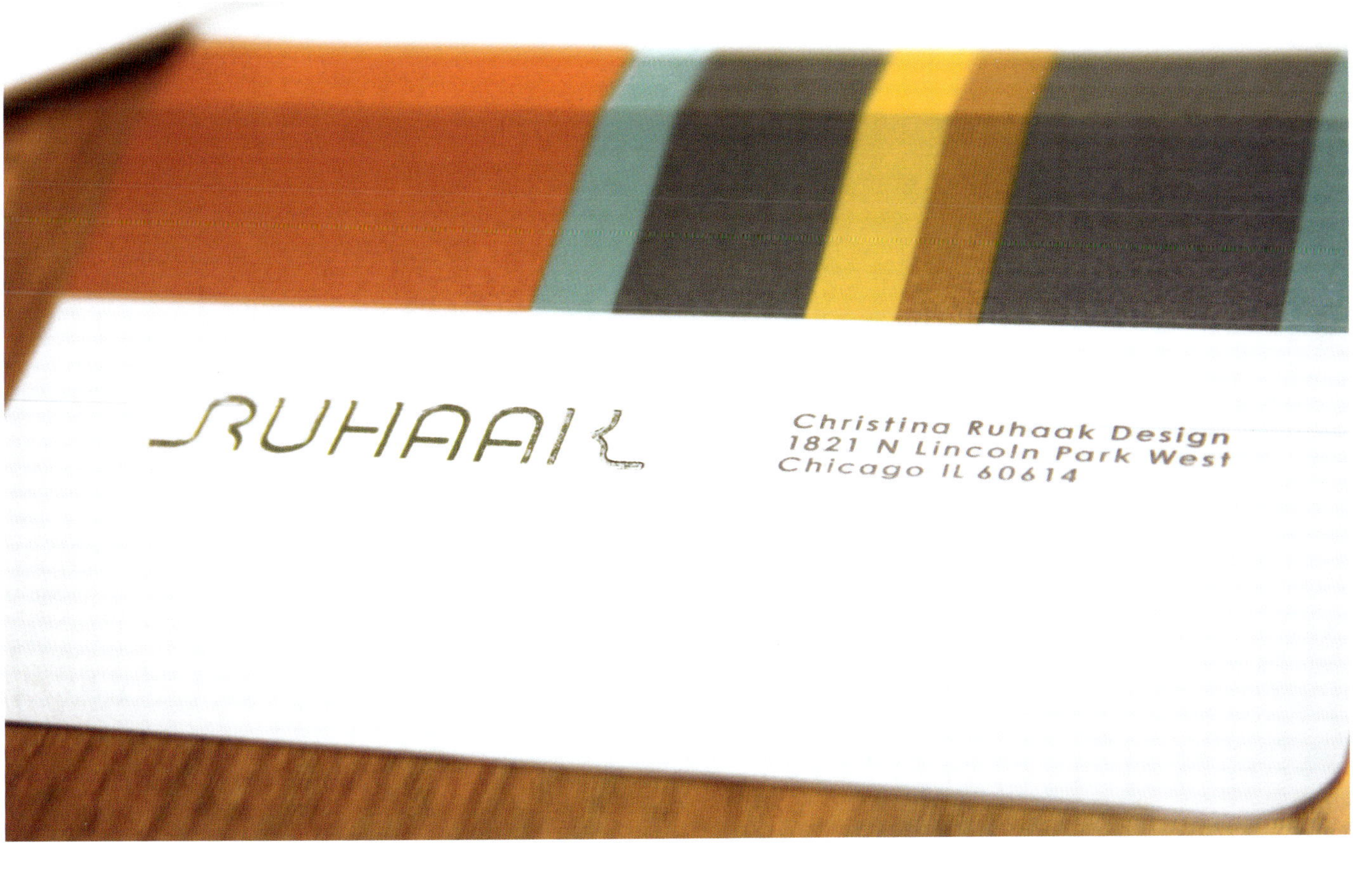
RUHAAK
Christina Ruhaak Design
1821 N Lincoln Park West
Chicago IL 60614

ENV

Client: enV
Studio Design: Tnop Design
Design: Tnop Wangsillapakun
Chicago, EUA

The brand enV is a hair-care system that speaks to the heightened level of confidence and exclusivity the end user hopes to attain. Additionally, as a very modern interpretation of the French phase "en vie" meaning "alive", from which enV speaks directly to the preventative nature of the product - new life, health and vitality. The "V" in the logo represents the nature of the product, it shows the movement of the healthy hair.

La marca enV es un sistema de cuidado capilar que hace referencia al elevado nivel de confianza y exclusividad que el usuario final espera obtener. Además, como una Interpretación muy moderna de la frase francesa "en vie" que significa "vivo", desde el cual enV hace referencia directamente a la naturaleza preventiva del producto - nueva vida, salud y vitalidad. La "V" del logotipo representa la naturaleza del producto y muestra el movimiento del cabello sano.

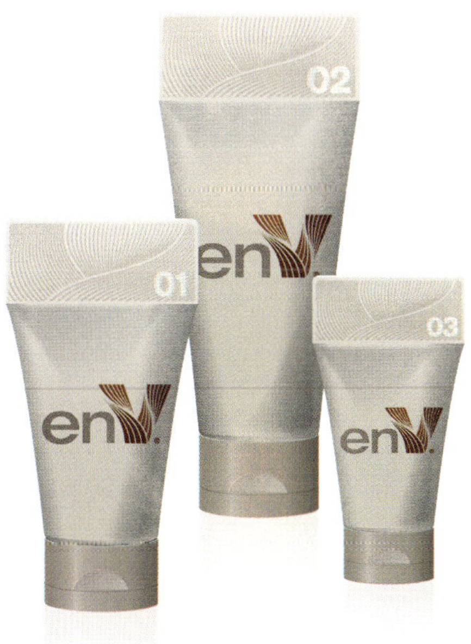
02
01
03

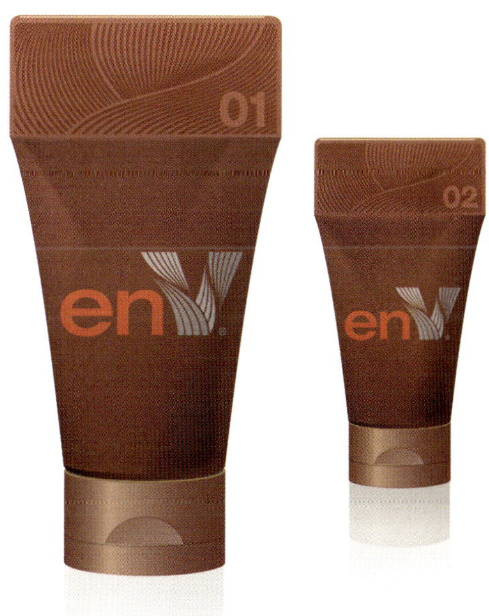
01
02

LA MALDITA

Client: La Maldita
Studio: Dfcl Studio
Art Director: Ariel Ireneo Chavez
Designer: Maximiliano Haag
Bunos Aires, Argentina

La Maldita is a recently created comprehensive production company working in publicity, photography and entertainment. It was commissioned to developed the art direction and communication for another company which stood out for being provocative, modern and on the cutting edge. In this project, as it was a new client in their portfolio, they had to start from the bottom up with by developing all its print media, website and stationery, elements that would determine the visual profile the company would be taking on. At the same time, this had to be instilled with the attitude of the project that had been undertaken by the production company. The logo design had to have a bold and forceful look, so to achieve this they worked with large typographic shapes to represent the intended visual strength that the production company wanted to generate.

La Maldita es una productora integral creada recientemente dedicada a la publicidad, la fotografía y el entretenimiento. Fueron convocados para desarrollar la dirección de arte y comunicación de la empresa, que se destaca por su carácter actual, moderno y provocador. En este proyecto, al tratarse de un cliente nuevo en su rubro, hubo que partir desde cero en el desarrollo integral de su gráfica, web y papelería, elementos que determinarían el perfil visual que adquiriría la empresa, a la vez que debería plasmar la actitud con la que fue encarado el proyecto de la productora. Para el diseño del logo quisieron lograr una imagen fuerte y violenta, para lograrlo, trabajaron con cuerpos tipográficos grandes, que representaran la fuerza visual que intencionadamente, quería generarse desde la productora.

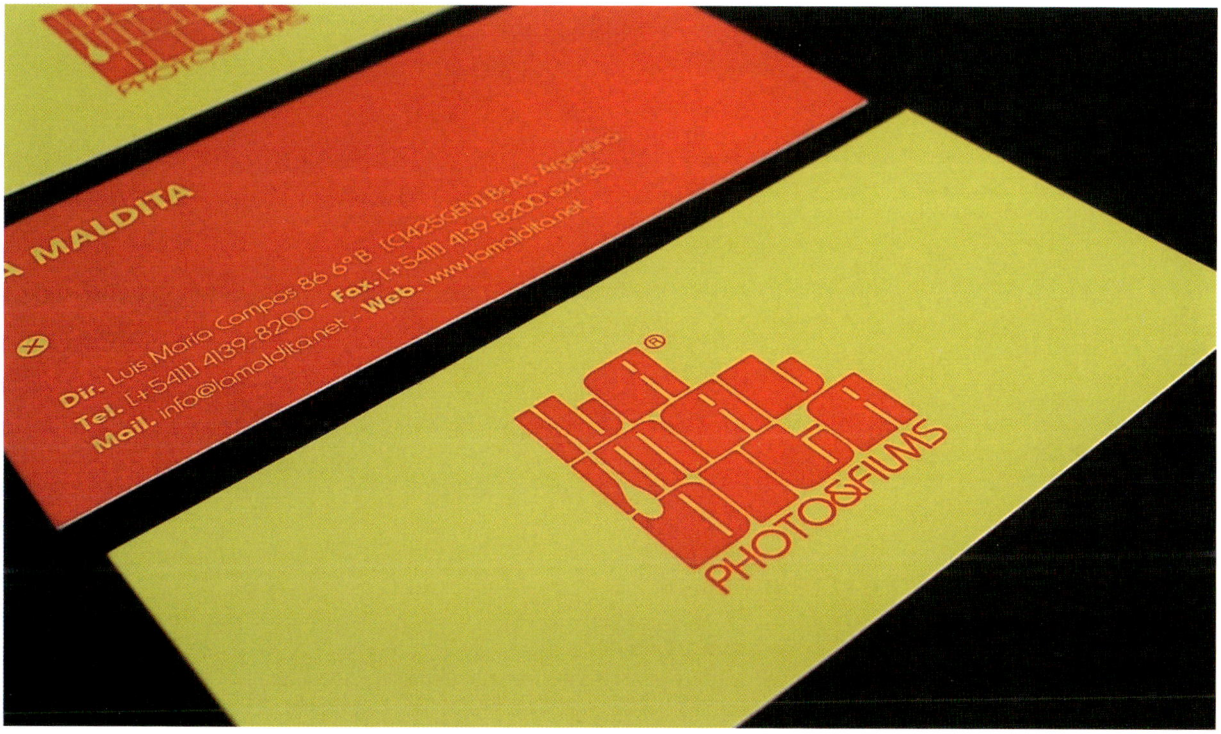
A MALDITA
Dir. Luis María Campos 86 6º B [C1425GEN] Bs. As. Argentina
Tel. [+5411] 4139-8200 - Fax. [+5411] 4139-8200 ext 35
Mail. info@lamaldita.net - Web. www.lamaldita.net
PHOTO&FILMS

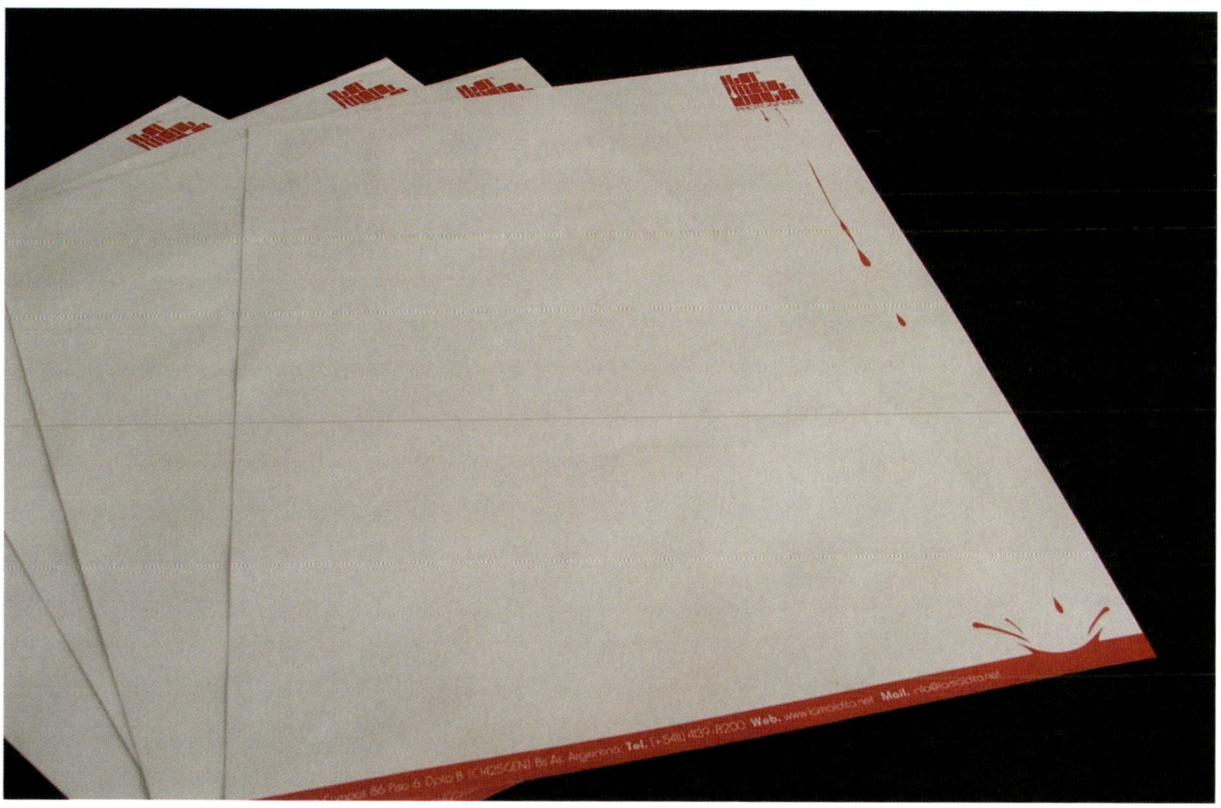

FEELING

Client: Feeling Shop.es
Studio: Inercia grafica
Designer: Alex Moreno
Castelldefels, Spain

When the call came for the studio to create this logo for an Internet company selling erotic products, lingerie and so on online, it became quite evident from the briefings that the company's greatest objective at the time of purchase was to break up the routine and monotony in a couple's life. They didn't have a clear name for their company, so a market study was done, plus a certain amount of naming work, until finally the best was settled upon, one that was clear at first sight: Tienda de sensaciones (The Sensations Shop). This name provided them with the clues the studio needed to create a logo. Initially they used gestural icons to express sensations through emoticons, but these evolved, without losing the initial thread, until they hit upon the two funny illustrations reflecting the typical image of the miniature angel and devil over your shoulder. With these two icons, they wanted to make sure that the products being sold in "the sensations shop" were basically toys to play around with, and that they were both for the shier and the more outgoing among us. In the beginning the color pink was used, but they switched to red, the color of love and passion. As pink tends to lean toward femininity, it had always been made quite clear in the briefings that the company's products were unisex. Finally, in terms of typeface, several options were tested, at first seeking out a typeface that was more juvenile, fun and lively... But these were discarded as one could easily fall into the trap of having a less than serious image, which is why we opted for a more modern typeface with a square, streamlined structure and rounded corners.

Cuando llegó al estudio la creación de este logo para una empresa de venta online por Internet de productos eróticos, lencería y otros, destacaba en el briefing bien claro, que su mayor objetivo a la hora de vender, era la de romper la rutina y monotonía en la pareja. No tenían muy claro el nombre para la empresa, y realizaron un estudio de mercado e hicieron labores de naming, hasta finalmente llegar al deseado, el cual desde el primer momento lo vieron claro: Tienda de sensaciones. Este nombre les dio pistas a la hora de crear el logotipo. Inicialmente utilizaron iconos gestuales que expresaban sensaciones mediante emoticones, y fueron evolucionando sin perder esta pauta inicial, hasta llegar a dos ilustraciones divertidas que reflejaran la típica imagen del angelito y el demonio. Con estos dos iconos se quiso dar a entender que los productos que se vendían en la "tienda de sensaciones" son básicamente para jugar, y que son tanto para la gente tímida como para la extrovertida. En un inicio se uso el color rosa, pero pasaron a un rojo, como color del amor y de la pasión, además de que el rosa tiende mas a la feminidad, y siempre se les dejo claro en el briefing que sus productos son unisex. Por último, tipográficamente probaron diversas opciones de tipos, al principio buscaron una tipografía mas juvenil, divertida, dinámica... Pero se descartó ya que se podía caer en el error de dar una imagen de poca seriedad, por eso se decantamos por una tipografía mas moderna, de estructura cuadrada con cantos redondos y con palo seco.

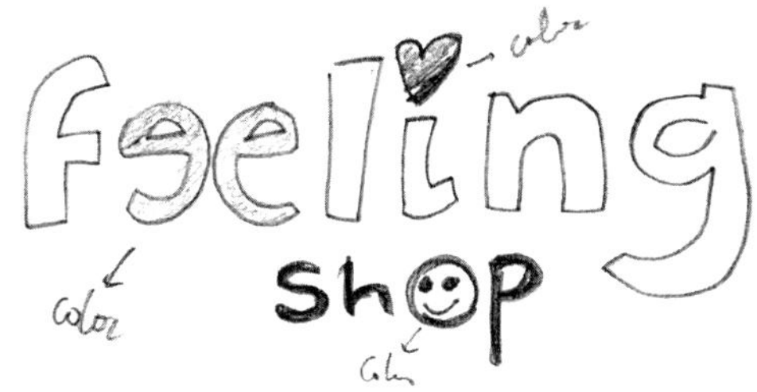

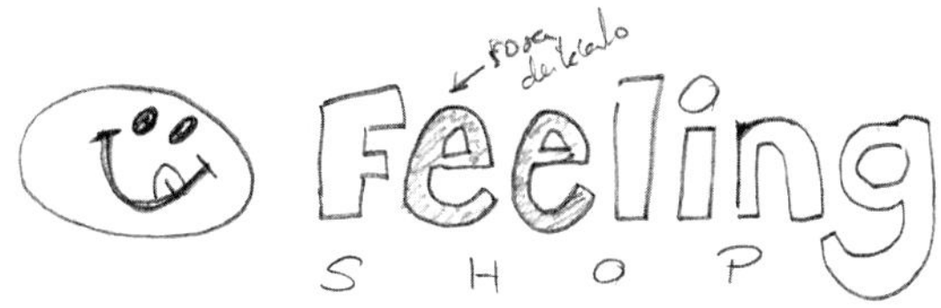

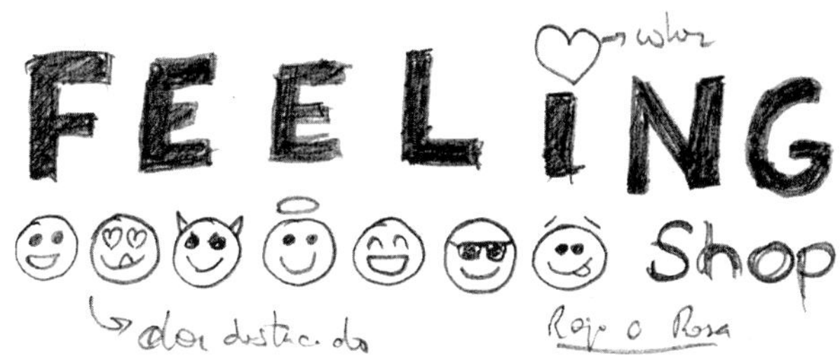

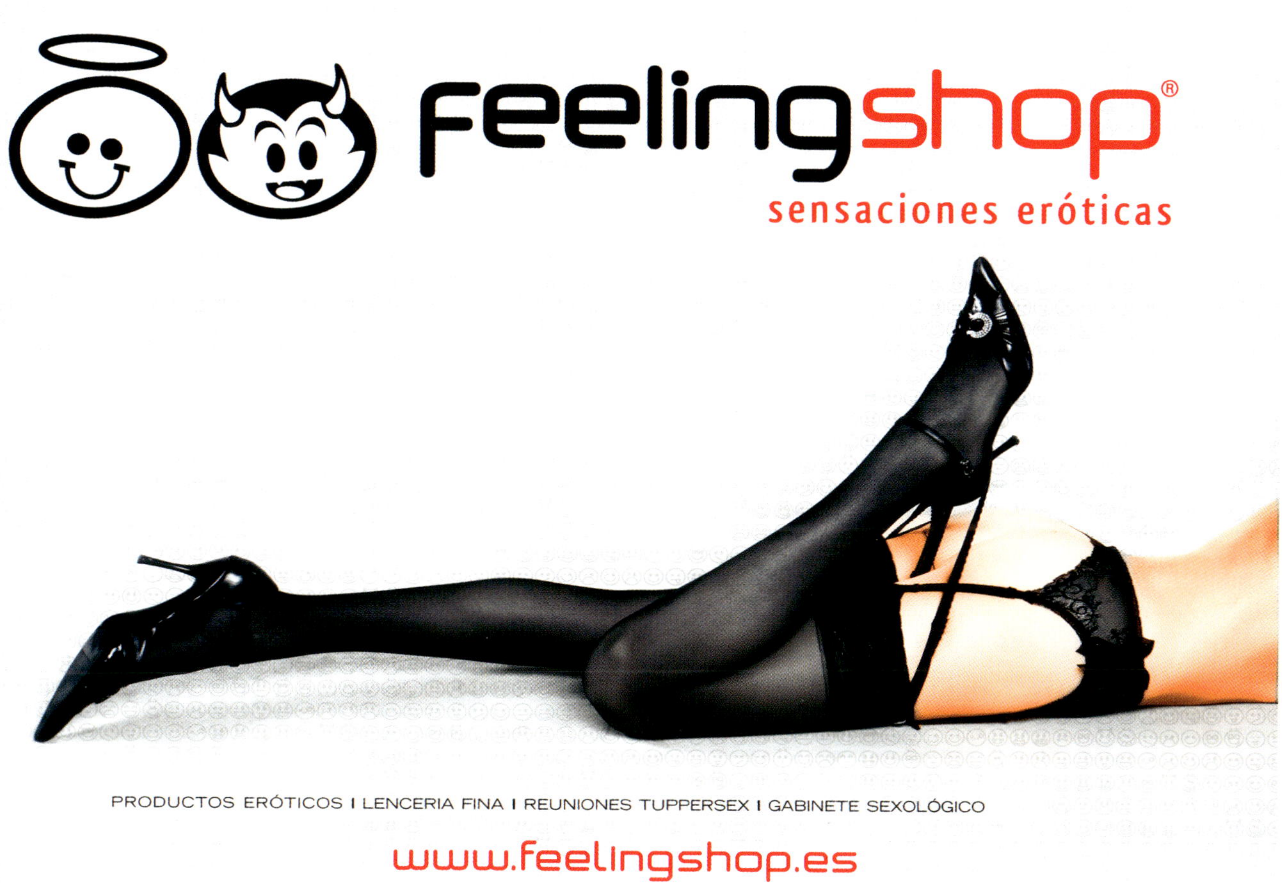
feelingshop®
sensaciones eróticas
PRODUCTOS ERÓTICOS I LENCERIA FINA I REUNIONES TUPPERSEX I GABINETE SEXOLÓGICO
www.feelingshop.es

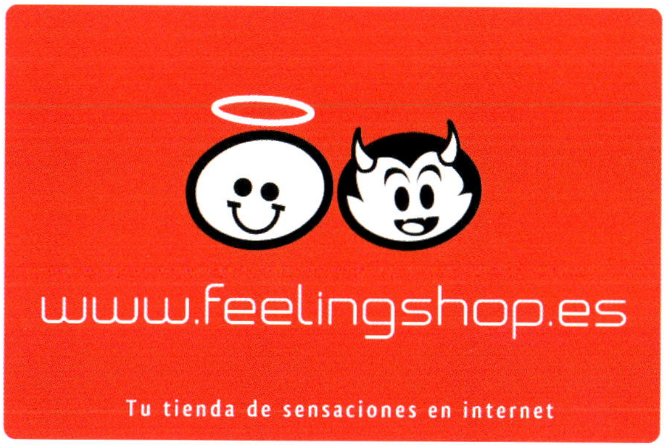
www.feelingshop.es
Tu tienda de sensaciones en internet

DIFERENT

Client: Diferent. Centro Holístico Cultural
Studio: Inercia grafica
Designer: Alex Moreno
Castelldefels, Spain

Logo created for a holistic cultural center where therapy is done and natural products are used as an alternative to medicine. When the first sketches were made for this corporative image, it was clear from the beginning that a symbolism that expressed nature had to be transmitted at a glance. Calmness, tranquility, balance, serenity... were all concepts which had to be kept in mind when making this logo. Another of the objectives was to create a modern look that would break away from the stereotypes that relate natural therapies with the methods and ointments of this type of medicine from the distant past. Once the first sketches were made, the logo was further shaped by adding details, forms and print elements to strengthen this concept of nature. In terms of colorimetry, different tones within a range of browns, blues and greens were used, which represented the soil, wood, roots, water, leaves, plants... In the end, brown was chosen to be the main color, but the power of using the other colors was not rejected for other corporate applications.

Logotipo creado para un Centro Holístico Cultural donde se imparten terapias y se utilizan productos naturales como alternativa a la medicina. Cuando se empezó a bocetar esta imagen corporativa, se tuvo claro desde el principio que debía transmitir una simbología que exprese naturaleza a simple vista. Calma, tranquilidad, equilibrio, serenidad... son conceptos que tuvieron en cuenta a la hora de realizar dicho logotipo. Uno de los objetivos también fue crear una imagen moderna, que rompa con los tópicos que relacionan las terapias naturales con métodos y ungüentos de medicina antigua. Una vez creados los primeros bocetos, fueron perfilando el logotipo añadiendo detalles, formas y elementos gráficos que potenciaran ese concepto de naturaleza. A nivel de colorimetría trabajan con diferentes colores dentro de la gama de los marrones, azules y verdes, que representan la tierra, madera, raíces, agua, hojas, plantas... Finalmente se eligió el color marrón, como principal, pero no se desestimó el poder usar los otros colores para otras aplicaciones corporativas.

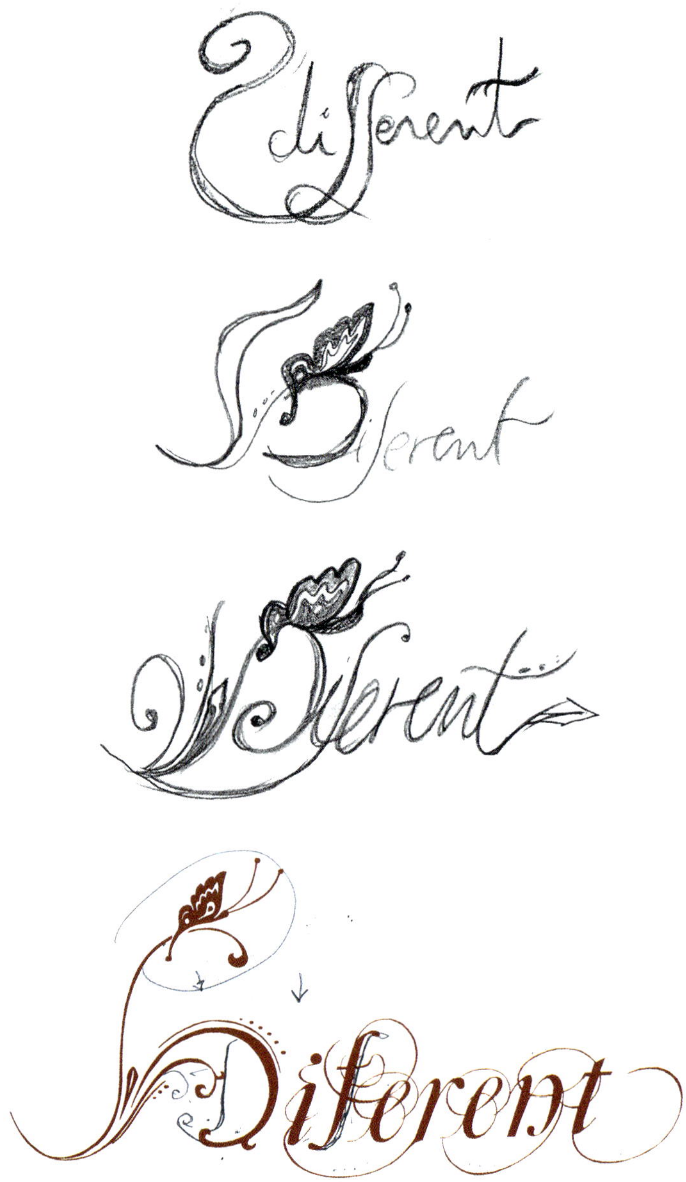

Diferent

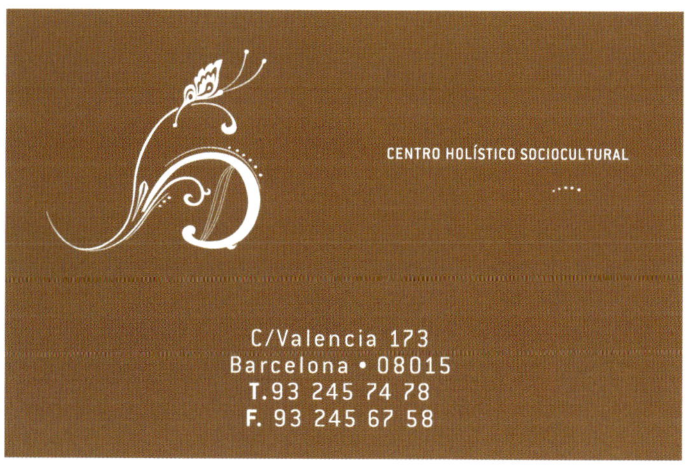
CENTRO HOLÍSTICO SOCIOCULTURAL
C/Valencia 173
Barcelona • 08015
T. 93 245 74 78
F. 93 245 67 58

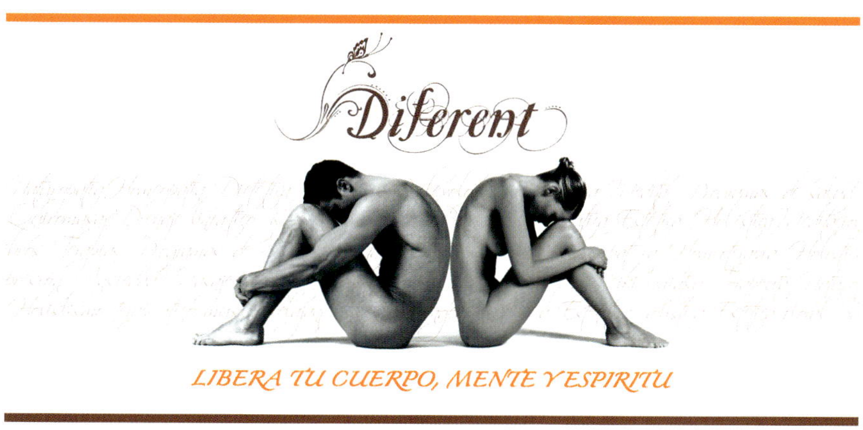
Diferent
LIBERA TU CUERPO, MENTE Y ESPIRITU

LUE

Client: La universidad Emocional
Studio: Gestocomunicación
Designer: David Robles
Photography: David Romualdo
Huelva, Spain

For a project as new and unique as this one-of-a-kind academic center, a trademark outfitted with certain mobility was put forth, one that would accept plenty of applications. Playing with space was the main characteristic of this proposal, a university that incorporates an article into its trademark. What's more, a visual tridimensionality is suggested, opening a door for the observer's open interpretation, actively participating in the construction of the message. Black and white minimalism focuses attention on the bold and varied compositions, whose forms do not cast off their sense of simplicity.

Para un proyecto tan novedoso como este original centro académico, se plantea una marca provista de movilidad que acepta multitud de aplicaciones. El juego espacial es la principal característica de esta propuesta para una Universidad que incorpora el propio artículo en la marca. Además, se sugiere una tridimensionalidad visual y se abre una puerta para que la libre interpretación del espectador participe activamente en la construcción del mensaje. El minimalismo del blanco y el negro focaliza la atención en las atrevidas y variadas composiciones, que no abandonan la simplicidad en las formas.

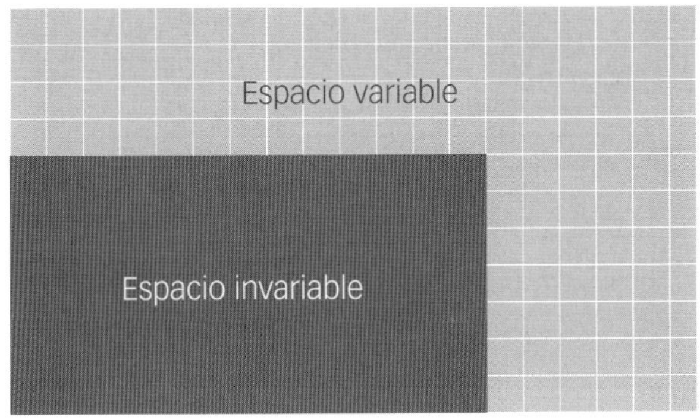

la
universidad
emocional_

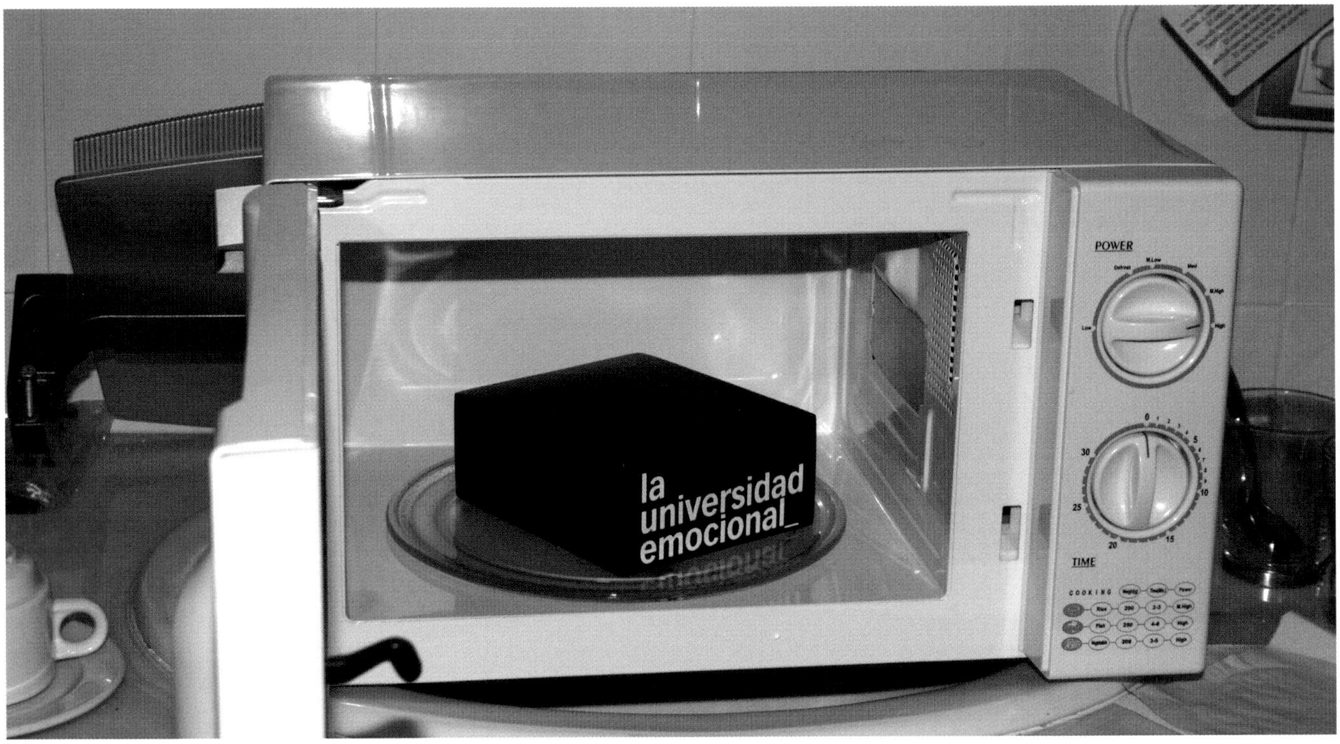
la
universidad
emocional_
POWER
TIME

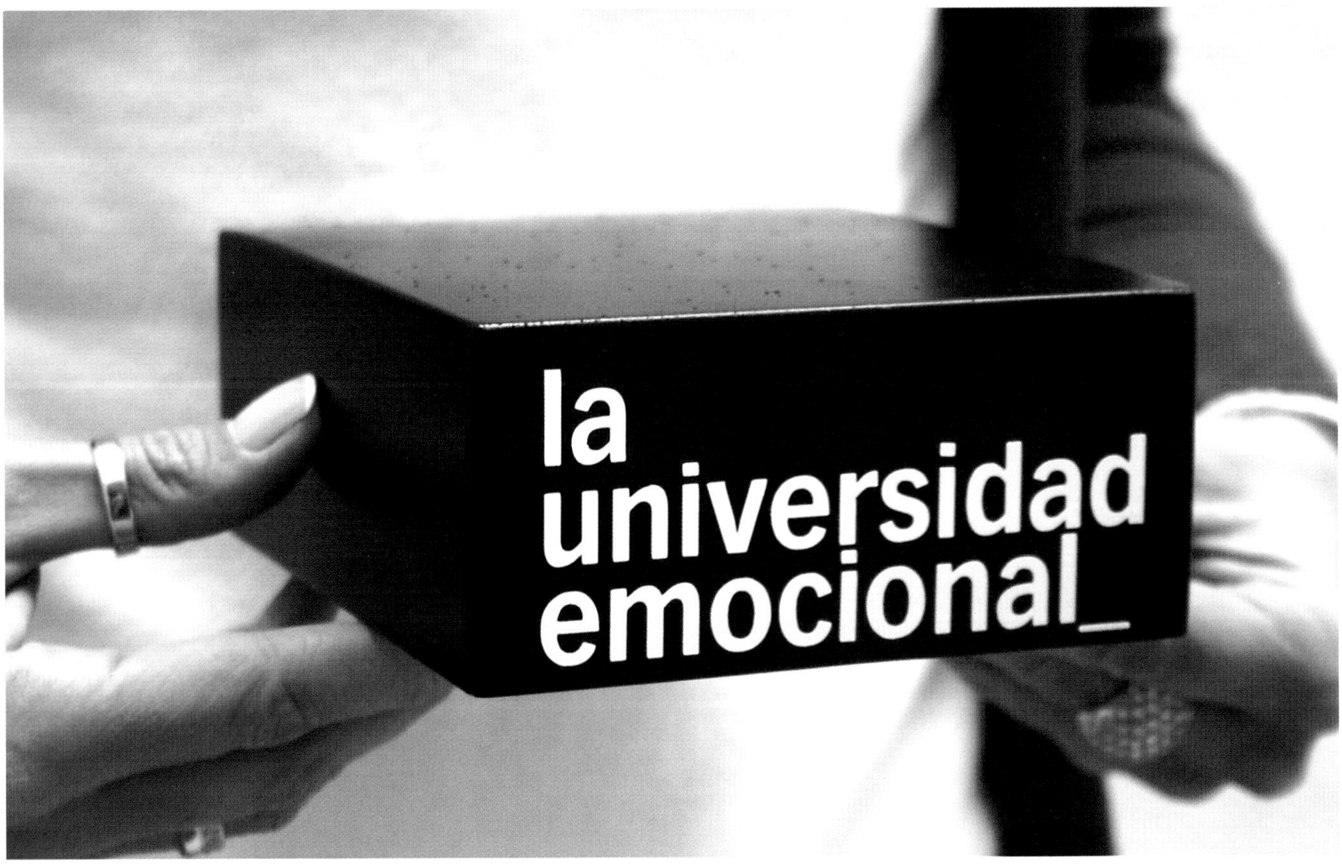
la
universidad
emocional_

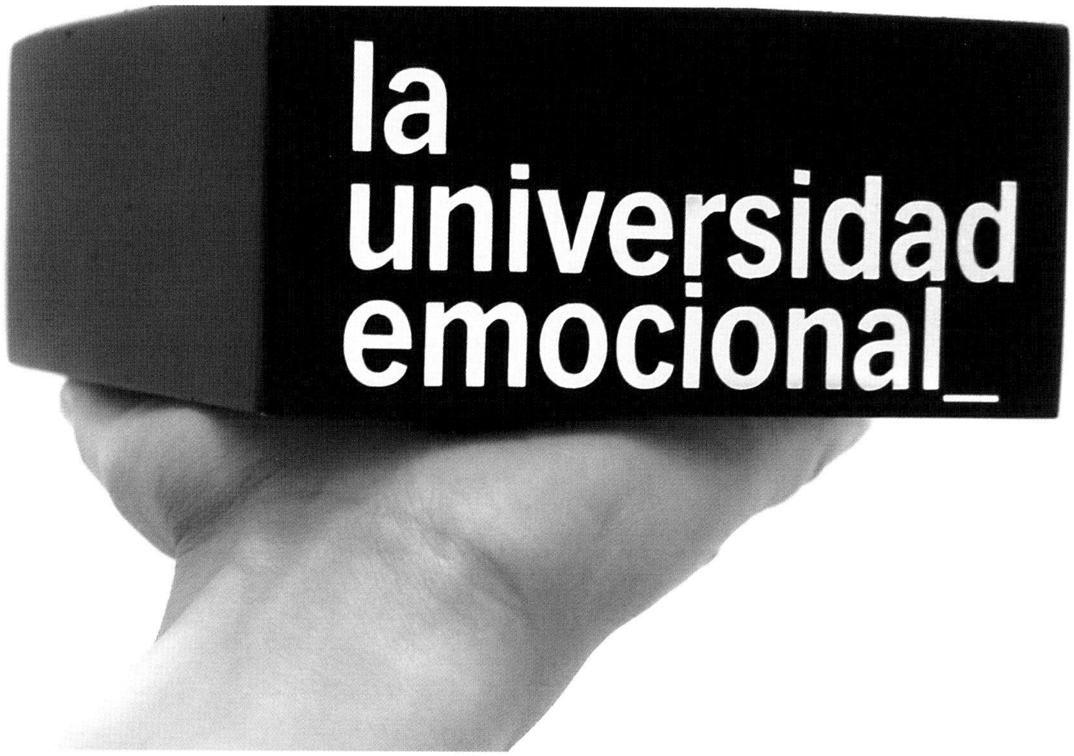
la
universidad
emocional_

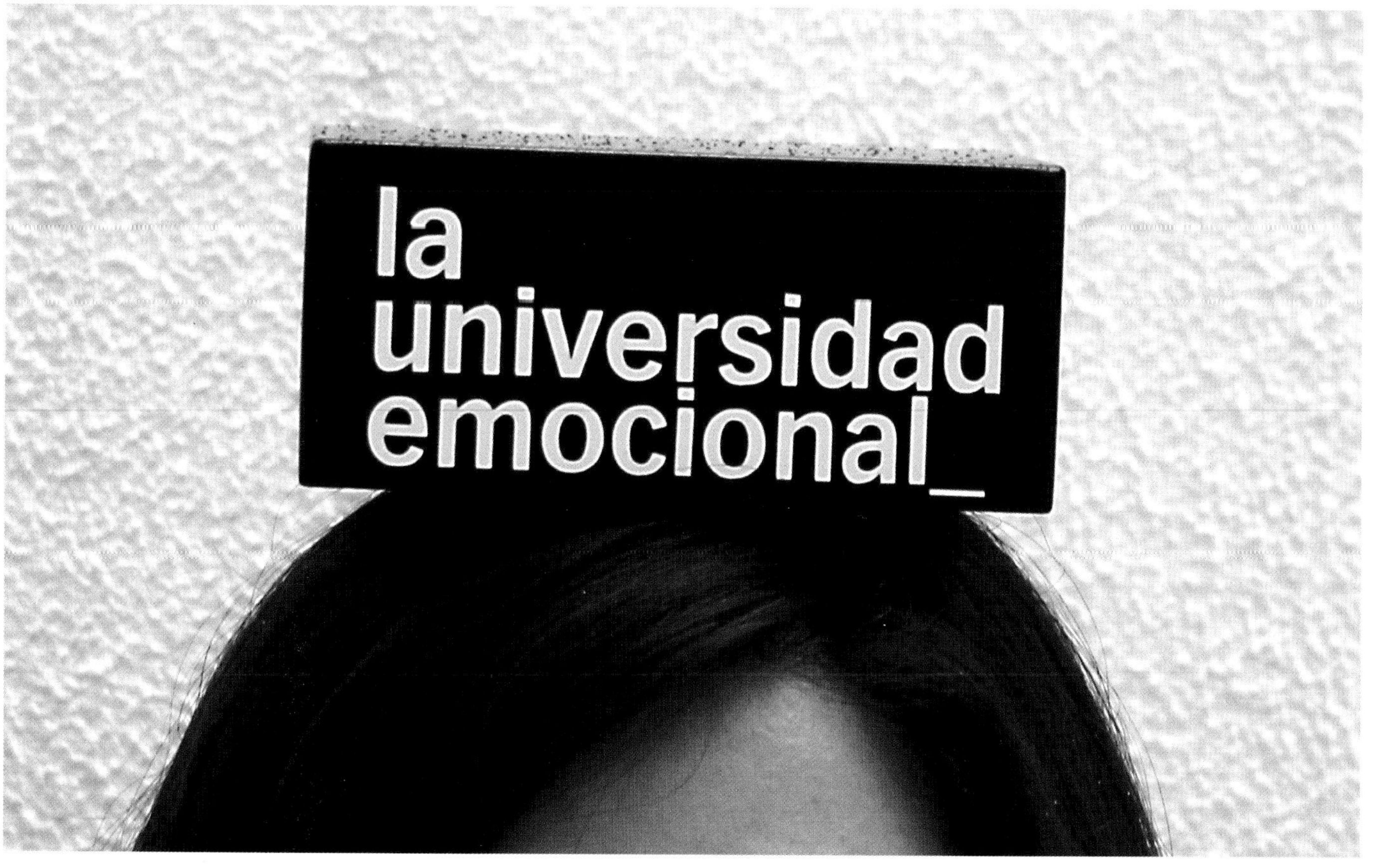
la
universidad
emocional_

ALTREFORME

Client: Fontanagroup
Studio: Jekyll & Hyde
Creative Director: Marco Molteni, Margherita Monguzzi
Designer: Gaia Daverio
Milano, Italy

Logo design for Altreforme; it's the new brand of Fontanagroup matching automotive technologies and processes with contemporary design to realize high level aluminium fitting meant for an elite and exclusive target. They create an elegant, contemporary brand that is born like monogram from a and f, the two first letter of the brandname. The final result is a styled fountain to bring up the link with the group and its tradition of technological innovation.
Different from the Fontana core business. Different from the existing offer provided by the contemporary design market. Altre = different Forme = shapes

Diseño de logotipo para Altreforme; la nueva marca de Fontana Group que combina las tecnologías y procesos de la automoción con el diseño contemporáneo para fabricar un accesorio de aluminio de alta calidad destinado a un público elitista y exclusivo. Crearon una marca elegante y contemporánea que nace como un monograma a partir de la letra a y la f, las dos primeras letras de la marca. El resultado final es una fuente estilizada para resaltar el vínculo con el grupo y su tradición de innovación tecnológica. Diferente de la actividad principal. Diferente de la oferta existente proporcionada por el mercado de diseño actual. Altre = diferente Forma = formas

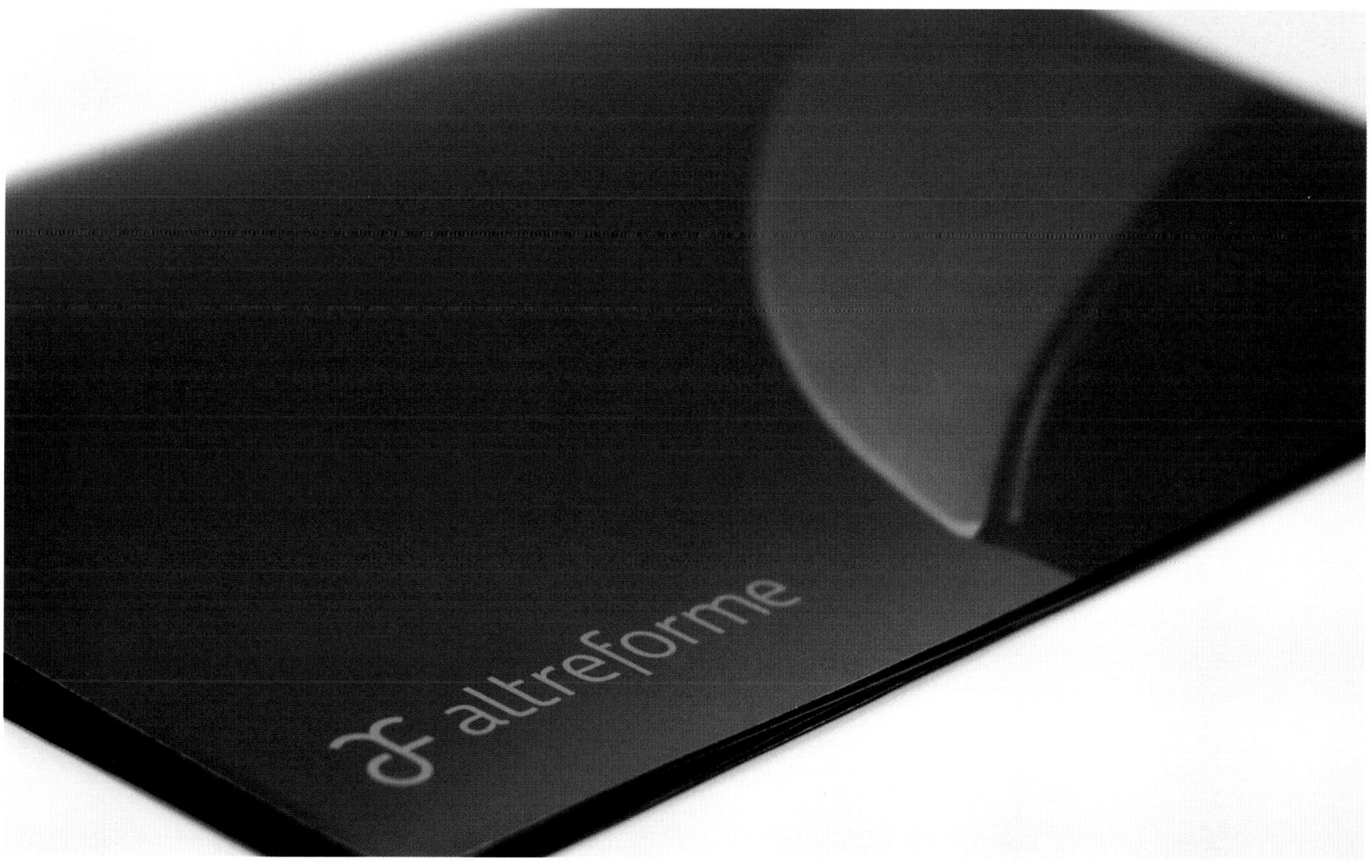
altreforme

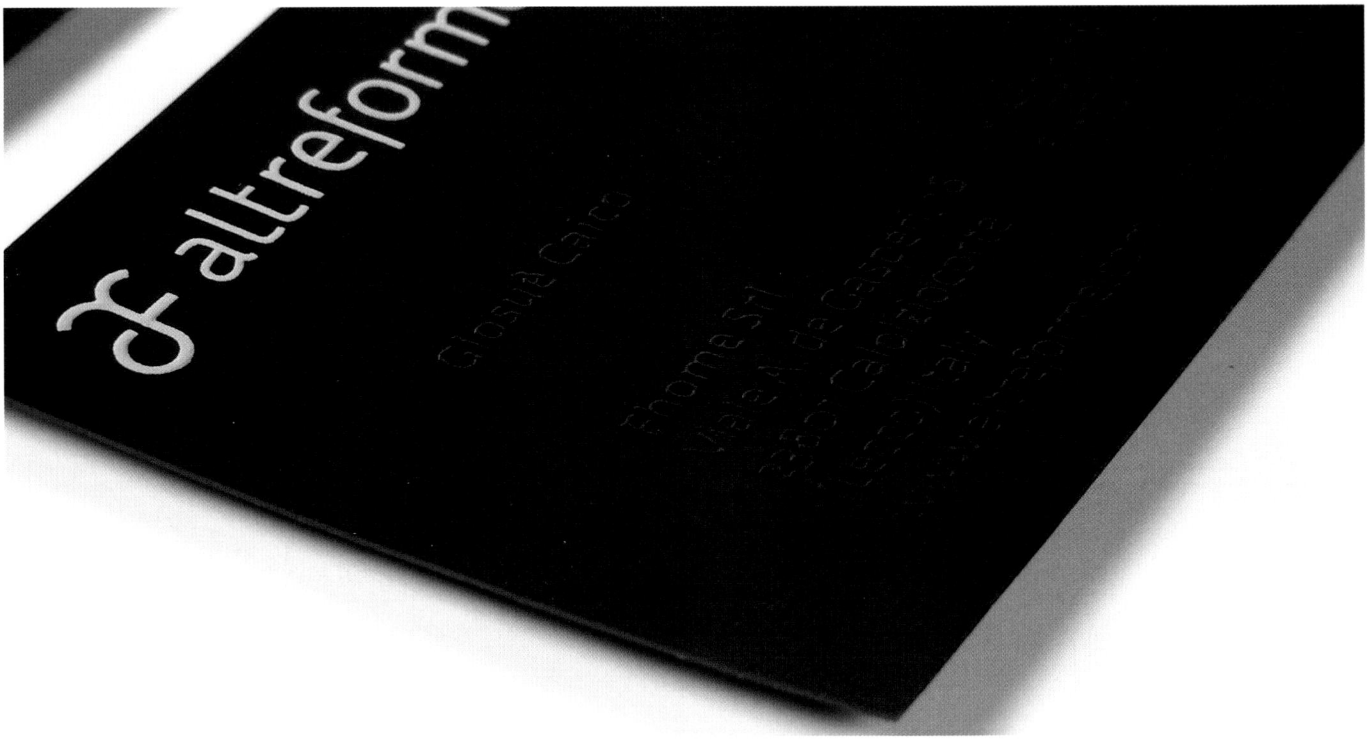
altreforme

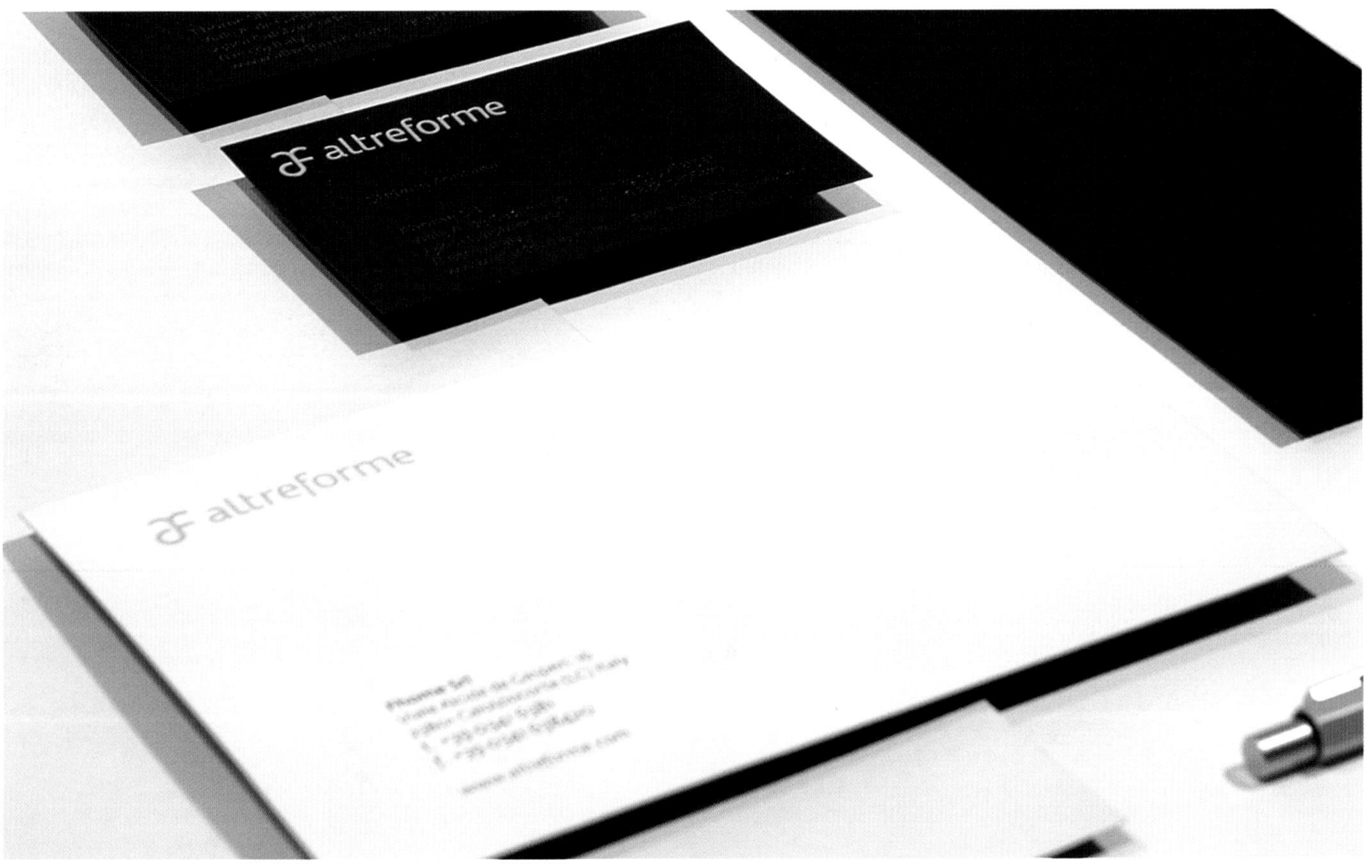
altreforme
altreforme

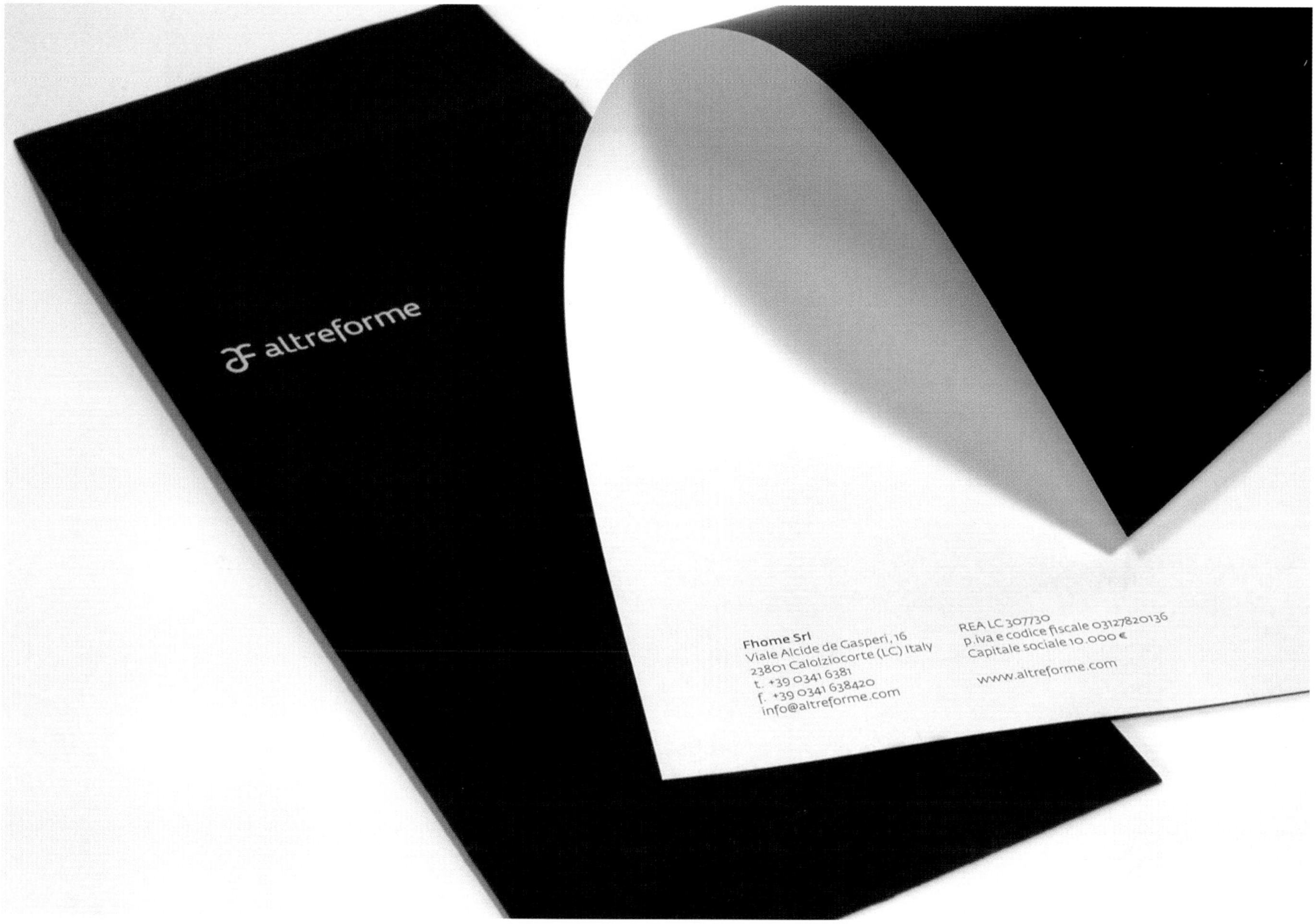
altreforme
Fhome Srl
Viale Alcide de Gasperi, 16
23801 Calolziocorte (LC) Italy
t. +39 0341 6381
f. +39 0341 638420
info@altreforme.com
REA LC 307730
p.iva e codice fiscale 03127820136
Capitale sociale 10.000 €
www.altreforme.com

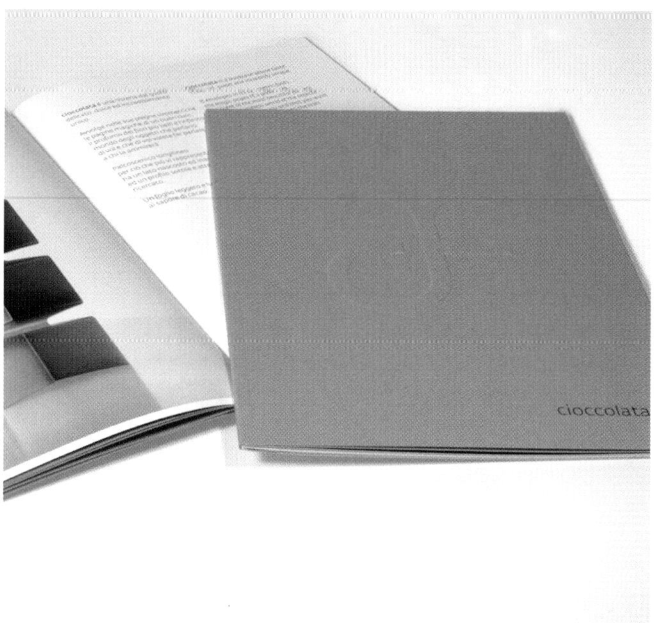
cioccolata

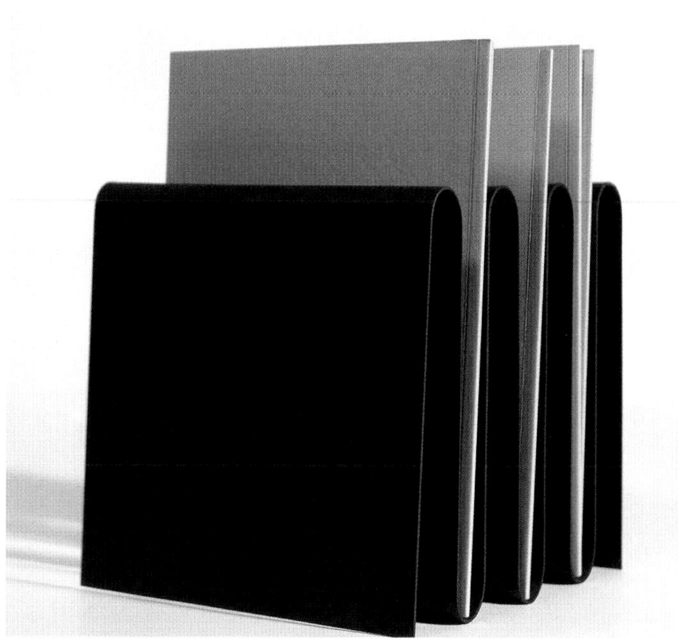

BIKERIBBON

Client: La Spirale
Studio: Jekyl & Hyde
Creative Director: Marco Molteni,
Margherita Monguzzi
Designer: Elena Bonanomi
Milano, Italy

This is the new identity for Bike Ribbon, a leading racing and mountain bike accessories brand. The project involves restyling the entire corporate identity, from the product packaging to the website, and it started with the new logo. The spiral - a key, historical element for the company - has been redesigned. The aim was for a flexible, memorable look. Alongside this contemporary, dynamic symbol, they placed simple, very clear lettering. Finally, for the corporate colour they chose a deeper shade of the orange hue that has always identified the company.

Nueva identidad para Bike Ribbon, una de las principales marcas de accesorios para bicis de carreras y de montaña. El proyecto implica dar un nuevo estilo a toda la Identidad corporativa, desde el empaque del producto hasta la página Web, y empezó con el nuevo logotipo. La espiral - elemento histórico clave para la empresa - ha sido rediseñada. El objetivo era lograr una apariencia flexible y memorable. Al lado de este símbolo dinámico y contemporáneo, colocaron unos caracteres simples y muy claros. Finalmente, para el color corporativo escogieron un tono más profundo del color naranja que siempre había identificado a la compañía.

BIKE RIBBON®

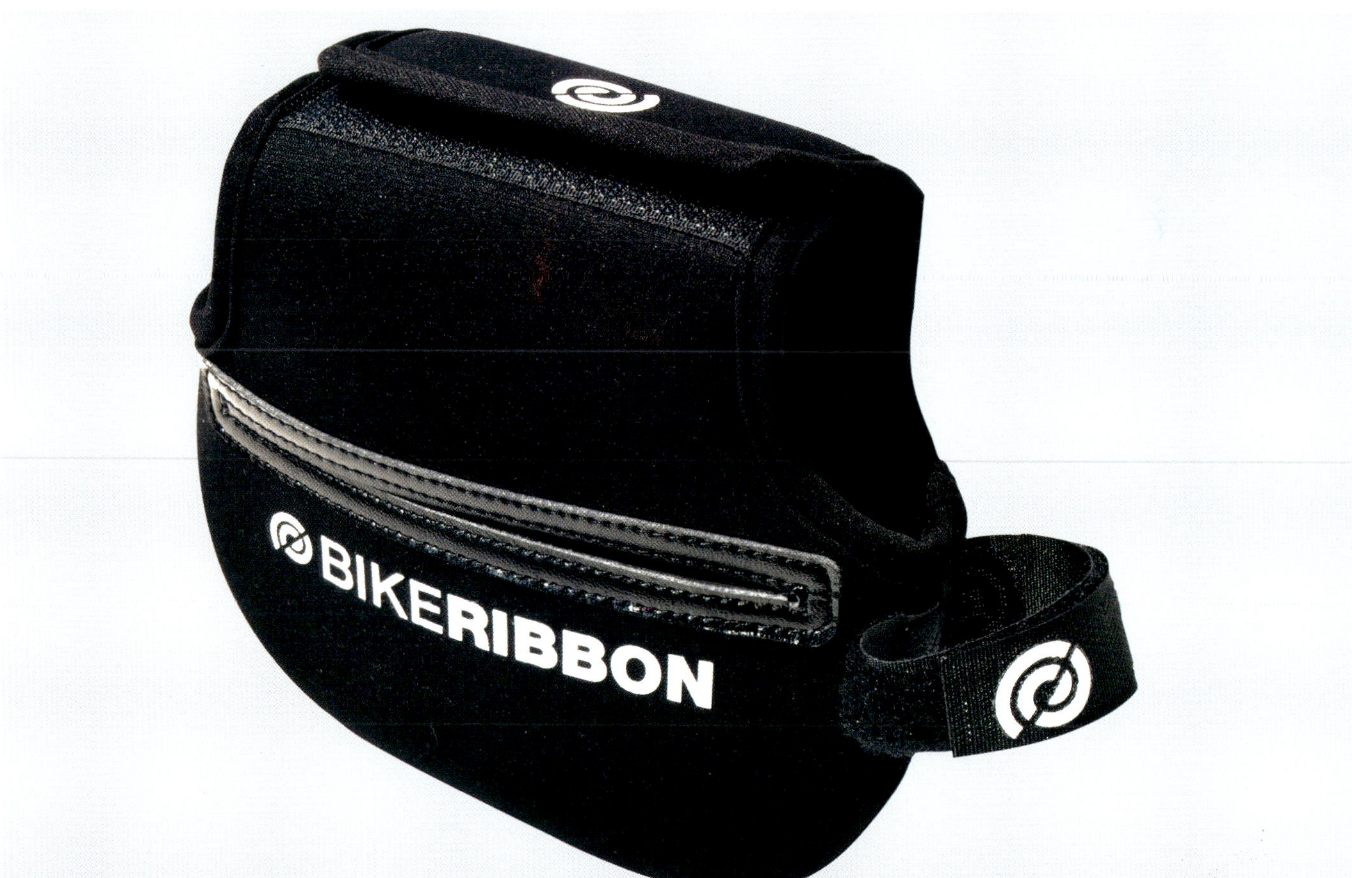

ARIADNE MUÑOZ

Client: Ariadne Muñoz
Studio: Studio Limón
Designer: Claudio Limón
Jalisco, Mexico

The Ariadne logo is the fruit from the union of two primordial ideas; one, opening your heart to the introspection of your emotions; the experimentation of knowing who you are and starting on the road to mental recovery through the therapeutic process. And two, FINDING your reasons to be happy, THINKING foremost in yourself, LOOKING for the power in your thoughts and CHANGING the way you see your life. These are the 4 precepts taken from the personal experience of working with a psychologist, which is always about looking for the reason for your conflict, finding the solution, thinking from the individual's perspective and changing attitudes and ways of looking at your life; as a whole they form the structure of therapeutic-emotional work. The logo is the reflection of these two ideas, and as a result, we have the representation of giving an emotional hug to oneself; all the force of the image can be found in this icon.

El logotipo de Ariadne, nace del conjunto de dos ideas primordiales, uno: de la apertura del corazón, hacer la introspección hacia las emociones, es la experimentación de conocerse así mismo y comenzar a sanar por medio de un proceso terapéutico. Y dos: ENCUENTRA tu razón para ser feliz PIENSA primero en ti BUSCA el poder en tus pensamientos CAMBIA tu forma de ver la vida. Estos son 4 preceptos sacados de la experiencia personal del trabajo con un psicólogo, que es siempre es buscar la razón del conflicto, encontrar la solución, pensar desde la perspectiva individual y cambiar actitudes y formas de ver la vida; en conjunto forman la estructura del trabajo terapéutico-emocional. El logotipo es el reflejo de estas dos ideas, y como resultado tenemos la representación de un abrazo emocional a uno mismo; toda la fuerza de la imagen está en el icono.

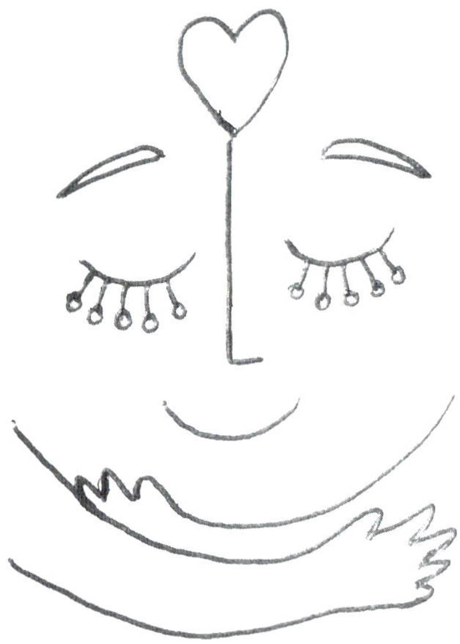

ARIADNE MUÑOZ
psicóloga

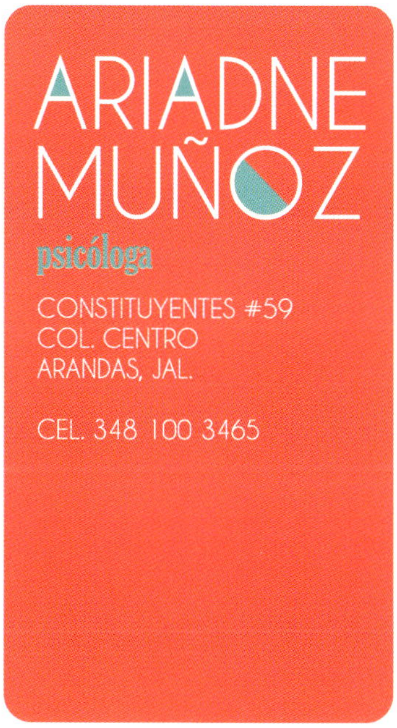
ARIADNE
MUÑOZ
psicóloga
CONSTITUYENTES #59
COL. CENTRO
ARANDAS, JAL.
CEL. 348 100 3465

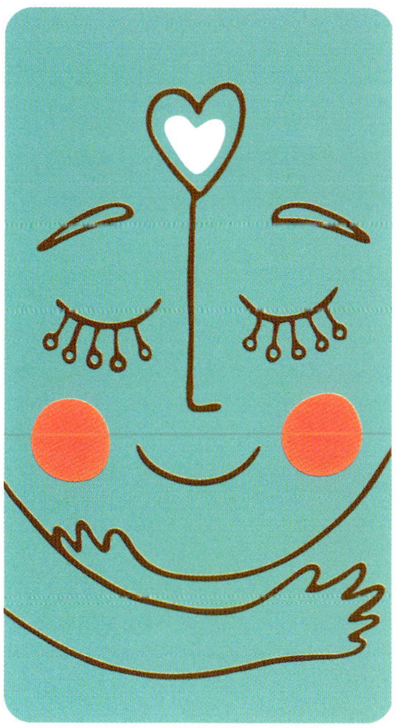

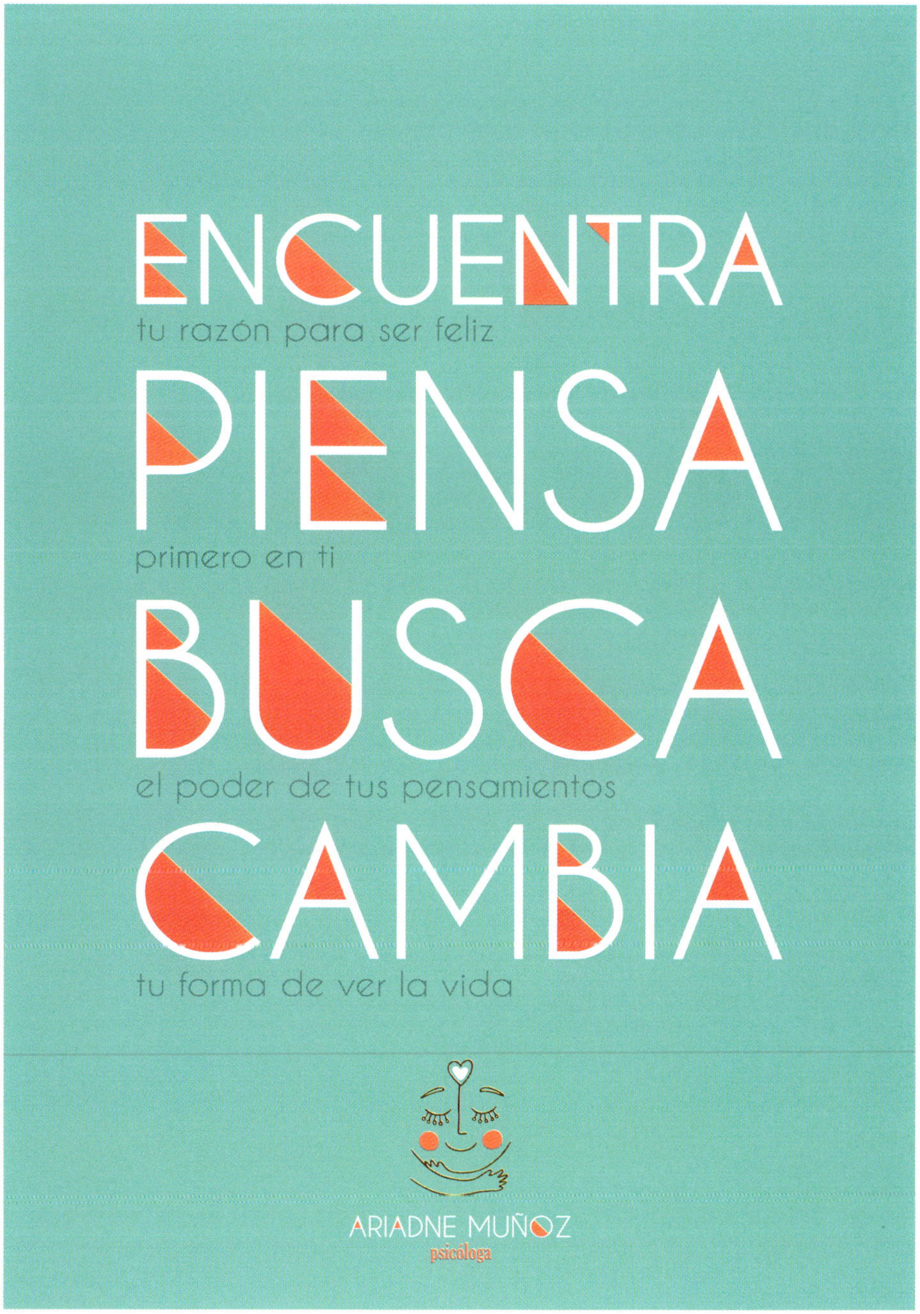
ENCUENTRA
tu razón para ser feliz
PIENSA
primero en ti
BUSCA
el poder de tus pensamientos
CAMBIA
tu forma de ver la vida
ARIADNE MUÑOZ
psicóloga

JARMAN

Client: kentlyons
Studio: Kentlyons
Designer: Kentlyons
London, England

To promote the awards, we created a logotype inspired by Derek Jarman's iconic beach house in Dungeness. They made the word JARMAN in meter-high letters from cladding board and painted it black and yellow to resemble the beach house. The physical logotype was then situated on London's beaches – the banks of the Thames at low tide – and then photographed. The resulting images were used in posters, invites, and brochures. Initially the logotype was drawn (by hand, and then in Illustrator) to create a strong mark that could be made out of wood, using the black cladding for the main stroke of the type and the yellow beading for the horizontal bars of the A's. The horizontal yellow lines are used to create impact and vibrancy to an otherwise muted logo and form a strong part of the identity's personality, following through to the print and digital materials as dividing lines and other graphic devices. Fortuitous positioning of the A's helped to create a balanced logo. The letters form a physical identity that only lives as a 3D, tactile device. They installed the letters in the Whitechapel Gallery on the night of the awards ceremony to form the key signage for the event. When receiving feedback from the wider public about the impact of the identity people familiar with Jarman's house picked up on the reference immediately. In that sense the identity was successful. People familiar with Jarman's work but not his house, considered the approach appropriate and were not surprised to learn tat Derek Jarman lived in a black beach house next door to a nuclear power station.

Para promover los premios, creamos un logotipo inspirado en la casa de playa de Derek Jarman en Dungeness. Hicieron la palabra JARMAN en letras de un metro de alto con paneles de revestimiento y las pintaron en negro y amarillo para que se parecieran a la casa de la playa. El logotipo físico se colocó en las playas de Londres – en las orillas del Támesis cuando la marea está baja – y se fotografió. Las imágenes resultantes se utilizaron en pósters, invitaciones y folletos. Inicialmente, el logotipo se dibujó (a mano, y luego en Illustrator) para crear una fuerte marca que se pudiera hacer de madera, utilizando revestimiento negro para el trazo principal del tipo y la moldura amarilla para las barras horizontales de las As. Las líneas amarillas horizontales se utilizan para crear impacto y dar vitalidad a un logotipo que de otro modo sería apagado y formar gran parte de la personalidad de la identidad, siguiendo adelante hasta los materiales impresos y digitales como líneas divisorias y dispositivos gráficos. El posicionamiento fortuito de las letras A ayudó a crear un logotipo equilibrado. Las letras forman una Identidad física que solo vive como dispositivo táctil en 3D. Instalaron las letras en la Whitechapel Gallery en la noche de la ceremonia de entrega de premios para formar la señalización clave para el evento. Cuando llegaron los comentarios del público general sobre el impacto de la identidad, la gente que conocía la casa de Jarman se dio cuenta de la referencia inmediatamente. En este sentido, la Identidad fue exitosa. La gente familiarizada con la obra de Jarman pero no con su casa consideró el enfoque apropiado y no se sorprendieron al descubrir que Derek Jarman vivía en una casa de playa negra al lado de una central nuclear.

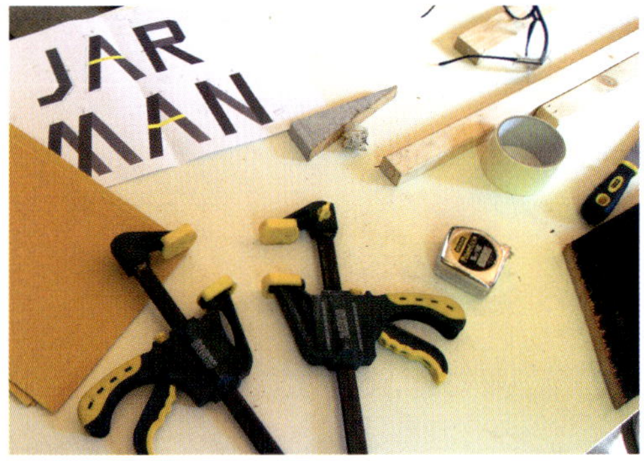

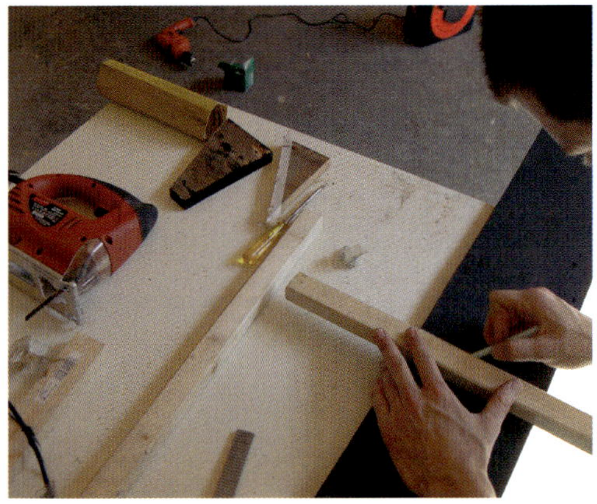

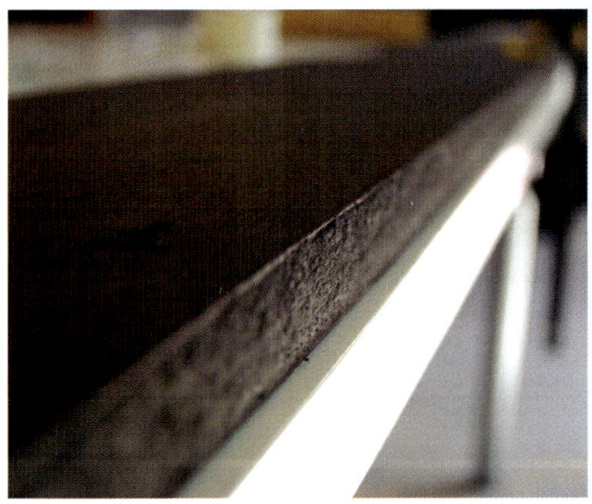

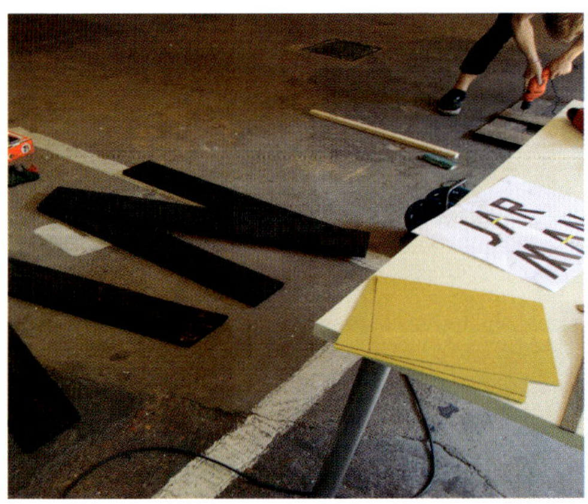

JARMAN

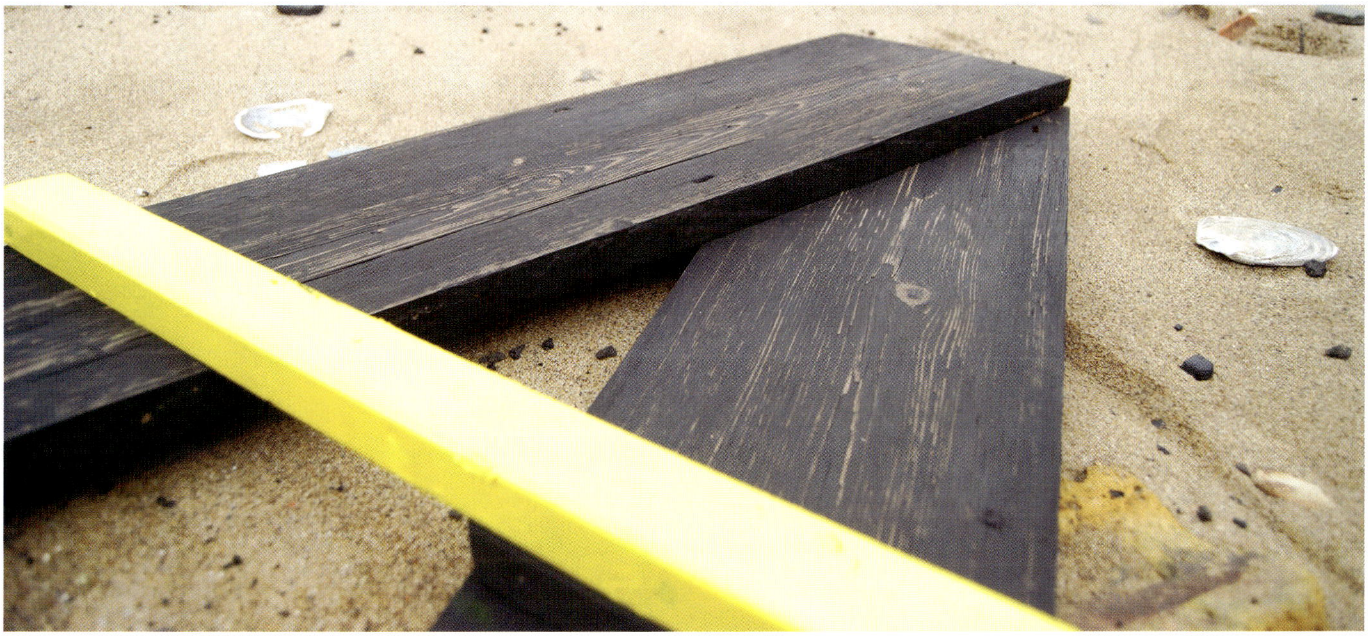

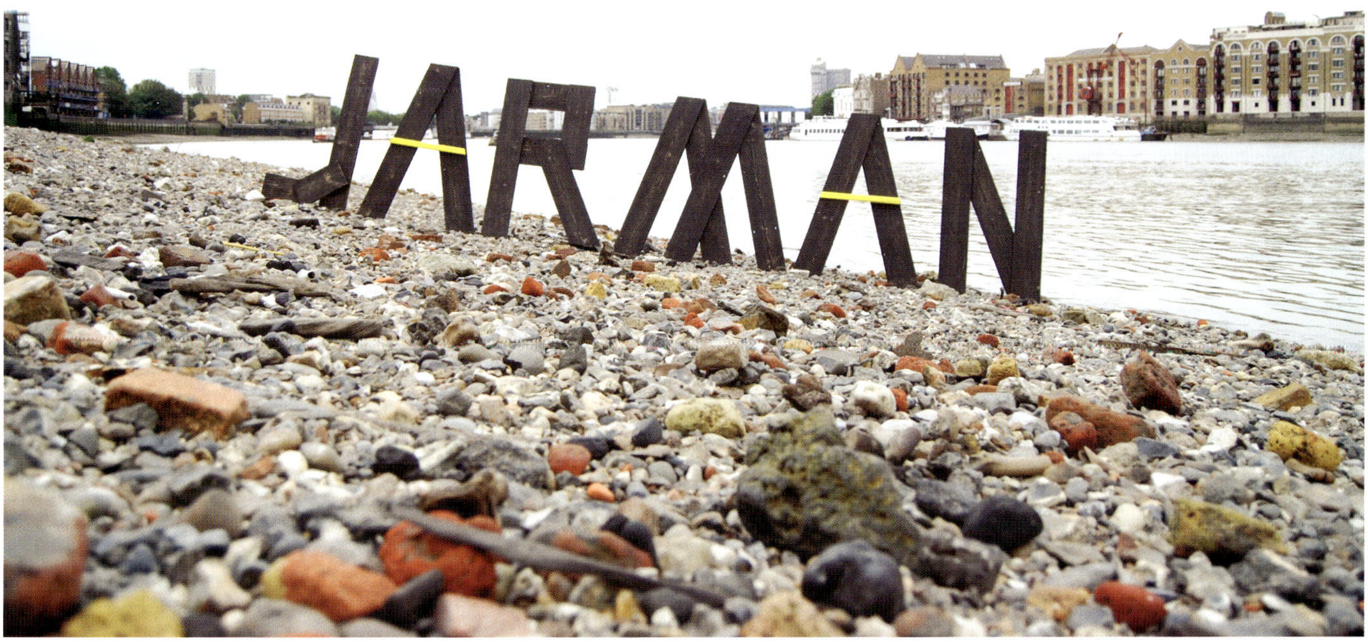

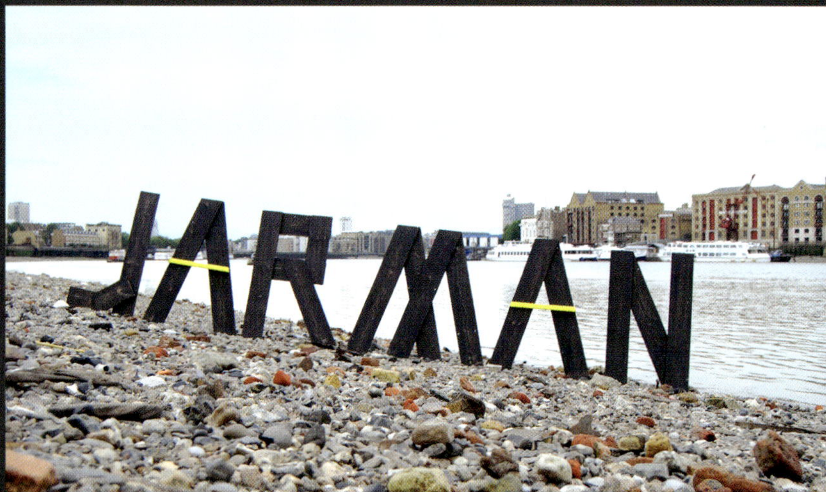

Film London and Channel 4, in partnership with the Whitechapel Gallery, invite you to:

The Jarman Award
2009

Tuesday 22 September
7.00 – 9.30pm

Whitechapel Gallery
Whitechapel High Street
London E1

Nearest Tubes
Aldgate East
(Hammersmith and
City & District Lines)

The Jarman Award honours the legacy of British avant-garde film-maker Derek Jarman.
It recognises the spirit of experimentation and exceptional creativity in today's UK artist film-makers whose work, like Jarman's, resists boundaries and conventional definition.

Screenings of the shortlisted artists' work will take place in the Auditorium and a Drinks Reception will be held in Gallery 2, where the winner of the Jarman Award 2009 will be announced.

The following artists have been shortlisted for this year's award:
Anja Kirschner & David Panos
Simon Martin
Lindsay Seers
Stephen Sutcliffe

RSVP essential by Friday 18 September to
flamin@filmlondon.org.uk
Please note that invitations are strictly non transferable

For further information about The Jarman Award visit
www.filmlondon.org.uk/jarmanaward

FILM LONDON · 4 · Whitechapel Gallery

ARTS COUNCIL ENGLAND · FILM LONDON ARTISTS' MOVING IMAGE NETWORK

The Jarman Award is supported by
FLAMIN and Arts Council England

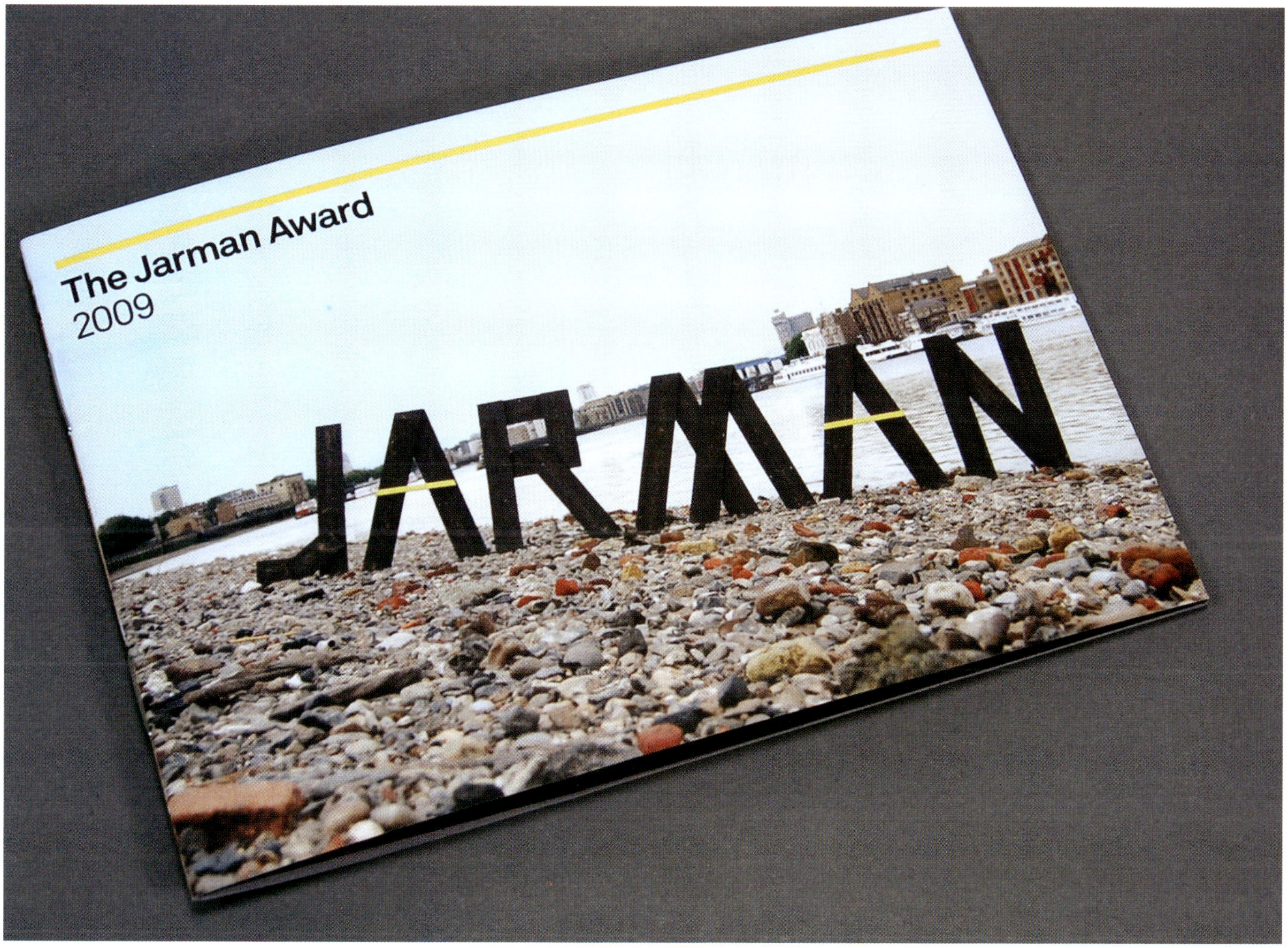
The Jarman Award
2009
JARMAN

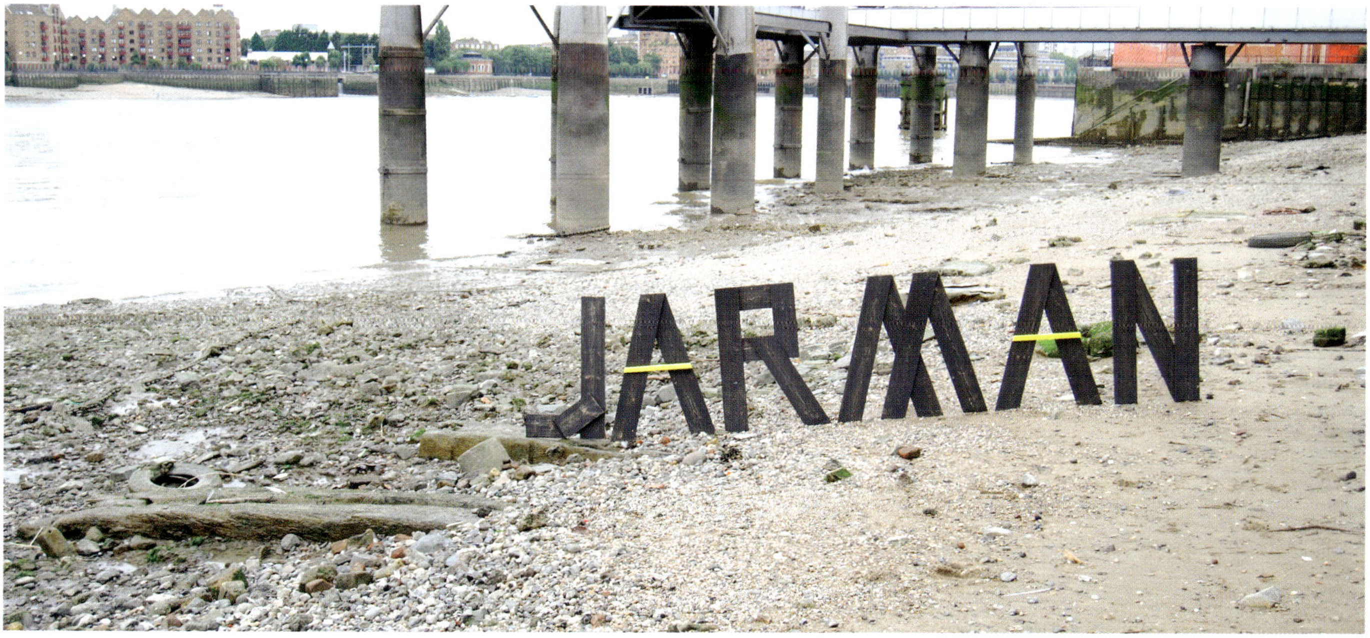
JARMAN

FAIL-URE CARNAVAL SPORTIF

Client: Self-initiated
Studio Design: Serial Cut
Design: Sergio del Puerto
Madrid, Spain

Fail-ure® is the definitive name for the new t-shirt and sweaters brand designed by the Serial Cut creative team. The Fail-ure® products can only be purchased online. A collection will be released once per year, unifying the Spring-Summer and the Fall-Winter in a single collection. The styling and photography for this first collection, Carnaval Sportif, was done by Robert Bartholot.

Fail-ure® es el nombre definitivo de la nueva marca de camisetas y sudaderas diseñada por el equipo creativo de Serial Cut. Los productos Fail-ure® sólo se pueden comprar online. Se lanza una colección una vez al año, ya que se unifica la colección Primavera-Verano y Otoño-Invierno en una sola colección. El estilo y la fotografía de esta nueva colección, Carnaval Sportif, fueron realizados por Robert Bartholot.

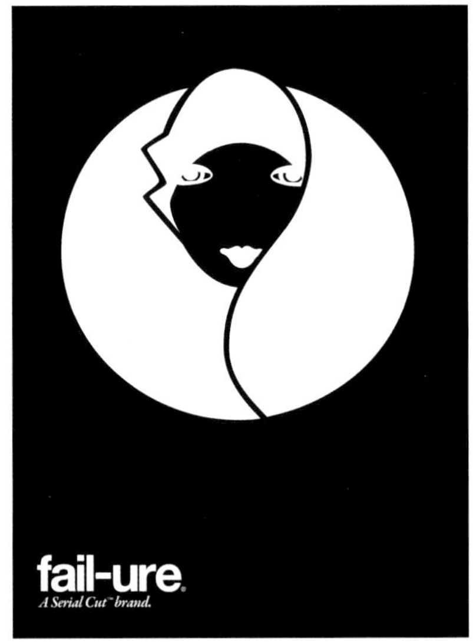

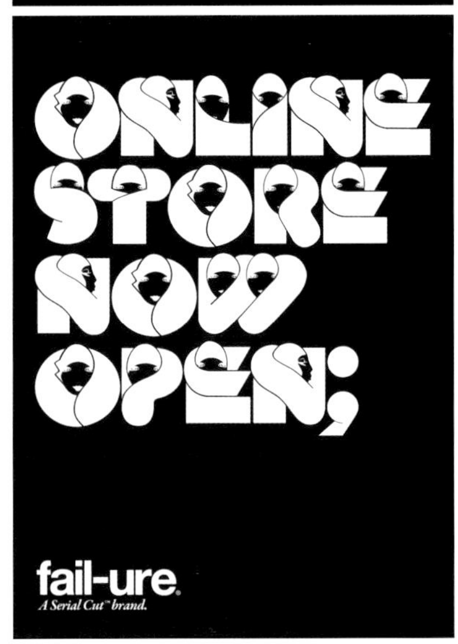

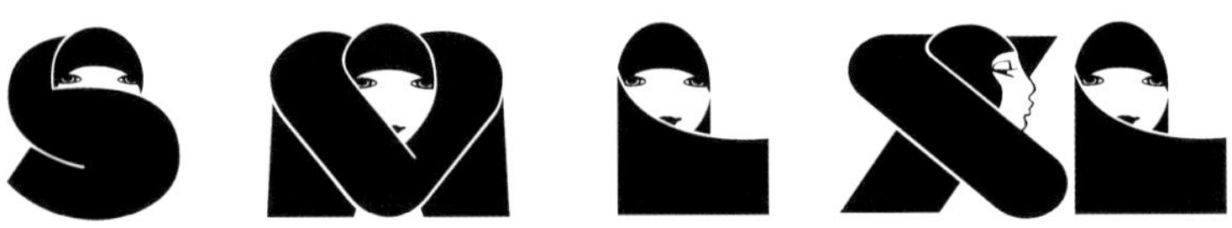

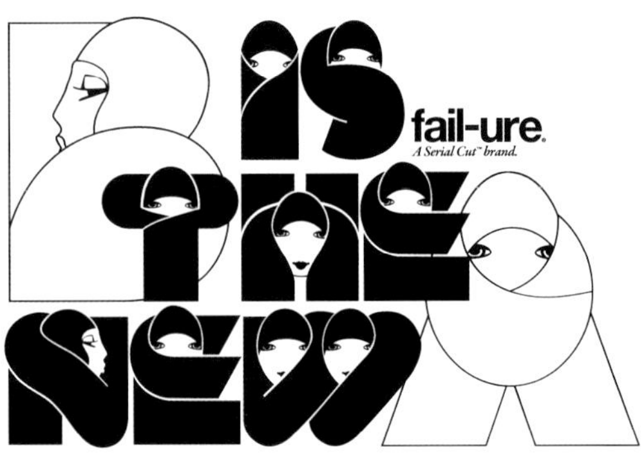

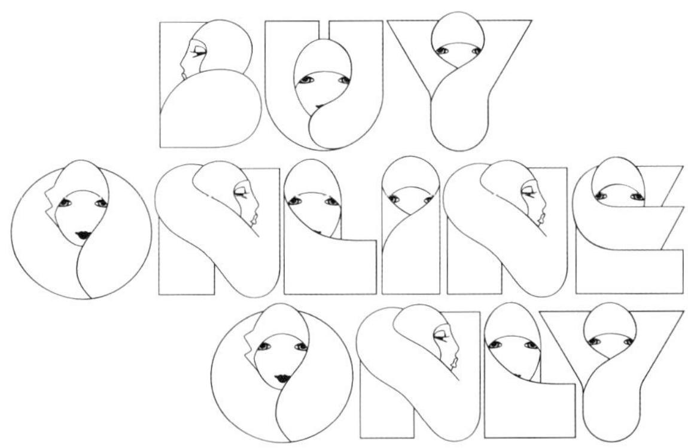

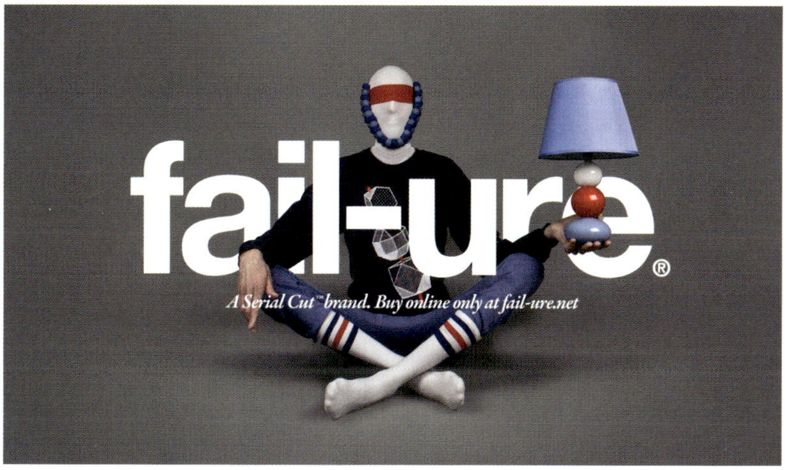
fail-ure®
A Serial Cut™ brand. Buy online only at fail-ure.net

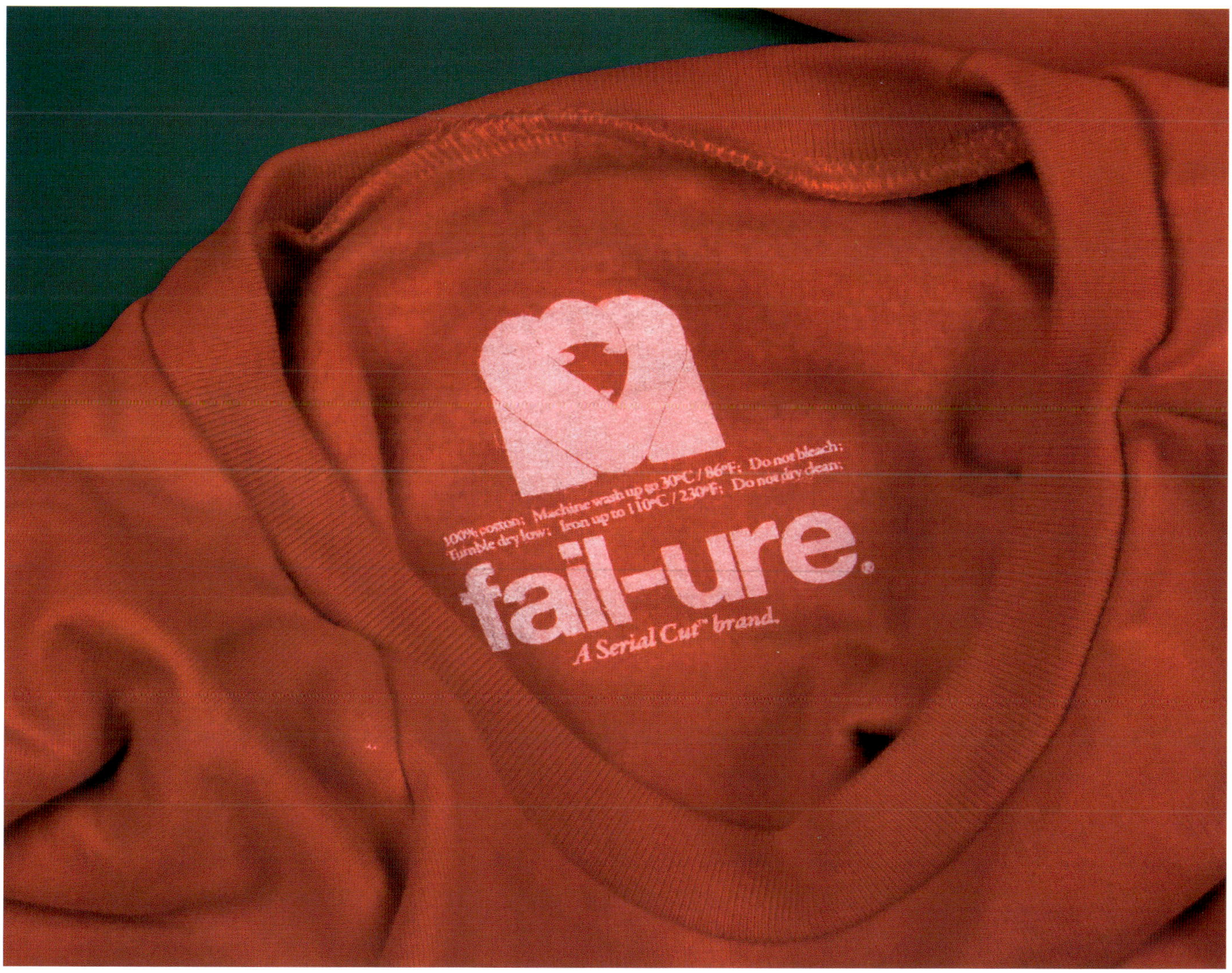
100% cotton; Machine wash up to 30°C / 86°F; Do not bleach;
Tumble dry low; Iron up to 110°C / 230°F; Do not dry clean;
fail-ure®
A Serial Cut™ brand.

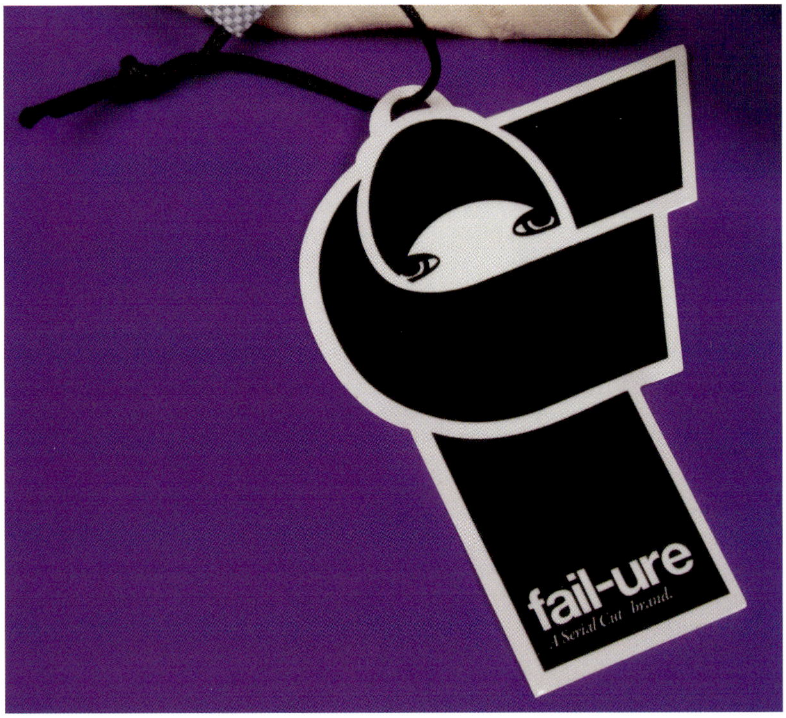
fail-ure
A Serial Cut brand.

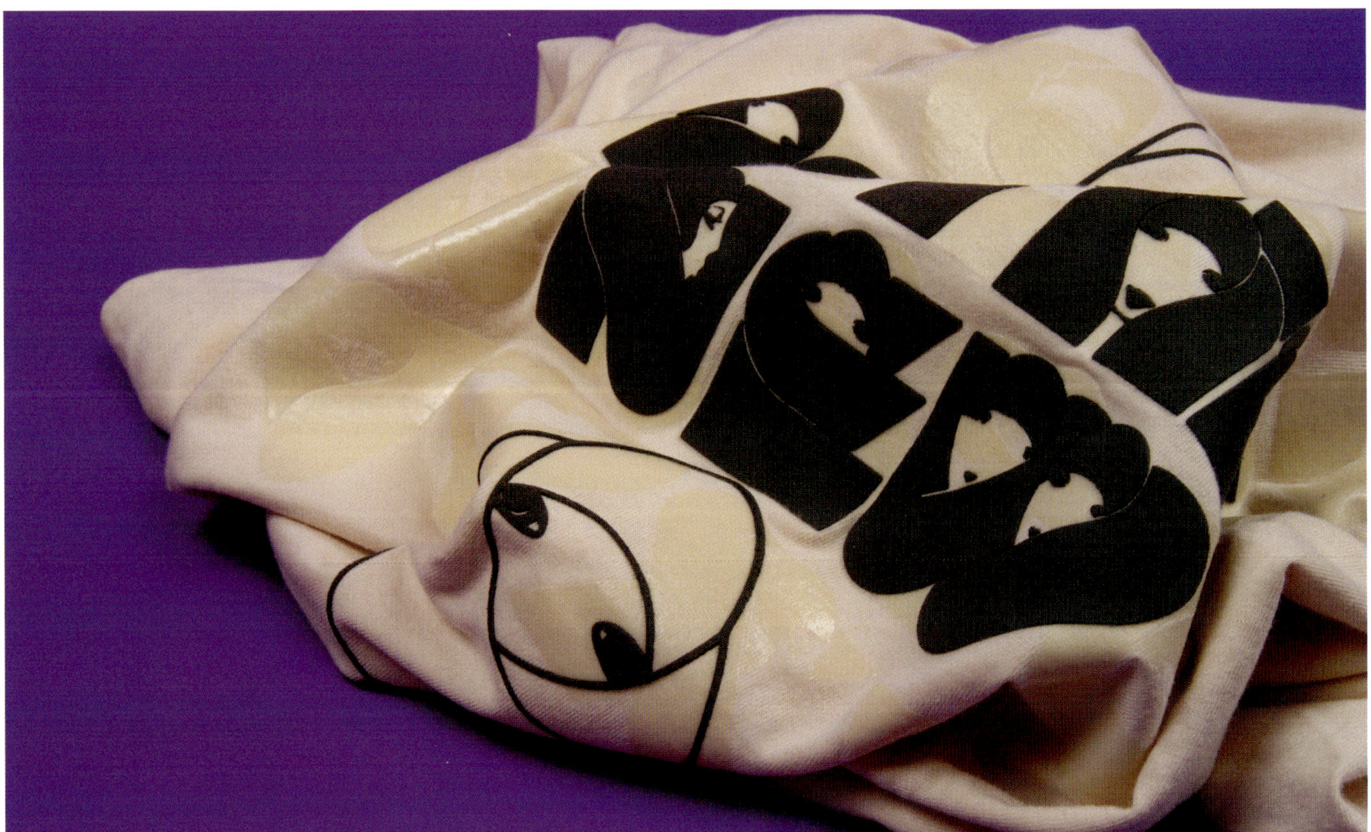

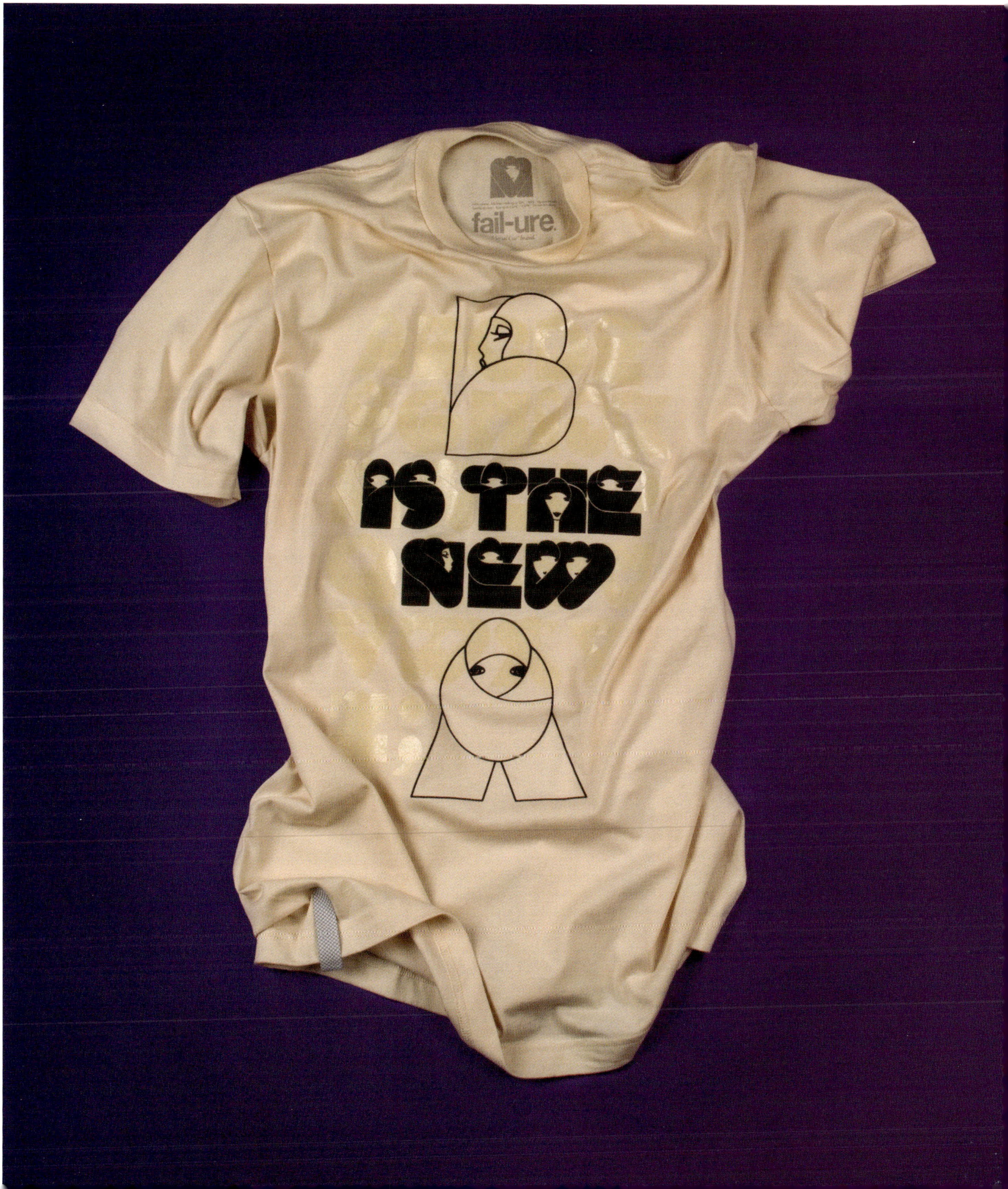
fail-ure.
B
IS THE
NEW
A

METROPOLIS

Client: Metropolis
Studio: Vit-e Design Studio
Art Director: Nathalie Fallaha
Designer: Nathalie Fallaha
Beirut, Lebanon

Metropolis is a big surface multimedia store that opened in Beirut in 2008. It sells all kinds of multimedia equipment, audio, video and gaming consoles and products. With a slant as a basis, the logotype and mark and constructed using a unique module. The mark represents a metaphor of a diamond shape with a negative space of an electronic circuit. The logotype can be seen both as 2 dimensional and 3 dimensional, due to an original line quality. The colors chosen convey the colors of technology, using a lime green and silver as a basis.

Metropolis es una tienda de equipos multimedia que abrió en Beirut en 2008. Vende todo tipo de equipos multimedia, audio, video, consolas y productos relacionados con los videojuegos. Con la inclinación como base, el logotipo y la marca están construídos utilizando un único módulo. La marca representa la forma de un diamante con un espacio negativo de un circuito electrónico. El logotipo puede verse tanto de forma bidimensional como tridimensional, gracias a la calidad de una línea original. Los colores escogidos son los colores asociados a la tecnología, con el verde lima y el plateado como base.

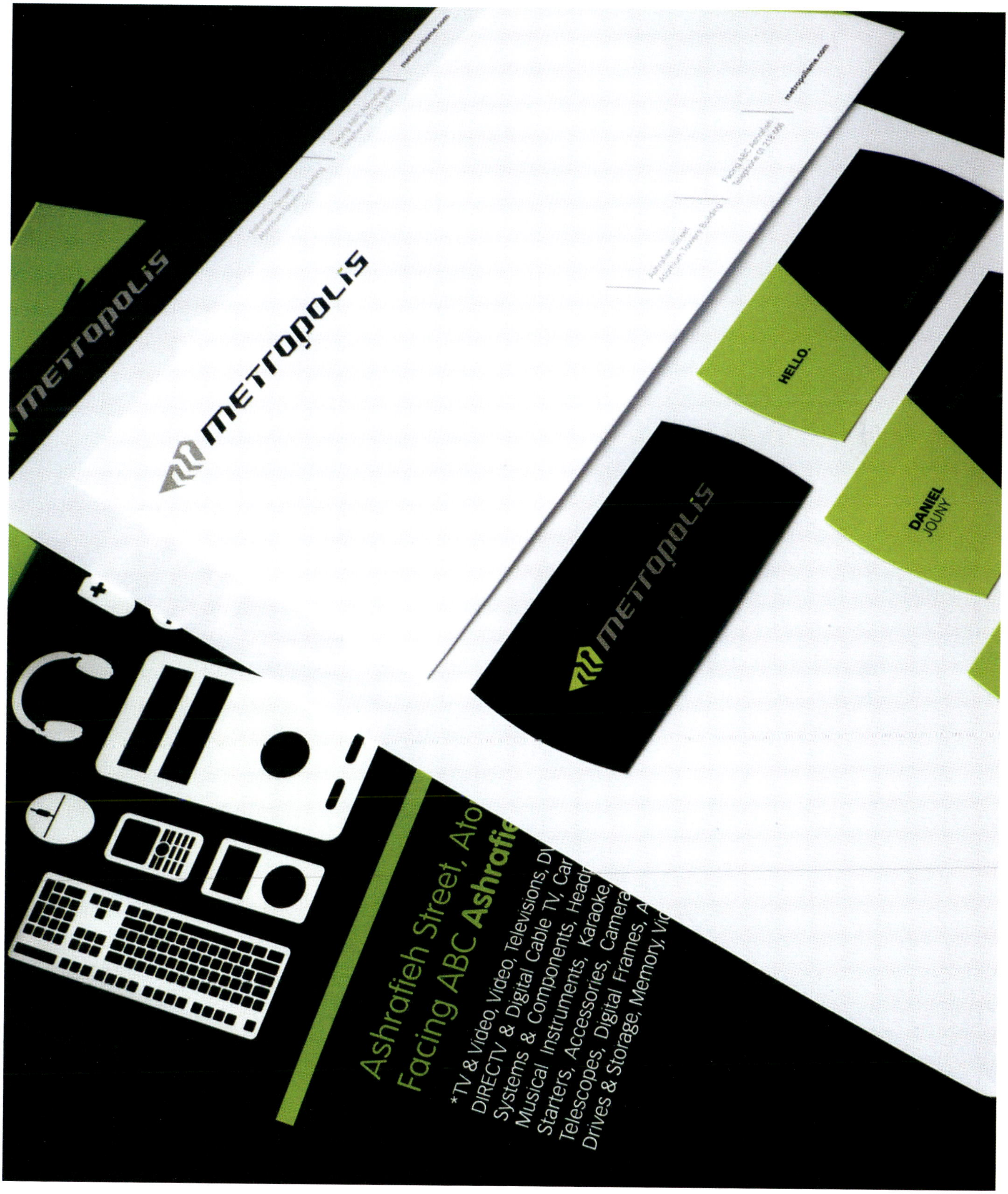

KATEI

Client: Katei
Studio: Studio Limón
Designer: Claudio Limón
Jalisco, Mexico

Katei is a brand of plastic container for the home. The first idea was to create a typeface that would represent the classic covers for these containers, something that would look really fresh and pop. Afterwards, the idea evolved into a cover where the name would be reproduced, something easier to reproduce and keep the main idea's innovative spark.

Katei es una marca de contenedores de plástico para el hogar, la primera idea fue crear una tipografía que representará las clásicas tapas de éstos contenedores, algo que se viera muy fresco y pop. Después la idea evolucionó hasta ser una tapa donde se reproduciría el nombre, algo más fácil de reproducir y que mantuviese la chispa innovadora de la idea principal.

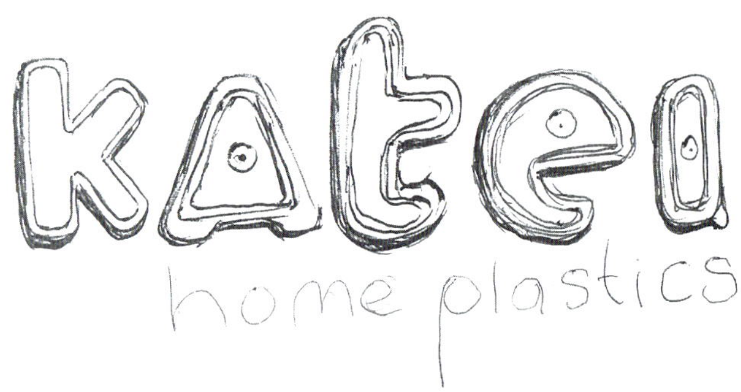

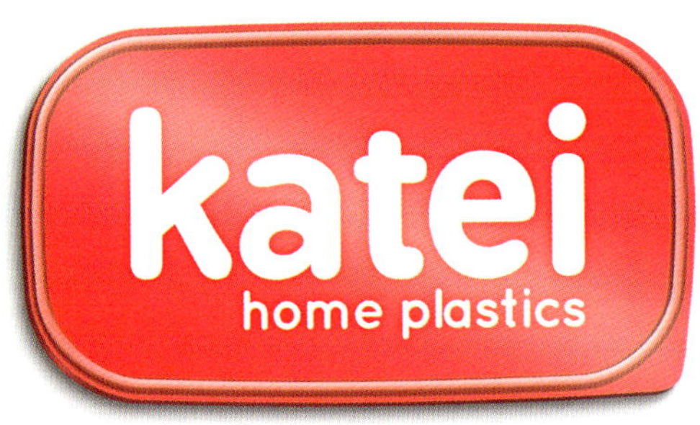

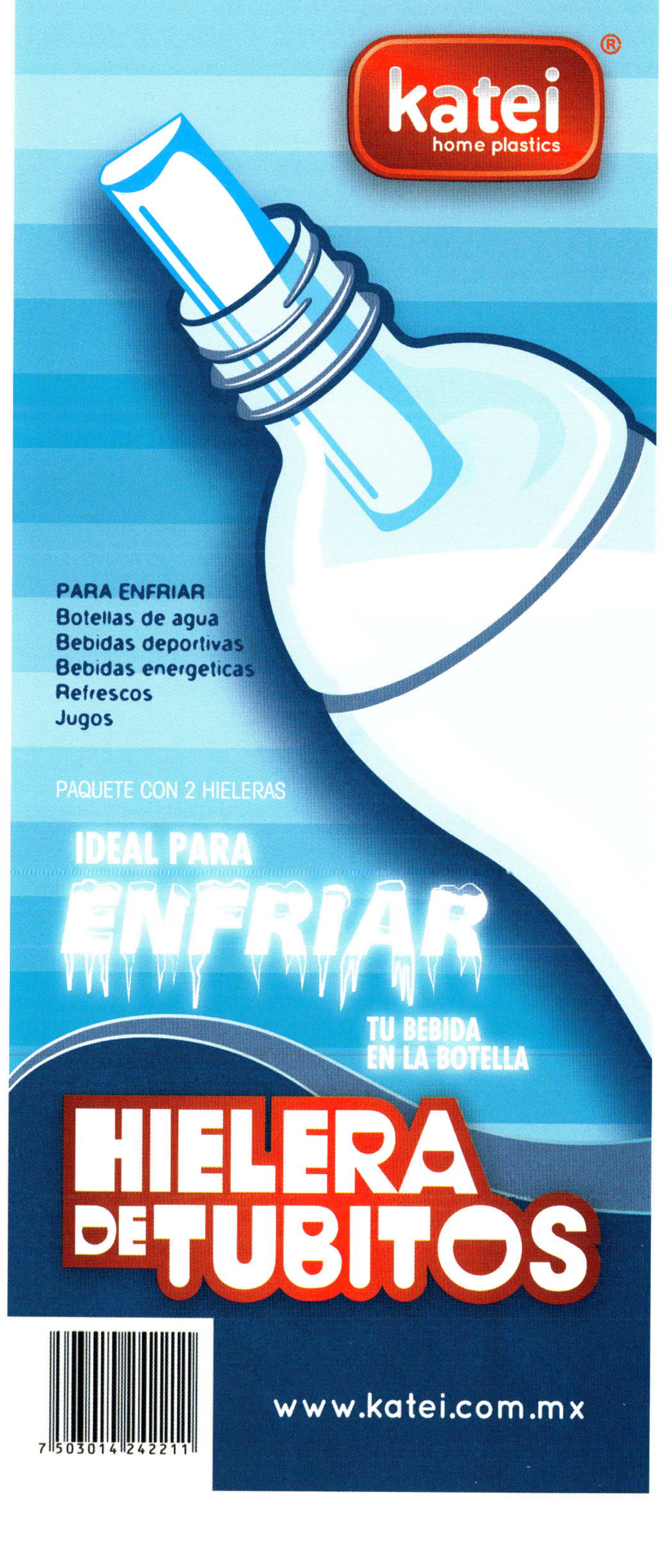
katei
home plastics
PARA ENFRIAR
Botellas de agua
Bebidas deportivas
Bebidas energeticas
Refrescos
Jugos
PAQUETE CON 2 HIELERAS
IDEAL PARA
ENFRIAR
TU BEBIDA
EN LA BOTELLA
HIELERA
DE TUBITOS
7 503014 242211
www.katei.com.mx

OCTAVIO LEÓN

Client: Octavio León
Studio: Studio Limón
Designer: Claudio Limón
Jalisco, Mexico

In order to develop this image, a sketch process was began having the aim of joining the basic concepts associated with a stylist: eyes, mouth and hair; the same which are used to create cards and the corporate identity. The illustrations that were created describe the color, the chromatic range that is employed and the freedom of expression found in make-up itself; this contrasts with the simplicity of the typographic logo, which was handled with a non-serif style, refined yet with a fresh, youthful touch.

Para el desarrollo de esta imagen, se inició un proceso de bocetaje en el cual se buscó plasmar los conceptos básicos de un estilista, los ojos, la boca y el cabello; los mismos que se usaron para crear postales e identidad corporativa. Las ilustraciones creadas describen el colorido, la gama cromática con la que se juega, la libertad de expresión en el maquillaje y contrasta con la sencillez del logotipo tipográfico, en el que se maneja un estilo sin serifa, fino y con un toque fresco y joven.

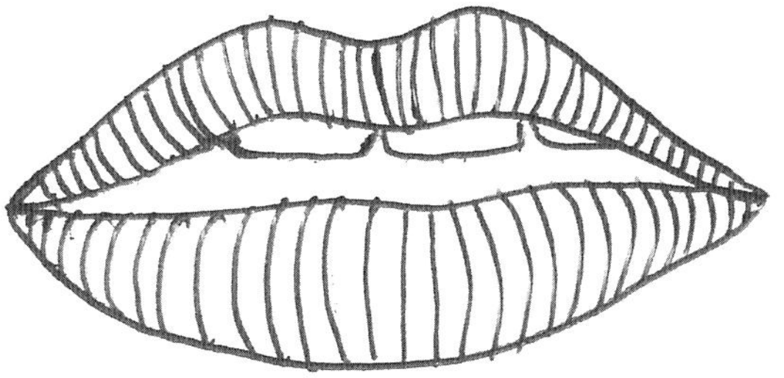

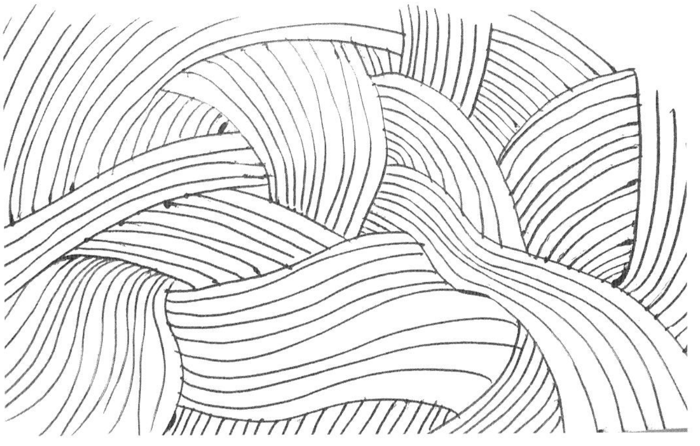

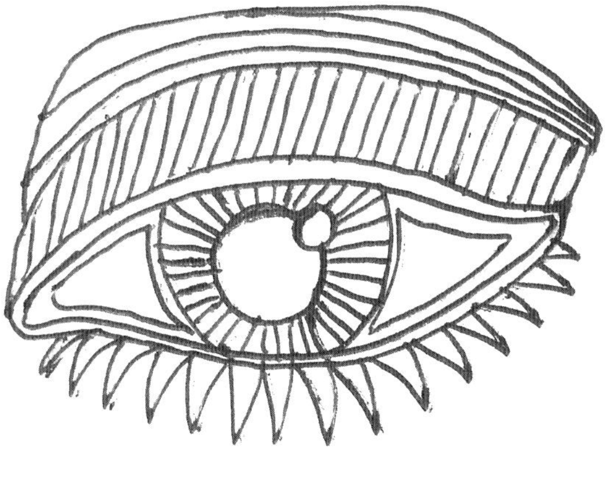

OCTAVIO LEÓN

style artist

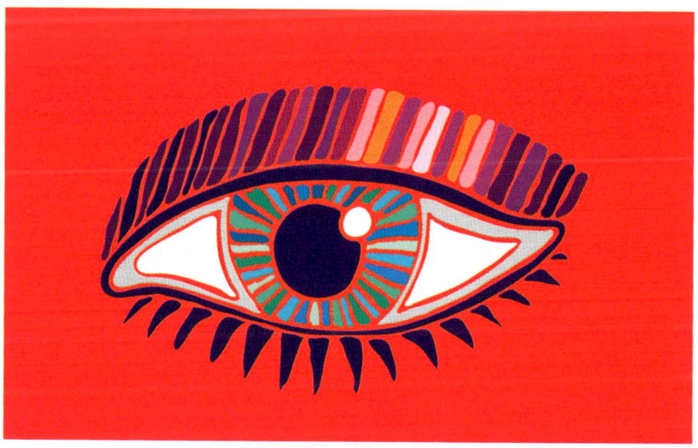

OCTAVIO LEÓN

style artist

TEL 7 84 77 84 • holaoctavio@hotmail.com
Ponciano Arriaga 24-A

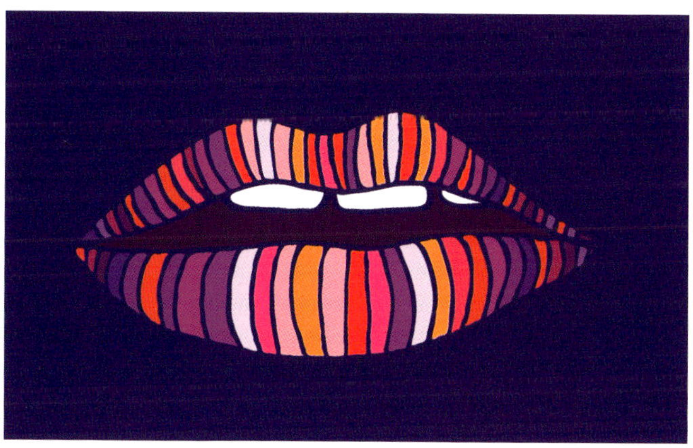

OCTAVIO LEÓN

style artist

TEL 7 84 77 84 • holaoctavio@hotmail.com
Ponciano Arriaga 24-A

MCCD

Client: Mexican Cultural Center
Studio: Studio Limón
Designer: Claudio Limón
Jalisco, Mexico

Based on the previous logo, a paper sketch was made on ideas that would recover the essence of Mexico (the eagle), yet ones that could be turned into the main feature of the image. Light colors were added to the whole, which reflects the ideals of the institution, part of Mexican art and contemporary culture in the United States.

Basándose en el logotipo anterior, se comenzó a bocetar sobre papel ideas que rescatarán la esencia de México (el águila) pero que le hicieran ser protagonista de esta imagen, se combinaron colores frescos, que reflejan el ideal de la institución, parte del arte y la cultura contemporánea de México en los Estados Unidos.

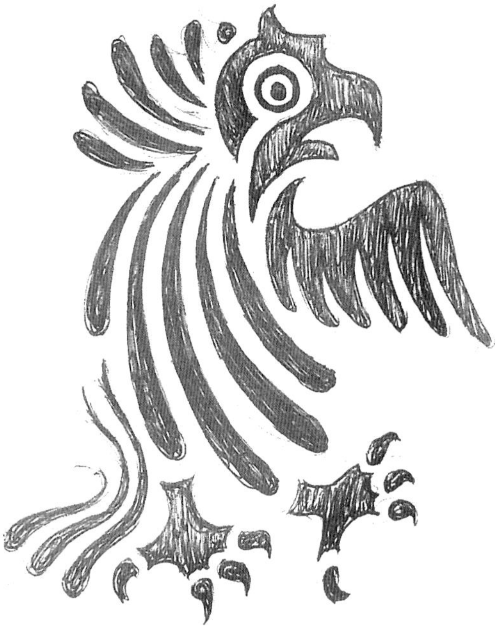

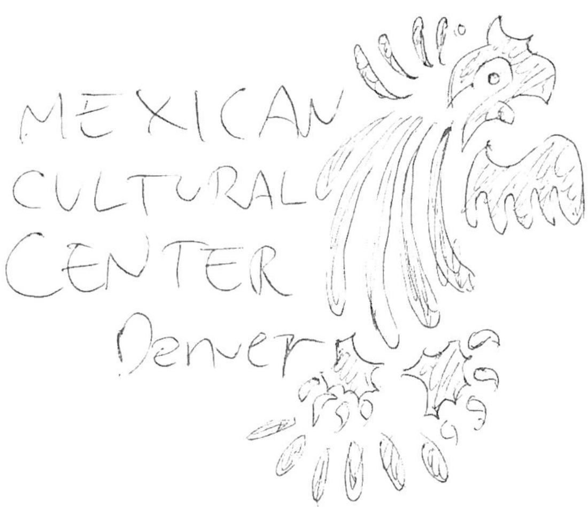

MEXICAN
CULTURAL
CENTER
Denver

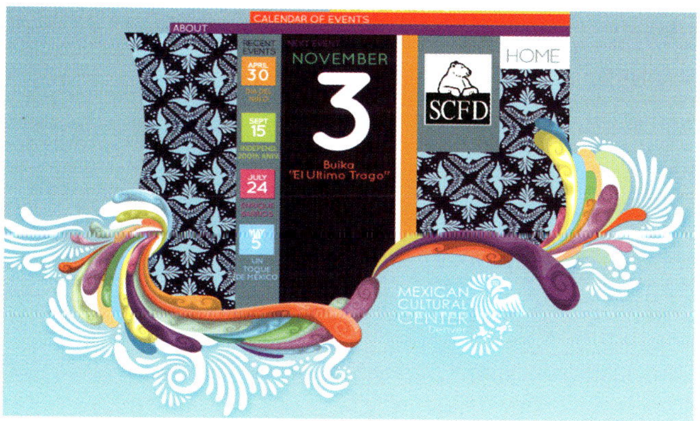

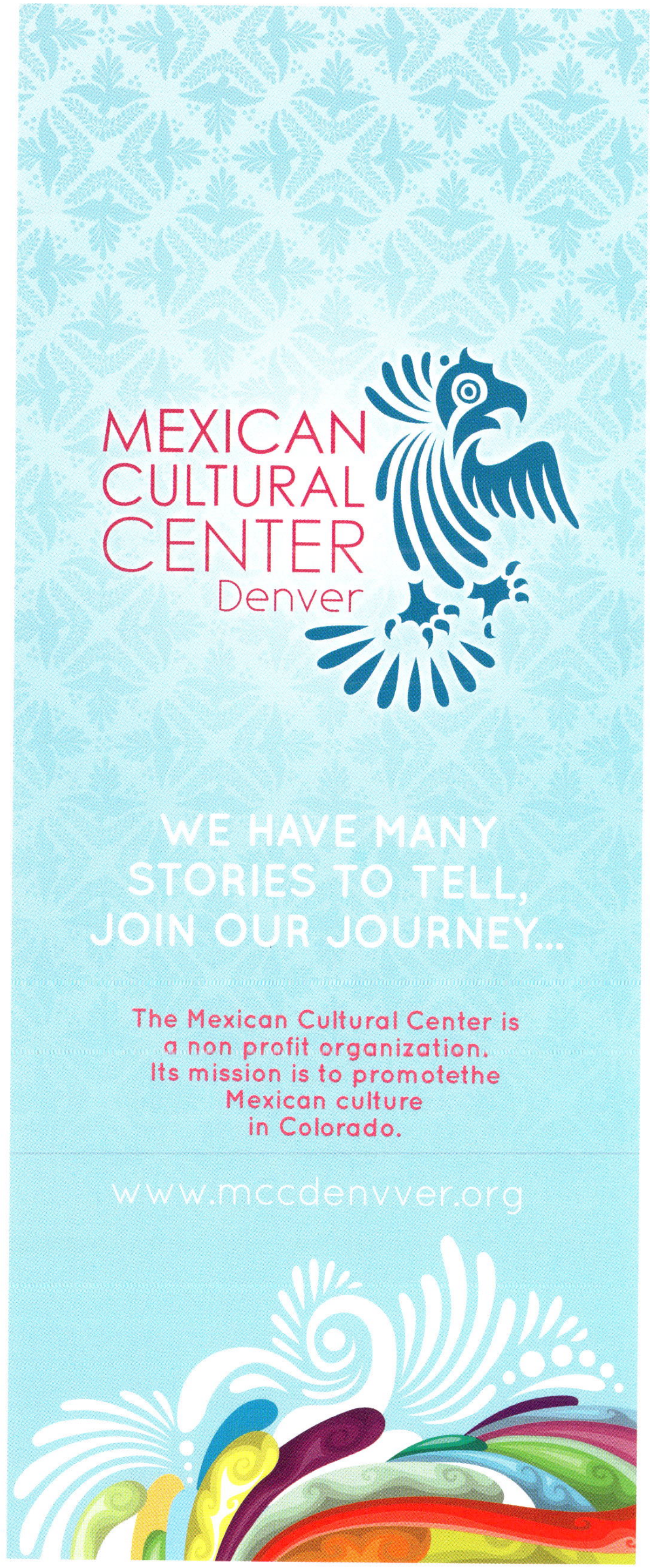

FARS DE TOSSA

Client: Fars de la Mediterrania
Studio: No Visible Man Estudio
Designer: Xavier Rosales Ico
Barcelona, Spain

The seahorse was used as the main element due to the proud way it carries itself and the fact its straightforward aesthetic could perfectly fuse the ideas of "sea" and "lighthouse" together. The planimetry diagram connotes both work and study; old sailors, the men of the sea. The union of these elements revealed to them a rather bucolic yet also romantic and elegant image. The typeface acts as a base and situates us in a far-off time, yet the whole is fresh, surprising and rather contemporary.

Se utilizó el caballito de mar como elemento principal. Su porte erguido y su contundencia estética fusionaban perfectamente "mar" y "faro". La gráfica de planimetría connota trabajo y estudio. Antiguos marineros. Hombres de mar. La unión de los elementos les descubrió una imagen bucólica, romántica y elegante. La tipografía hace de pedestal y nos sitúa en una época remota, pero el conjunto es fresco, sorprendente y vanguardista.

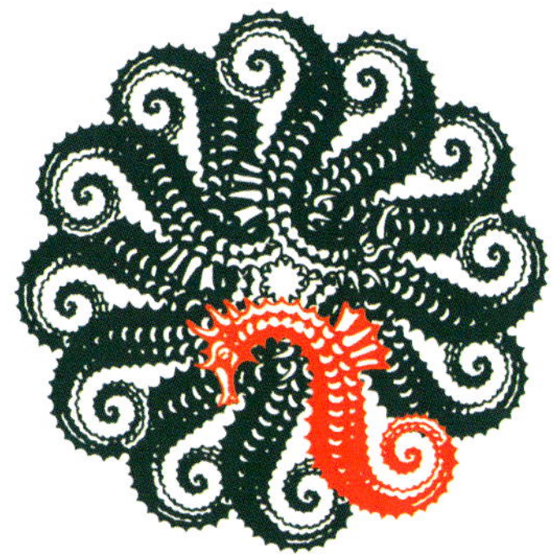

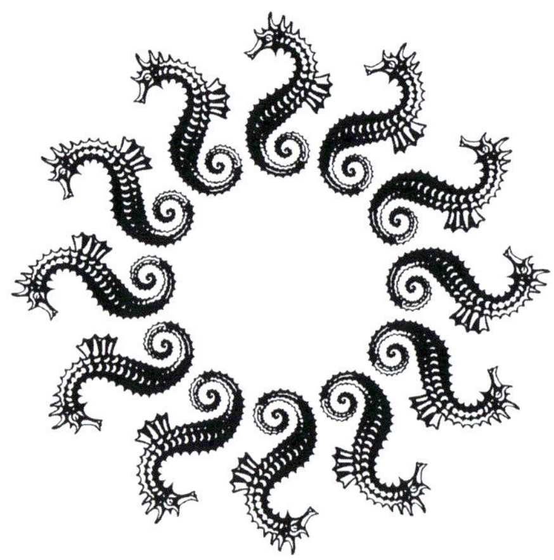

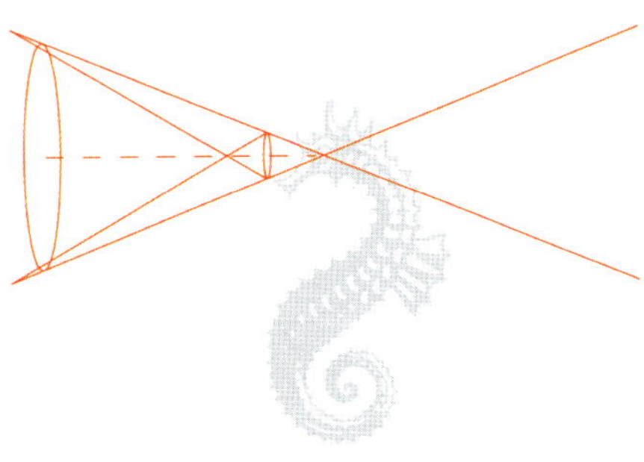

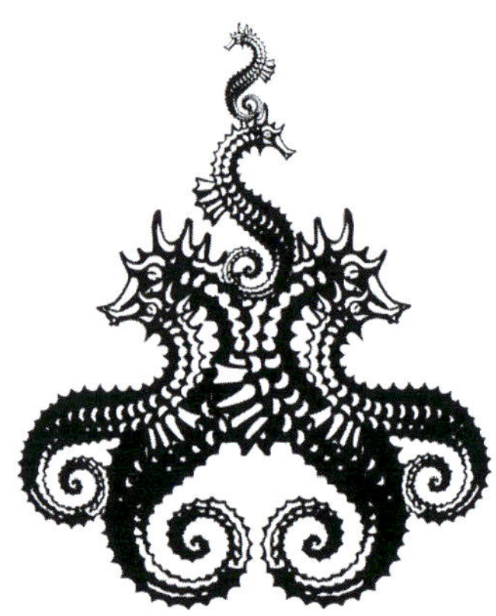

FARS DE
LA MEDITERRANIA

FARS DE
LA MEDITERRANIA

FAR DE TOSSA

FAR DE TOSSA

CENTRE D'INTERPRETACIÓ DELS FARS DE LA MEDITERRÀNIA

FARS DE

LA MEDITERRANIA

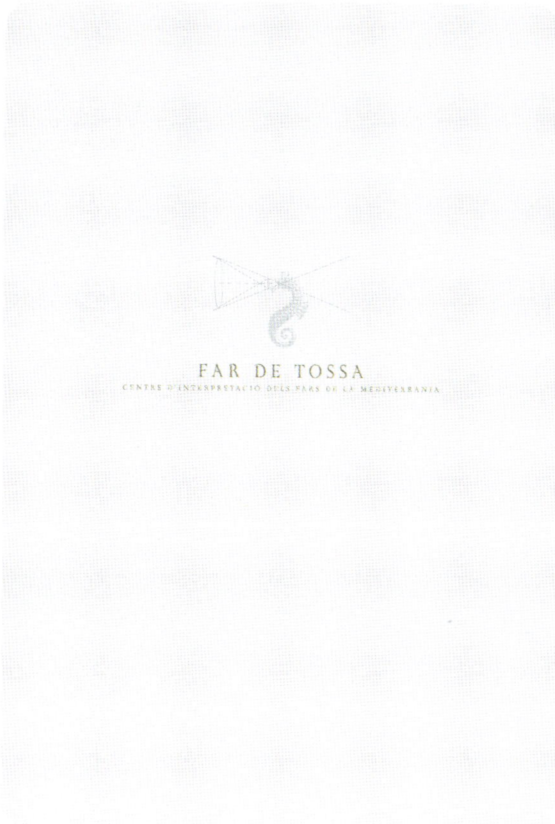
FAR DE TOSSA

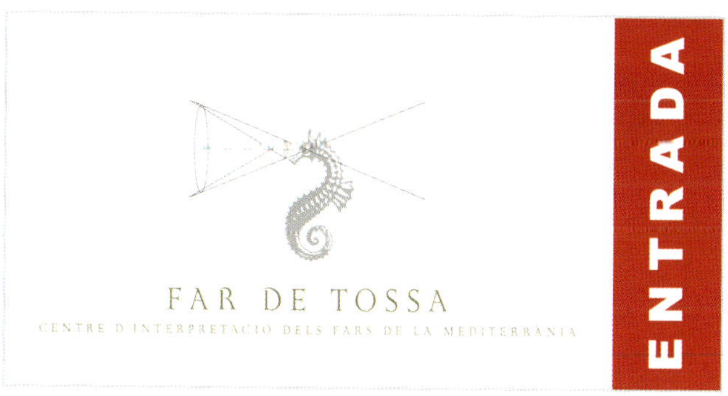
FAR DE TOSSA
CENTRE D'INTERPRETACIÓ DELS FARS DE LA MEDITERRÀNIA
ENTRADA

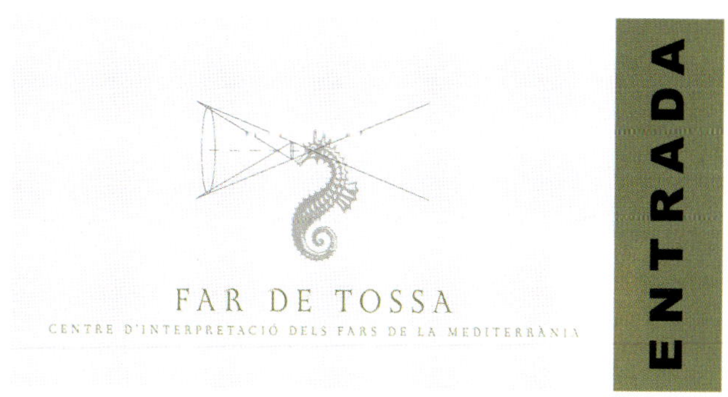
FAR DE TOSSA
CENTRE D'INTERPRETACIÓ DELS FARS DE LA MEDITERRÀNIA
ENTRADA

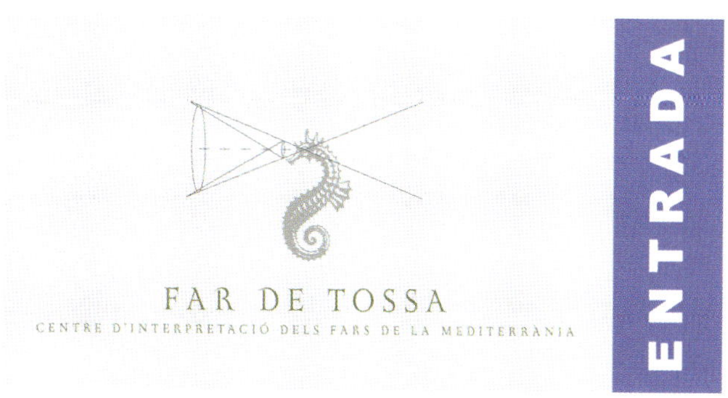
FAR DE TOSSA
CENTRE D'INTERPRETACIÓ DELS FARS DE LA MEDITERRÀNIA
ENTRADA

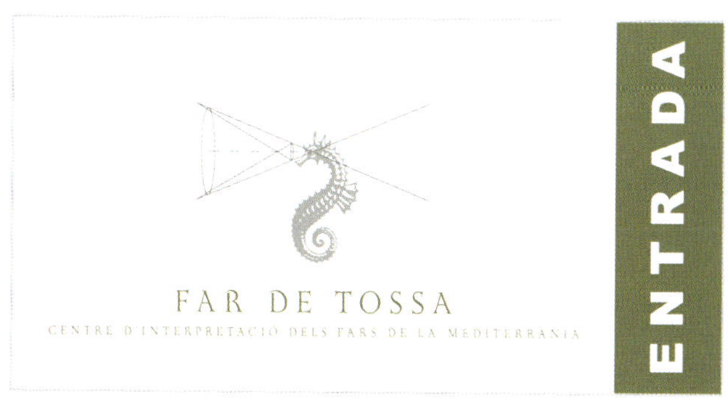
FAR DE TOSSA
CENTRE D'INTERPRETACIÓ DELS FARS DE LA MEDITERRÀNIA
ENTRADA

CONEX

Client: Conex
Studio: No Visible Man Estudio
Designer: Xavier Rosales Ico
Barcelona, Spain

They began from the basis of connecting three essential elements for the client: electricity, gas and water. They wanted the name alone to explain this idea, so the word "Conex" perfectly suited their purposes. The letter "o" was transformed into a section of a pipe, and they inserted another rhomboid-shaped tube within it to express the various brackets and ductwork. The corporate identity was accompanied by a flexible graph of extra-fine text lines to express fluidity, the fastest connections, dynamism and elasticity. The result is a highly dynamic and versatile corporate image.

Partieron de la idea base de conectar tres elementos imprescindibles para el cliente; la electricidad, el gas y el agua. Querían que el naming ya explicara por si sólo esta idea y la palabra "Conex" cumplía perfectamente sus deseos. La letra "o" la transformaron en la sección de un tubo y la metieron dentro de otro tubo romboidal, para explicar diferentes soportes y canalizaciones, acompañaron a la identidad corporativa con una gráfica flexible de filetes extra finos que connotan fluidez, máxima rapidez de conexión, dinamismo y elasticidad. El resultado es una imagen corporativa súper dinámica y versátil.

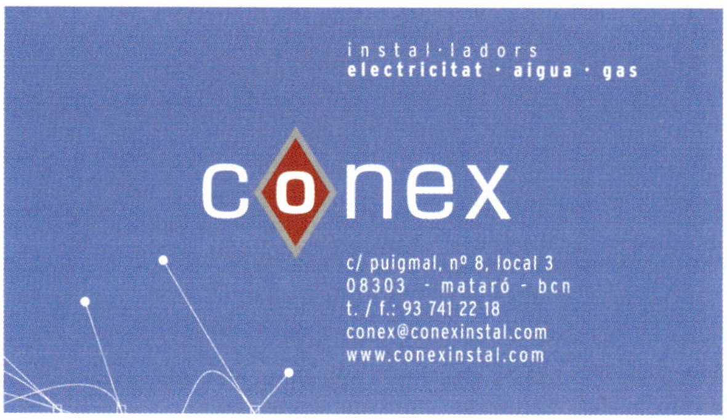
instal·ladors
electricitat · aigua · gas
conex
c/ puigmal, nº 8, local 3
08303 - mataró - bcn
t. / f.: 93 741 22 18
conex@conexinstal.com
www.conexinstal.com

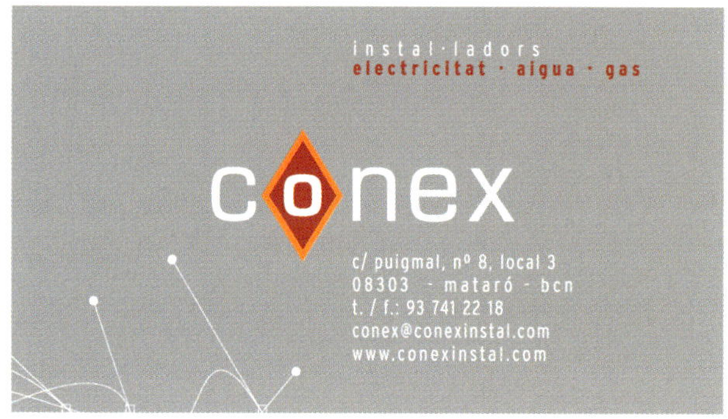
instal·ladors
electricitat · aigua · gas
conex
c/ puigmal, nº 8, local 3
08303 - mataró - bcn
t. / f.: 93 741 22 18
conex@conexinstal.com
www.conexinstal.com

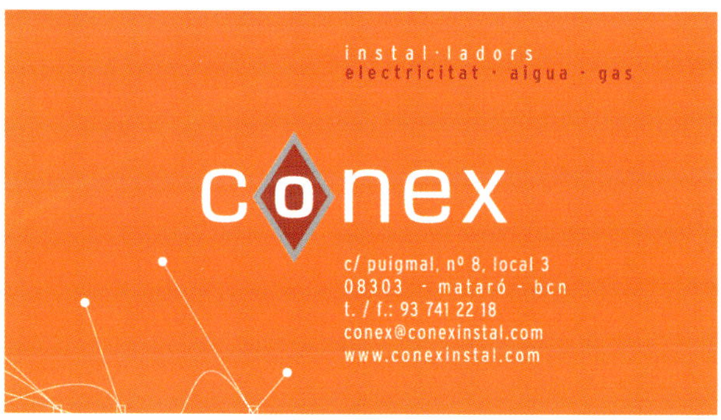
instal·ladors
electricitat · aigua · gas
conex
c/ puigmal, nº 8, local 3
08303 - mataró - bcn
t. / f.: 93 741 22 18
conex@conexinstal.com
www.conexinstal.com

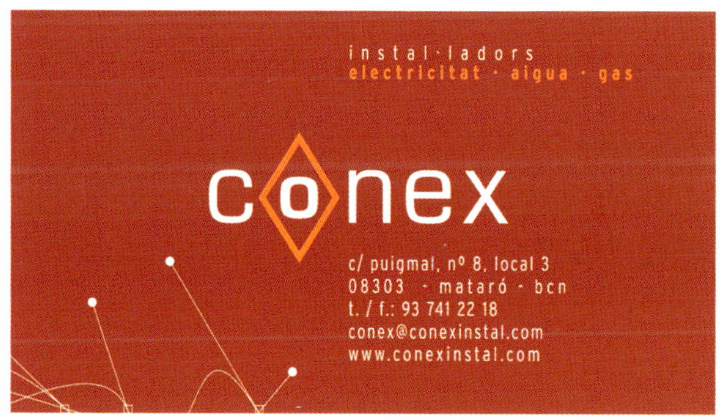
instal·ladors
electricitat · aigua · gas
conex
c/ puigmal, nº 8, local 3
08303 - mataró - bcn
t. / f.: 93 741 22 18
conex@conexinstal.com
www.conexinstal.com

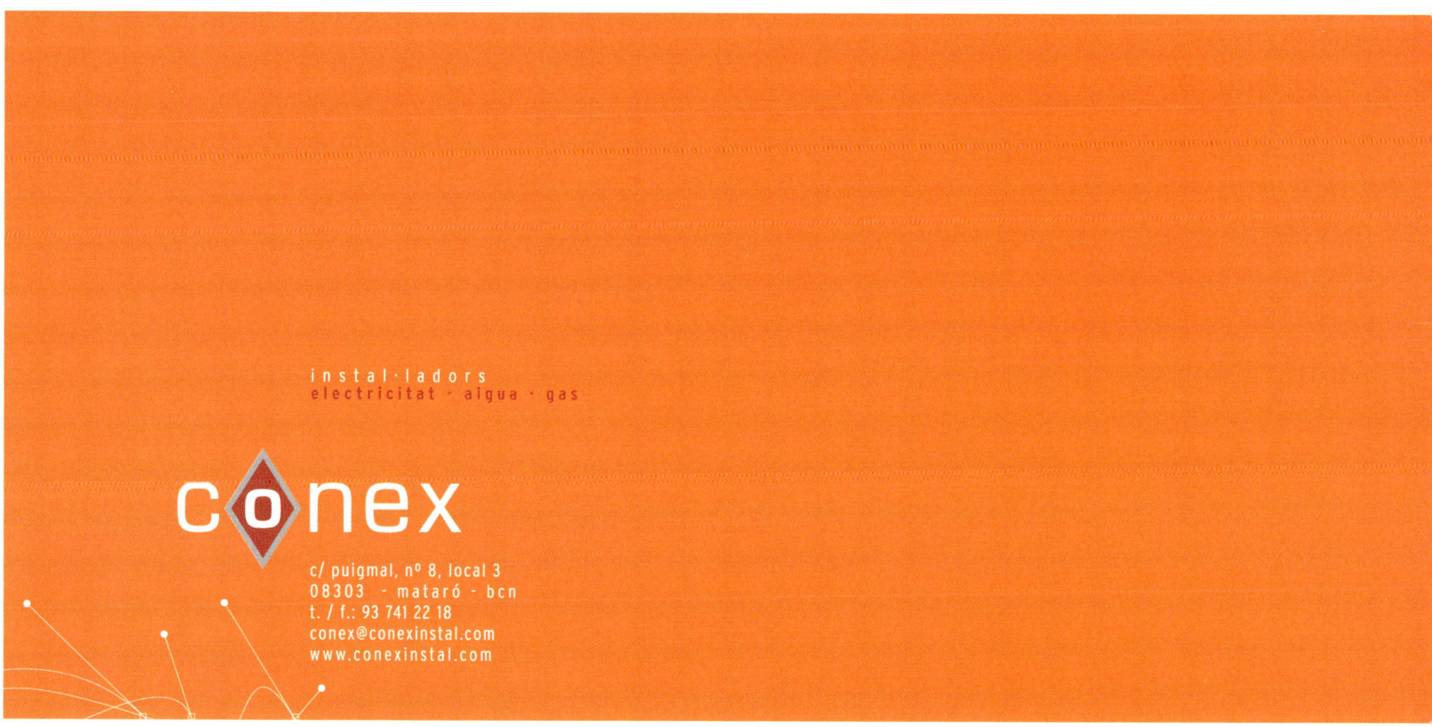
instal·ladors
electricitat · aigua · gas
conex
c/ puigmal, nº 8, local 3
08303 - mataró - bcn
t. / f.: 93 741 22 18
conex@conexinstal.com
www.conexinstal.com

LUXURY SPAIN

Client: Asociación Española de Lujo
Studio: Inercia grafica
Designer: Alex Moreno
Castelldefels, Spain

To create this logo, they saw straight away the idea of uniting the crown and diamond concepts as a way of reflecting the idea of exclusivity embodied by the Asociación Española de Lujo (the Spanish Association of Luxury) and its all related trademarks. After trying a way to fit in the crown, they decided to place it above the diamond. For the second step, they hit upon the option of using different types of crowns, eventually leaning towards one with a more monarchical look. As for the name, the brief that the client provided indicated that the name of Asociación Española de Lujo had to be directly visible in the logo, but the problems such a block imposed soon became apparent with all that text and forcefulness, and so on. They came up with the idea of abbreviating it to A. E. Lujo, but this still did not work well. Finally, after carrying out a naming study, it was decided to insert the name Luxury Spain, as a way of making it more international. It was also determined to place just below that the entire name of the association. Once the logo had been finished, it became clear that in order to balance out the diamond, and not give the sensation of overcompensation and too much equilibrium, some curved motifs should be added to break up the straight lines of the diamond shape. As for colors, a monochromatic logo was chosen, with the option of adding the color they wanted accordingly.

Para la creación de este logo desde un inicio vieron claro la idea de unir los conceptos de corona y un diamante, para reflejar la idea de exclusividad que representa la Asociación Española de Lujo y sus marcas asociadas. Después de probar como colocar la corona, decidieron ponerla en la parte superior del diamante. En un segundo paso se vió que había la posibilidad de poner diferentes tipos de corona. Y se decantamos por una con una representación más monárquica. En cuanto al nombre, en un inicio en el briefing que les facilito el cliente, se tenia que ver directamente el nombre de Asociación Española de Lujo, pero pronto se vio los problemas que suponía a nivel de bloque, texto excesivo, contundencia... Se pensó en la idea de abreviarlo con A. E. Lujo, pero no acabo de convencer. Hasta que finalmente se decidió después de un estudio de naming, colocar el nombre de Luxury Spain, ya que es una manera de hacerlo mas internacional. Y a su vez se decidió de colocar justo debajo todo el nombre completo de la asociación. Una vez tuvieron concluido el logotipo, se vio que para equilibrar el diamante y no diera la sensación de compensación y equilibrio, se añadió unos motivos gráficos curvos que rompieran con las líneas rectas de la forma del diamante. A nivel de colores, se decidió por un logotipo monocromático, con la opción de poder poner el color que se quiera según las circunstancias.

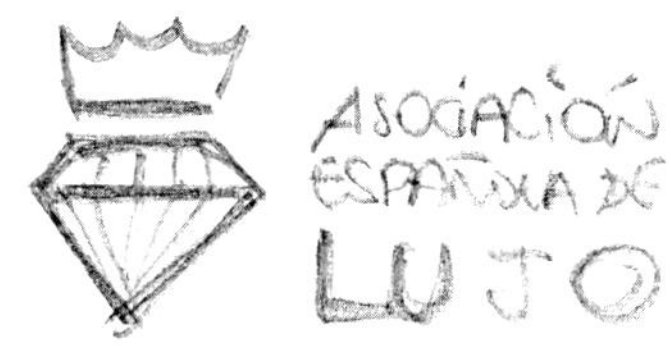

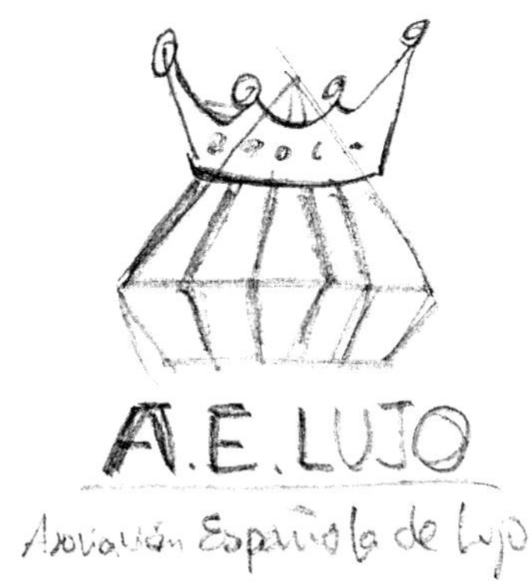

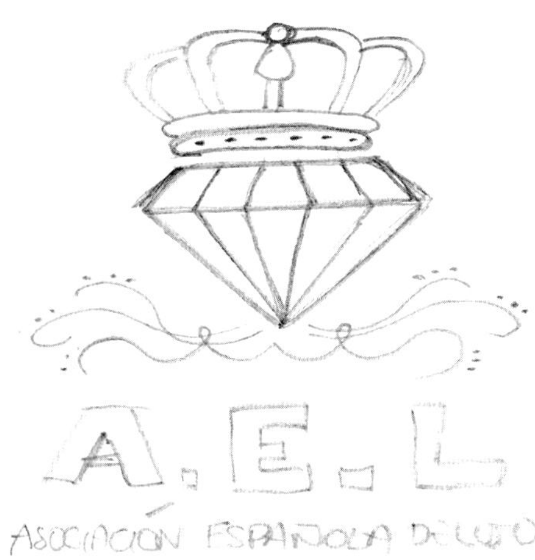

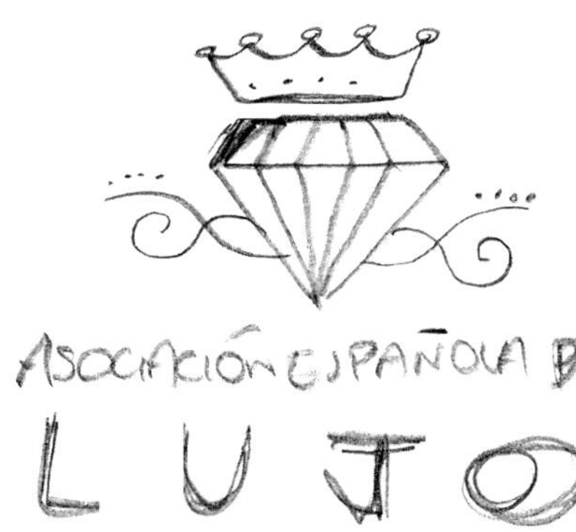

ASOCIACIÓN
ESPAÑOLA DE
LUJO

AELUJO
Asociación Española de Lujo

ASOCIACION ESPANOLA DE
LUJO

LUXURY SPAIN
Asociación Española de Lujo

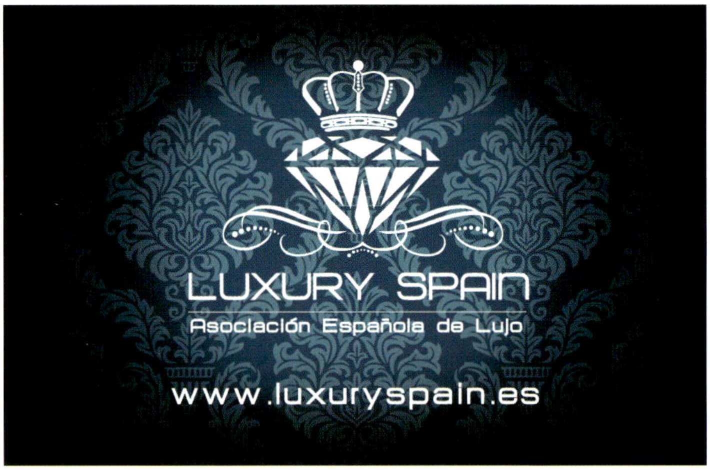
LUXURY SPAIN
Asociación Española de Lujo
www.luxuryspain.es

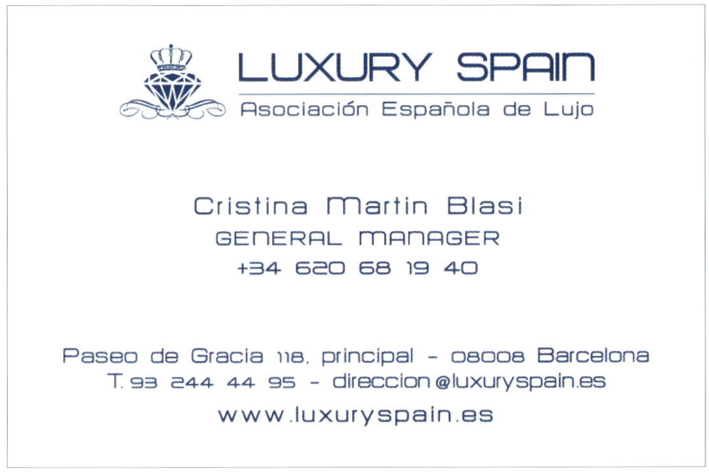
LUXURY SPAIN
Asociación Española de Lujo
Cristina Martin Blasi
GENERAL MANAGER
+34 620 68 19 40
Paseo de Gracia 118, principal - 08008 Barcelona
T. 93 244 44 95 - direccion@luxuryspain.es
www.luxuryspain.es

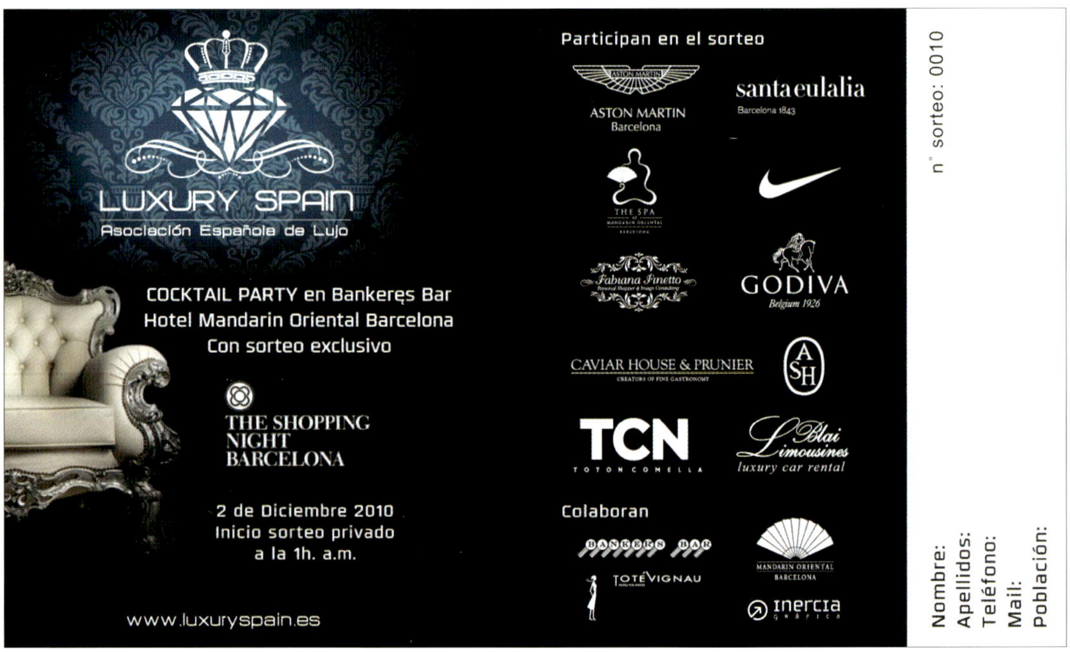
LUXURY SPAIN
Asociación Española de Lujo
COCKTAIL PARTY en Bankerєs Bar
Hotel Mandarin Oriental Barcelona
Con sorteo exclusivo
THE SHOPPING NIGHT BARCELONA
2 de Diciembre 2010
Inicio sorteo privado
a la 1h. a.m.
www.luxuryspain.es
Participan en el sorteo
ASTON MARTIN Barcelona
santa eulalia Barcelona 1843
THE SPA
Fabiana Finetto
GODIVA Belgium 1926
CAVIAR HOUSE & PRUNIER
TCN TOTON COMELLA
Blai Limousines luxury car rental
Colaboran
BANKERS BAR
MANDARIN ORIENTAL BARCELONA
TOTÉ VIGNAU
inercia
n° sorteo: 0010
Nombre:
Apellidos:
Teléfono:
Mail:
Población:

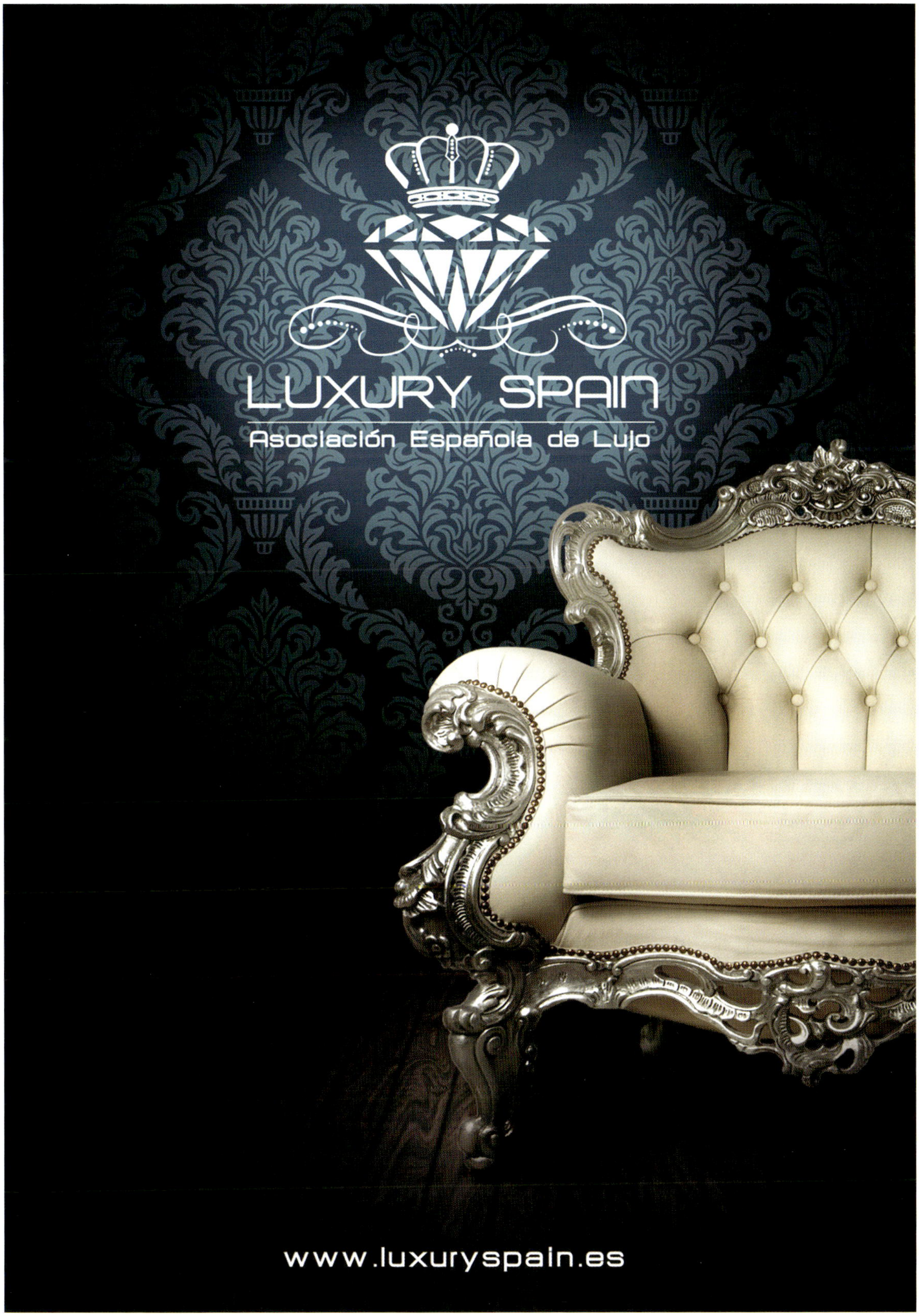
LUXURY SPAIN
Asociación Española de Lujo
www.luxuryspain.es

CAVALLO GRAULA

Client: Cavallo Graula
Studio: Inercia grafica
Designer: Alex Moreno
Castelldefels, Spain

In this logo design, the client made it quite clear they wanted a classic look, yet one that which had a touch of modernity. The typeface had to have presence, which is why the studio used capital letters in all the sketches. They continued developing it until hitting upon the version eventually chosen by the client. Even as a symbol, the C and G, the initials of the brand name, are the logo's main features. Beyond these initials, some graphic motifs were added to embellish it and create an overall image. As for the colorimetry, the basic colors are maroon and gold, which refer to the types of grapes used to create the company's product, plus black and white. The brand's image has the virtue and capacity to evolve and expand so as to be inserted in various ways in all the kinds of print applications they make: bottles, shields, advertisements, pamphlets, catalogues and so on... but always following a strictly defined graphic line.

En el diseño de este logotipo, el cliente les dejó muy claro que deseaban una imagen clásica pero a la vez con tu toque de modernidad. La tipografía tenía que tener mucha presencia, por esta razón trabajaron en todos los bocetos con la caja alta. Y en el desarrollo de la misma hasta la versión escogida por el cliente siguieron con ella. Incluso como símbolo, la C y G, iniciales del nombre de marca, son los protagonistas del logotipo. A partir de estas iniciales le fueron añadiendo motivos gráficos para embellecerla y crear un conjunto global. A nivel de colorimetría, sus colores básicos son el color granate y oro, en referente a los tipos de uva utilizadas para crear su producto, acompañados del negro y blanco. La imagen de esta marca, tiene la virtud y capacidad de evolucionar y ampliarse para ser colocada de diferentes maneras en todas las aplicaciones gráficas que se realizan como las botellas, placas, anuncios, folletos, catálogos, y demás... pero siempre siguiendo una línea gráfica muy definida.

CAVALLÓ GRAULA

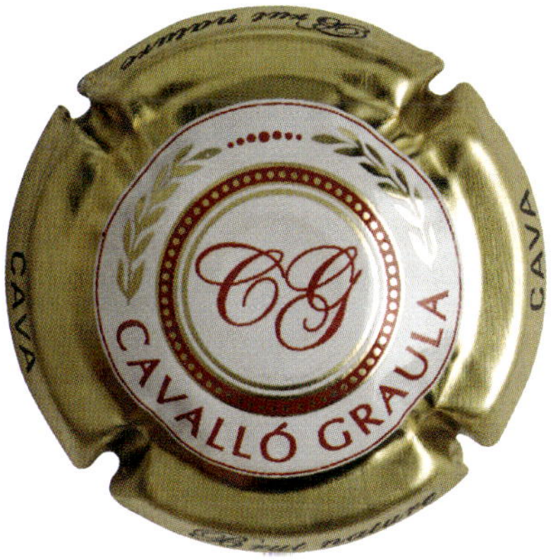

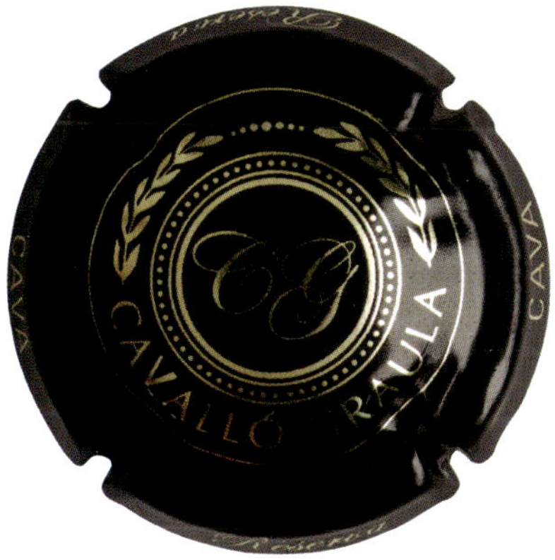

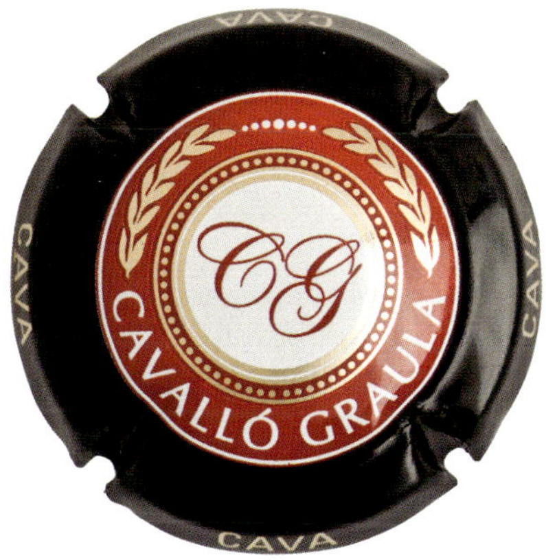

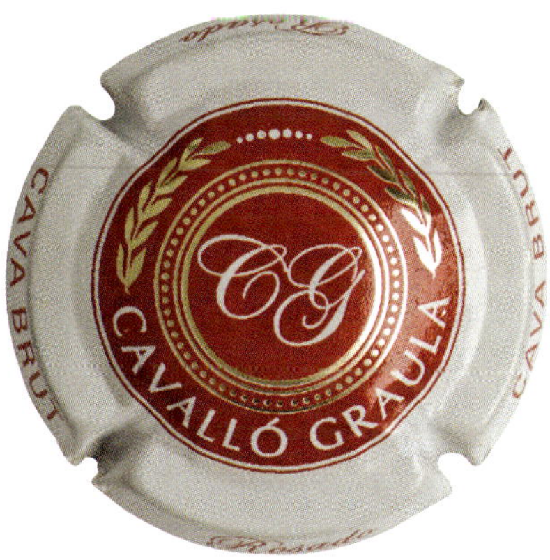

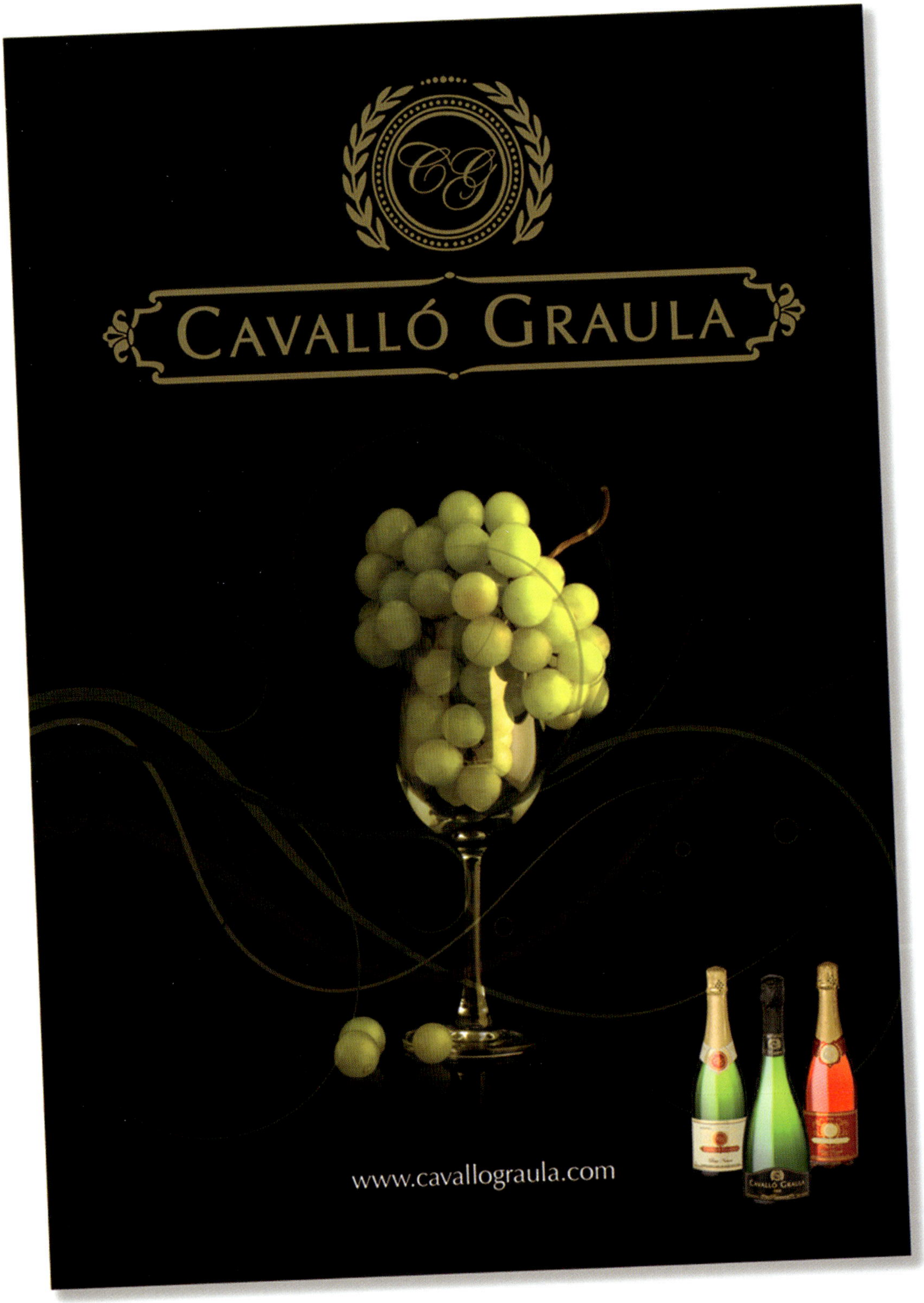
CG
CAVALLÓ GRAULA
www.cavallograula.com

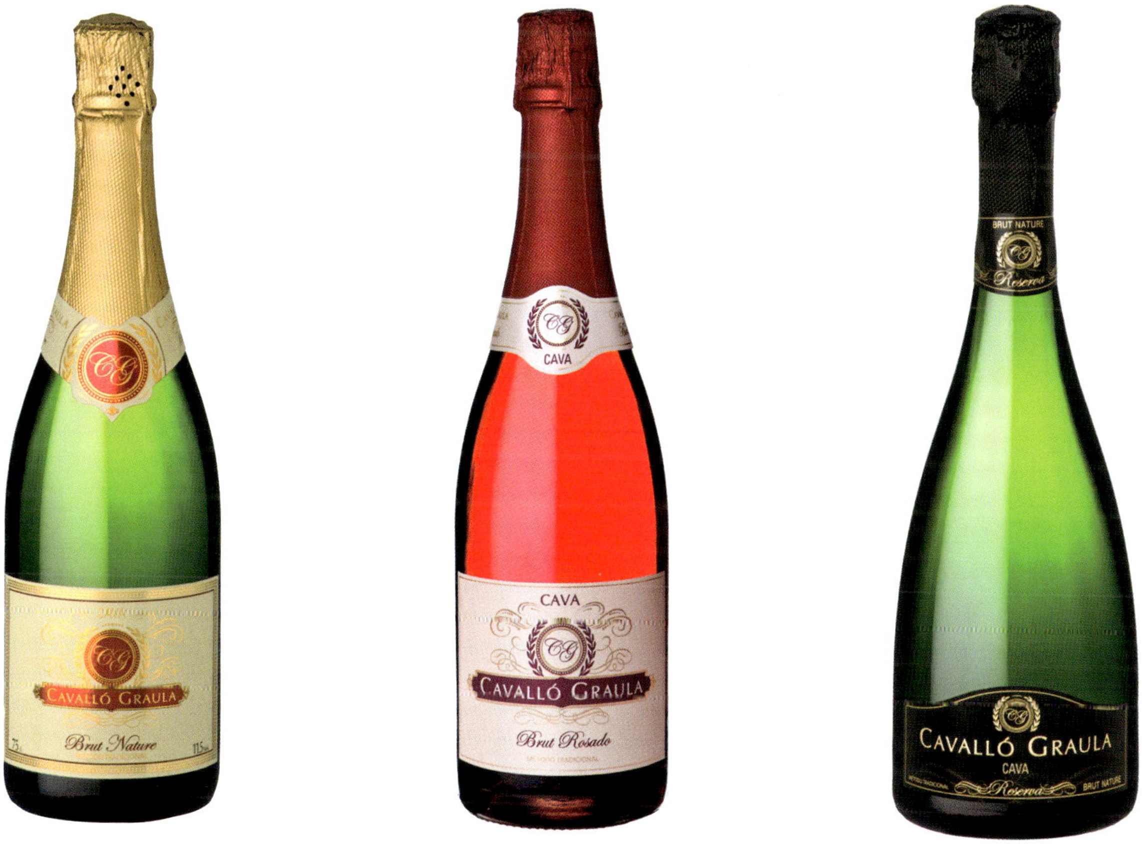
CAVALLÓ GRAULA
Brut Nature
CAVA
CAVA
CAVALLÓ GRAULA
Brut Rosado
BRUT NATURE
Reserva
CAVALLÓ GRAULA
CAVA
Reserva
BRUT NATURE

BRIGADAS COMUNICACIONALES

Client: Fundación Infocentro
Studio: Cienfuegos
Designer: Gustavo Borges revilla
Caracas, Venezuela

The 1st National Festival of Communication Brigades was an event organized by a Venezuelan State Foundation that aims to bring technology to the more than 27 million inhabitants of this country. The Communication Brigades are teams of individuals who create audiovisual content in the entire country. For November 2010, the idea for a graphic identity was needed for this festival bringing all the communication brigades together on a national level. The logo creation process began by identifying the technological equipment and the work commonly used by these communication brigades. In the project's creative processes, a number of syntheses were presented that were loyal to the shapes of the equipment used by brigade members (megaphones, guitars, video cameras). It was agreed upon with the client that the ideal equipment to represent the festival was the perfect silhouette of a latest-generation video camera with a built-in microphone. Later, other graphic elements were added to the logo in order to embody it with the young, urban spirit of the festival. "Splats", silhouettes of spilt paint along the bottom were added to complement the camera. With the addition of these elements, the logo includes the information of the festival with the possibility of using this information outside the application, thus making it flexible to be used in various formats. In this way, the logo could be applied in different areas in the festival: leaflets, business cards, programs, the recording set, among others.

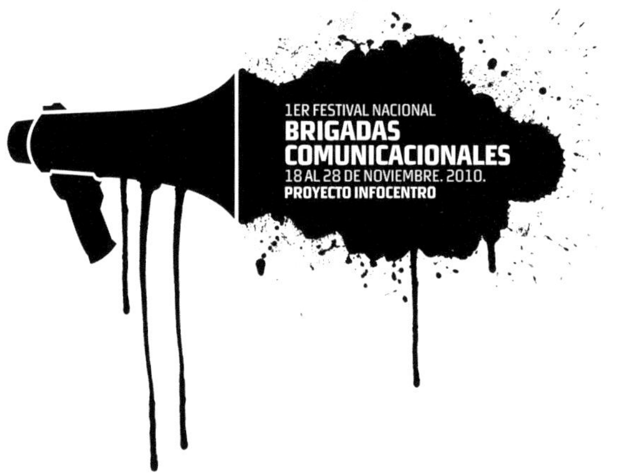

El primer Festival Nacional de Brigadas Comunicacionales fue un evento organizado por una Fundación del Estado Venezolano que intenta hacer llegar la tecnología a los mas de 27 millones de habitantes de este país. Las Brigadas Comunicacionales son equipos de personas que generan contenidos audiovisuales en todo el país. Para noviembre de 2010 se planteó la necesidad de hacer la identidad gráfica de un festival que convocara a todas las brigadas a nivel nacional. El proceso de realización de logo comenzó por identificar los equipos tecnológicos y de trabajo que habitualmente usan las brigadas comunicacionales. En el proceso creativo de trabajo se presentaron algunas síntesis fieles a la forma de los equipos usados por los Brigadistas. (megáfono, guitarra, cámara de video). Se definió con el cliente que el equipo idóneo para representar el Festival era una silueta fiel de una Cámara de Video de ultima generación, con un micrófono incorporado. Luego se incorporaron otros elementos gráficos al logotipo para darle una representación al carácter urbano y juvenil del festival. Se incluyeron "Splats" y algunas siluetas de pintura derramada en la parte posterior de la síntesis de la cámara. Con la incorporación de estos elementos se incluyo dentro del Logo la información del festival con la posibilidad de usar esta información fuera del dispositivo y así hacer flexible su aplicación en varios formatos. De esta manera el logo fue aplicado en distintas piezas durante el Festival: Afiches, Tarjetas, Programas de mano, Set de grabación, entre otros.

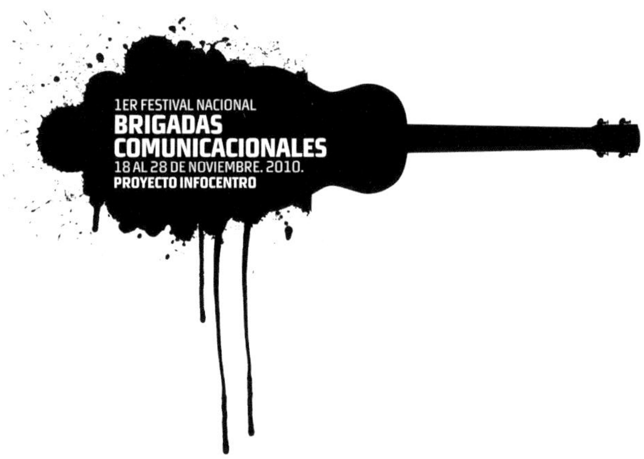

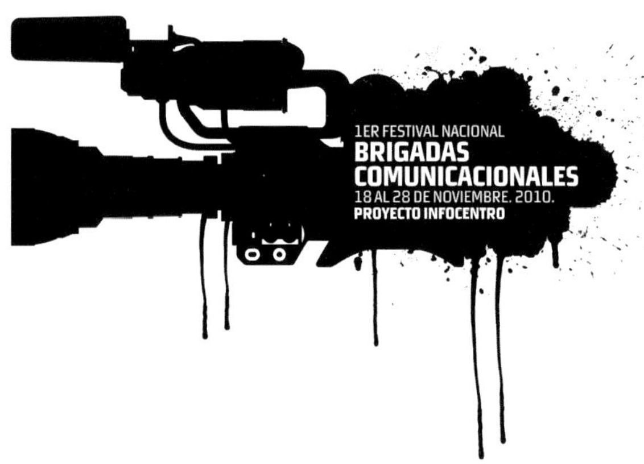

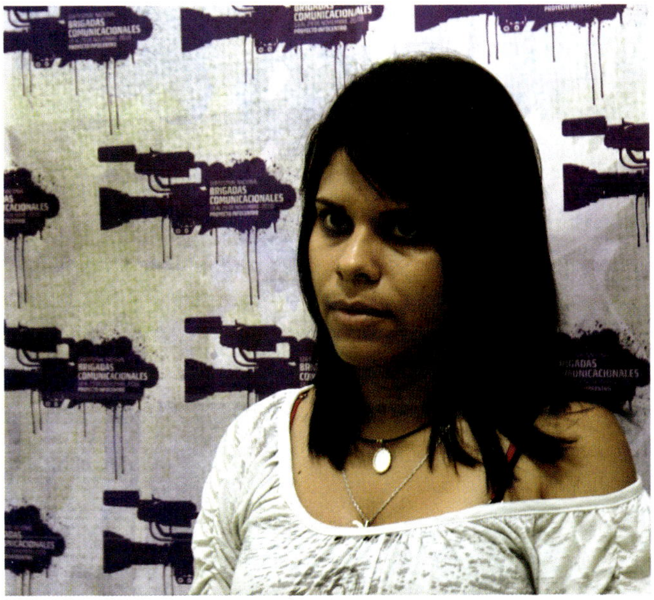

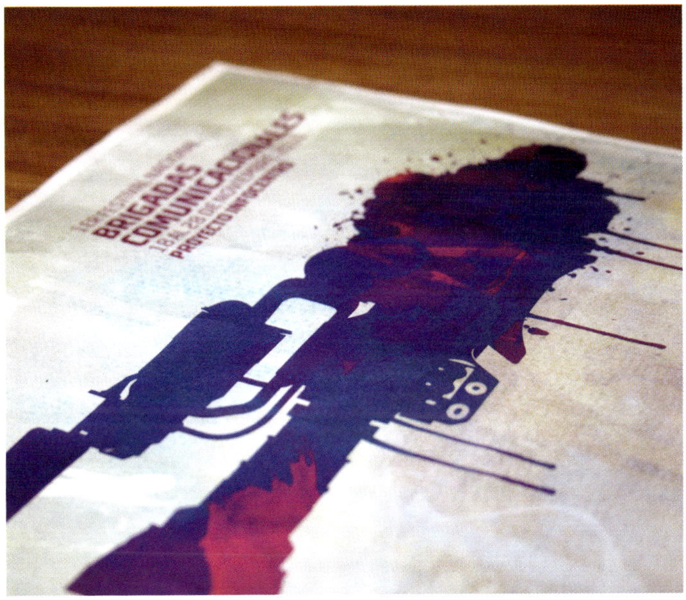
BRIGADAS
COMUNICACIONALES
PROYECTO INFOCENTRO

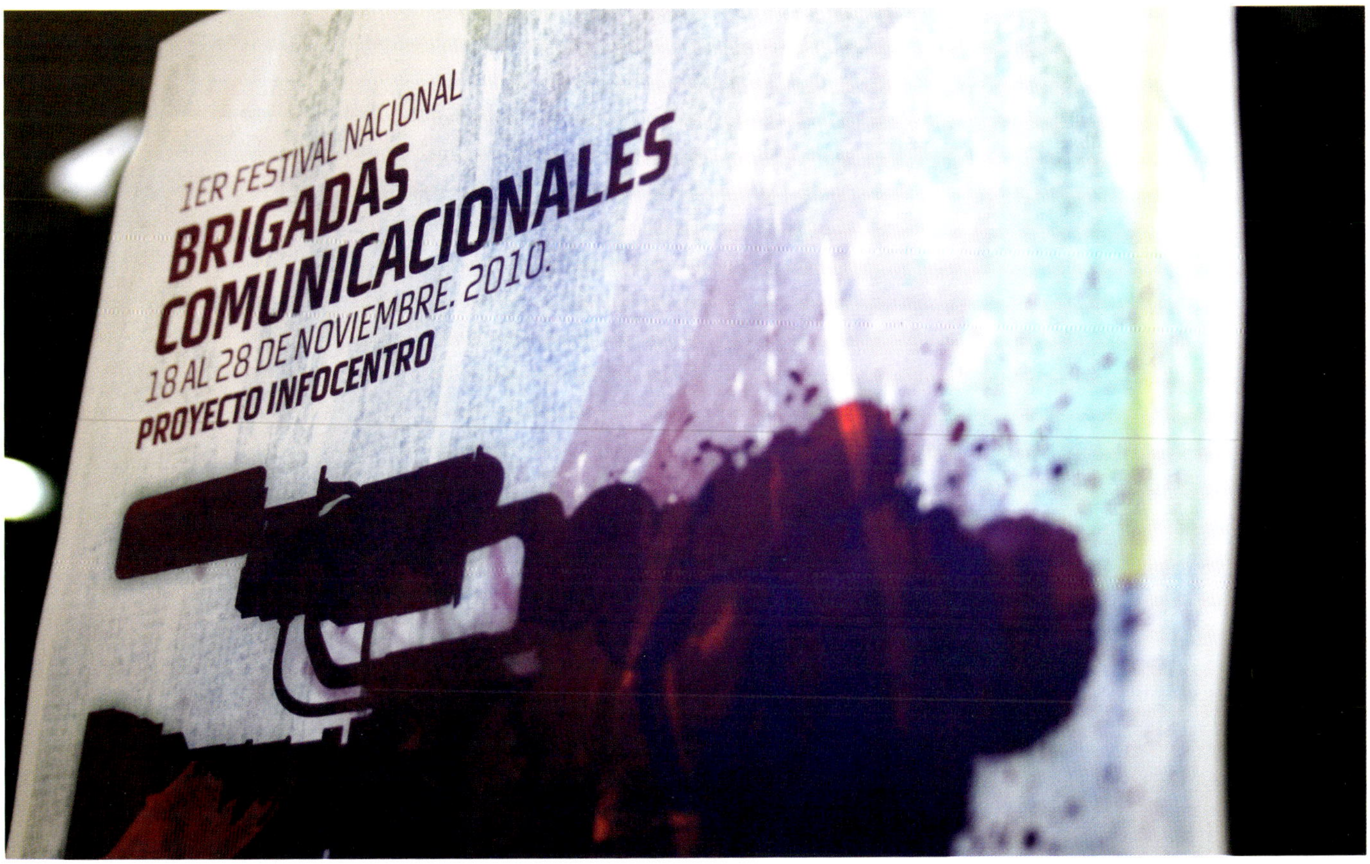
1ER FESTIVAL NACIONAL
BRIGADAS
COMUNICACIONALES
18 AL 28 DE NOVIEMBRE. 2010.
PROYECTO INFOCENTRO

STUDIOS IN ALPHABETICAL ORDER

ACOSTA CAPELLI A. P.
Cordoba (Argentina)
www.acostacapelli.com.ar

ALOOF DESIGN
Lewes (England)
www.aloofdesign.com

BISGRÀFIC
Vic (Spain)
www.bisgrafic.com

CIENFUEGOS
Caracas (Venezuela)
www.cienfuegos.com.ve

CUBO DISEÑO
Zaragoza (Spain)
www.cubo.es

DFCLS
Buenos Aires (Argentina)
www.dfclsstudio.com

DNOISE
Madrid (Spain)
www.d-noise.net

FKDESIGN
Treviso (Italy)
www.fkdesing.it

FORM
London (England)
www.form.uk.com

GESTOCOMUNICACIÓN
Huelva (Spain)
www.gestocomunicacion.com

ESTUDIO DE DISEÑO GORRICHO
Buenos Aires (Argentina)
www.gorricho.com.ar

INERCIA GRÁFICA
Castelldefels (Spain)
www.inerciagrafica.com

JEKYLL & HYDE
Milano (Italy)
www.jeh.it

KENTLYONS
London (England)
www.kentlyons.com

LANTALAU
Irun (Spain)
www.lantalau.com

LIMÓN STUDIO
Jalisco (Mexico)
www.cargocollective.com/limonestudio

MANDALA
Aviles (Spain)
www.mandaladgrafica.com

MIRKO ILIC CORP
New York (EUA)
www.mirkoilic.com

NO VISIBLE MAN ESTUDIO
Barcelona (Spain)
www.novisiblemanestudio.com

NUNO MARTINS
Porto (Portugal)
www.nunomartins.com

*OXIGEN_*
Barcelona (Spain)
www.oxigen.es

PUNTO DE FUGA
Buenos Aires (Argentina)
www.puntodefuga.com.ar

RALF WANDSCHNEIDER
Valencia (Spain)
www.herrralf.es

RGB/DG
Buenos Aires (Argentina)
www.rgbdg.com.ar

SAIGMEISTER INC.
New York (EUA)
www.sagmeister.com

SERGIO REY, MARÍA BALLESTA
Navarra (Spain)
sergioreyazcona@gmail.com
m.ballesta@hotmail.com.

SERIAL CUT
Madrid (Spain)
www.serialcut.com

SIGNUN
Aviles (Spain)
www.signun.es

STUDIO SNOOZE.COM
Samobor (Croatian)
www.studiosnooze.com

TNOP DESIGN
Chicago (EUA)
www.tnop.com

VIT-E DESIGN
Beirut (Lebanon)
www.vit-e.com

YONOH ESTUDIO
Valencia (Spain)
www.yonoh.es